国际税法与比较税制研究丛书

廖益新 主编

三角情形下税收协定的适用问题研究

朱晓丹　著

RESEARCH ON THE APPLICATION OF TAX TREATIES IN TRIANGULAR CASES

法律出版社 | LAW PRESS
北京

图书在版编目(CIP)数据

三角情形下税收协定的适用问题研究 / 朱晓丹著. -- 北京：法律出版社，2021
(国际税法与比较税制研究丛书)
ISBN 978-7-5197-5846-2

Ⅰ. ①三… Ⅱ. ①朱… Ⅲ. ①国际税收-经济协定-研究 Ⅳ. ①F810.42

中国版本图书馆 CIP 数据核字(2021)第 163224 号

三角情形下税收协定的适用问题研究
SANJIAO QINGXING XIA SHUISHOU XIEDING DE SHIYONG WENTI YANJIU

朱晓丹 著

责任编辑 郑怡萍
装帧设计 贾丹丹

出版发行 法律出版社
编辑统筹 法律教育出版分社
责任校对 王晓萍 王语童
责任印制 胡晓雅
经　　销 新华书店

开本 710 毫米×1000 毫米 1/16
印张 15.75 字数 278 千
版本 2021 年 9 月第 1 版
印次 2021 年 9 月第 1 次印刷
印刷 北京建宏印刷有限公司

地址：北京市丰台区莲花池西里 7 号(100073)
网址：www.lawpress.com.cn
投稿邮箱：info@lawpress.com.cn
举报盗版邮箱：jbwq@lawpress.com.cn
销售电话：010-83938349
客服电话：010-83938350
咨询电话：010-63939796

书号：ISBN 978-7-5197-5846-2
定价：49.00 元
凡购买本社图书，如有印装错误，我社负责退换。电话：010-83938349

“国际税法与比较税制研究丛书”总序

“国际税法与比较税制研究丛书”自2010年年初问世以来，我们已陆续推出了7本系列专著，分别是林德木（现为福州大学法学院教授）的《美国联邦公司并购税收制度研究》（2010年1月版）、陈延忠（现为厦门海事法院海商庭副庭长）的《国际税收协定解释问题研究》（2010年7月版）、蔡庆辉（现为厦门大学法学院副教授）的《有害国际税收竞争的规制问题研究》（2010年8月版）、陈红彦（现为华南理工大学法学院教授、副院长）的《跨国股息征税问题研究》（2011年5月版）、蔡连增（现为宁波大学法学院副教授）的《美国联邦所得税法外国税收抵免制度研究》（2011年2月版）、邱冬梅（现为厦门大学法学院副教授）的《资本弱化税制研究》（2013年6月出版）、李丰［现为丰收影视文化（广州）有限公司总裁］的《欧盟公司税法律协调研究》（2012年6月出版）。这些系列专著的出版，一方面在所涉及的问题领域弥补了国内系统深入研究的欠缺和不足，进一步充实丰富了国内中文国际税法和比较税制研究的文库，受到众多相关业界人士的嘉许好评，同时也成就了一批高层次的国际税法专业人才，丛书的各位作者现在均是各自所在工作单位的国际税法研究的带头人或骨干中坚。“成为展示国际税法和比较税制研究优秀成果，促进税法学术交流的一个窗口，培养和发现国内外税法才俊之士的一个平台”，正是我们当初筹划推出这套丛书的初衷目的。作为这套丛书的主编，本人为此深感欣慰，也更加坚定了自己继续组织编辑出版好这套丛书的信念。

近年来，国际税法学研究在国内外都迎来了一个辉煌发展的时代。经济发展的全球化和信息化，使得各国现行所得税法和双边国际税收协定中那些传统的税收概念和课税规则不适应企业全球一体化的经营管理和数字经济的商业模式的矛盾更加凸显;各国税收管辖权实施的地域局限性和彼此税制的不透明与不匹配,促成了所谓“税基侵蚀和利润转移”(Base Erosion and Profit Shifting,BEPS)国际避税现象的泛滥发展。二十国集团与经济合作与发展组织携手在全球发起了实施应对税基侵蚀和利润转移行动计划(BEPS Action Plan)。这是一场涉及对已有百年发展历史的现行国际税收法律制度进行实质性改革的运动,已经并将继续深刻影响各国税收法律制度和双边税收协定规则的未来发展。国际税法学界和实务部门都在密切关注和跟踪研究新的改革举措的制定和落地实施问题,国际税法和国际税法学研究都进入了一个新的历史发展阶段。

中国是 BEPS 现象的受害国,也是应对 BEPS 行动计划的积极参与国。在研究制定应对 BEPS 问题的改革措施和在国内所得税法和双边税收协定中贯彻落实这些改革措施的过程中,中国不仅要站在广大发展中国家的共同立场上积极发声,努力在应对 BEPS 问题上形成有利于维护发展中国家共同利益的新国际准则,而且要抓住这一难得的改革历史契机,争取推动建立一种公平合理的国际税收权益分配新秩序。因此,摆在中国税法学界同仁面前的是更多的挑战问题和更大的时代历史责任,需要有更多青年才俊投身于国际税法和比较税制领域的研究,为中国和世界贡献他们的智力研究成果和改革建议方案。我们继续组织编辑出版本系列丛书,也是希望通过丛书这一平台传播中国税法学界同仁在这一国际税法除旧布新的重要发展进程中提出的观点思想和对策方案。

承蒙法律出版社的领导和编辑的重视支持,也基于本系列研究丛书能够更好地吸收反映业界人士的优秀研究成果和传播扩大其学术影响,从第八本专著起,本系列研究丛书由原先科学出版社转自法律出版社编辑出版。但我们组织编选出版本系列专著的宗旨目的和方针标准不变,冀望丛书出版能够发挥的功能作用不变(参见后附原总序内容)。同时也继续期待广大读者在阅读本系列专著的同时,对其内容和形式上存在的错误和不足及时予以批评指正,帮助我们共同改进提高。

“国际税法与比较税制研究丛书”主编

廖益新

2021 年 6 月 8 日于厦门大学法学院

“国际税法与比较税制研究丛书”总序(原)

从我们奉献给读者的这套丛书的名称可知,本丛书的研究内容涉及税法学中的两个重要但又是复杂的领域。我们所理解的国际税法,就其法律渊源的构成范围而言,是一个由各国的相关国内税法规范和各国彼此间签订的双边和多边性的国际税收条约规范组成的综合性的税法分支体系。国际税法学是伴随着国际税法的形成而发展起来的一门跨越传统的国内法和国际法分界的新的综合性的法学分支学科。它以国际税法规范本身和这类法律规范在调整国际税收关系过程中的法律问题为主要研究对象,它的任务在于宣传、认识和解释这些国际税法规范,研究评析它们的功能与效益,并结合它们作用于调整规范国际税收关系的实际,谋求其内容与形式更趋科学性和合理化,使它们能够更好地服务于协调国际税收权益分配矛盾、保证和促进国际经济交往的正常与不断扩大发展这一根本宗旨。

国际税法渊源构成的双重性决定了国际税法研究与比较税制研究之间的密切关联性。在国际税法这一综合性的法律体系中,各国相互间签订的双边或多边税收条约,就像是联系和衔接缔约国的国内相关税制的桥梁和纽带;而缔约国各自的国内相关税法制度,就像是维系和支撑这座桥梁的桥墩或桥头堡。缔约国国内有关税法上主张的征税权,在适用于具有跨国性质的征税对象和纳税人时,需要经由国际税收条约这座桥梁加以规范协调;国际税收条约中协调缔约国各方对各种跨国征税对象的征税权冲突的原则和规定,必须通过缔约国各自的国内税法中相应的实体和程序性规则的配合施行,方能有效地避免对跨国征税对象和纳税人的国际重复征税或双重未征税,同时防止国际逃税和避税现象的发生和泛滥。因此,无论是正确科学地认识和研究国际税法制度规范,还是依法理智地分析处理国际税法实务问题,既要精通掌握国际税收条约的条款内容,又要熟悉了解缔约国各方的相关国内税法制度和程序。而比较税制研究正是我们发现和认识缔约国各自国内相关税法制度的异同,及其对缔约国之间的税收条约的适用执行可能造成的影响的必由路径。

与其他部门法学和法学研究领域相比,税法学研究在中国一直是一个相对薄弱的部门,而国际税法和比较税制研究又是税法学中更为冷僻的两个领域。国内热衷于在这两个领域内耕耘探索的学者人数不多,高质量有见地的研究成果也寥寥无几。这种状况固然一方面是由于中国现代税制本身的发展和税法学研究的起步时间较晚直接影响的结果,另一方面也与上述两个研究领域的研究对象自身的复杂性、交叉性和多变性有着密切的关系。国际税法和比较税制研究均涉及对本国税制与相关外国税制的异同及其制度之间的相互影响的发现和认识。税法在各国都属于那种制度内容相对复杂且修改变动频率较快的法律部门,研究工作往往赶不上税制本身的发展变化,这令许多人感到不胜其烦。而且,正如国际货币基金组织法律部高级顾问维克多·瑟仁伊(Victor Thuronyi)教授在他的《比较税法》一书中指出的那样,“为了研究比较税法,除了对一般比较法有所了解外,还必须同时关注基本法律传统以及税收传统。……不仅需要研究其他国家的税制,而且需要研究它们的基本法律制度”。“由于这一领域的复杂性以及语言上的障碍,要了解不同国家的税制也是极为困难。”〔1〕

然而,国内有关国际税法和比较税制研究的现状与中国改革开放和税收法治 的形势发展是极不适应的。中国自20世纪80年代初实行改革开放政策以来,为创建有利于吸收外资,发展国际经贸和技术合作的税制环境,在对国内税制先后进行了多次不同程度的改革完善的同时,也陆续同90多个国家谈判签订了有关避免对所得和财产的重复征税和防止偷漏税的双边税收协定。随着近年来全球化趋势的不断加强和中国加入世界贸易组织,中外之间的各种经济、技术和人员交往也日益扩大和频繁,我国在吸收引进外国资金和技术的同时,也鼓励促进越来越多的国内企

〔1〕 [美]维克多·瑟仁伊:《比较税法》,丁一译,北京大学出版社2006年版,第6-7页。

业“走出去”,通过海外投资,利用世界资源开拓国际市场。在各种关税和非关税壁垒受到进一步削减和控制,各国投资准入和金融外汇管制渐趋宽松的同时,税收因素对跨国经济交易和人员交往的影响作用相形更加突出,国际税收权益分配的矛盾冲突和问题也伴随着中外经济交往的不断扩大而大量发生。在国际税收竞争日趋激烈,各国税制的相互联系与影响不断加强的时代条件下,如何借鉴吸收发达的市场经济国家国内税收法律制度中的科学合理成分和税务实践中的成功经验,进一步健全和完善中国相关的国内税法制度规范;如何更好地利用发挥有关中外双边和多边税收协定的作用,在避免国际重复征税和防范国际逃税与避税的同时,促进中国企业海外投资的健康发展。这些形势和任务的发展都要求当今中国的法学界有更多的同仁致力于国际税法和比较税制方面的研究,奉献出更多具有理论参考价值和实践指导意义的研究成果,避免过多的人拥挤在某些热门的领域和部门中重复劳动浪费资源。

令人欣慰的是,近年来有越来越多的法学青年才俊认识到国际税法和比较税制研究对中国扩大开放和税收法治的重要价值和意义,也看到了在这两个领域中有众多至今仍无人涉足的“处女地”有待进行开拓性的“耕耘”。他们经过多年的潜心研究,努力克服前期研究基础薄弱,相关参考文献资料匮乏以及语言、文化和法律传统上的障碍,从尽可能广泛收集和悉心研析国外第一手文献资料入手,运用历史研究、经济观察、实证分析和综合研究等各种方法,对国际税法和比较税制领域中的有关课题进行了深入细致的探索研究,完成了具有较高学术质量和富有参考价值的研究成果。我们组织编辑这套“国际税法与比较税制研究丛书”的出版,就是冀望于通过这套丛书的出版,及时向相关的学界同仁、政府和实务部门以及读者大众推介他们其中的优秀研究成果,以吸引更多的学界同仁关注并投身于国际税法与比较税制领域的研究,以弥补国内在此方面的研究荒缺和不足,促进中国国际税法和比较税制研究事业的发展。

本套丛书在选题和研究内容上力求体现以下的特色和特点:

首先,丛书的选题注意紧扣国际税法和比较税制研究领域中的具有重要理论价值和实践指导意义的前瞻性课题。所谓重要和前瞻性课题,是指对国际税法理论发展和中国相关的税法制度建设具有研究的必要性和紧迫性意义的选题,以及当今国内外税法学界和实务部门共同关注研究的热点与难点问题。

其次,丛书的研究内容强调结合联系中国对外开放的国情实际,有的放矢地瞄准中外双边和多边税收条约以及国内相关税法制度的解释、适用、改革和完善问题,提出相应具有可操作性的看法、建议、方案与对策。

再次,在研究方法上,注意针对研究对象与问题的跨国性、综合性和交叉性的特点,提倡跨学科的综合研究方法,重视经济观察和法律实证分析相结合,制度规范比较和典型案例分析相补充,国际法与国内法相联系,以求全面、客观和准确地发现和认识问题,科学合理地总结经验和应对方案。

最后,本套丛书在研究范围和视野上追求学贯中西、博采众长,作者在相关课题的研究过程中,注意跟踪和及时反映国内外理论和实务部门在有关问题上的最新成果和研究动态,中外各国相关税法制度和国际税收条约实践发展变化的最新情况,以求各自研究的结论和成果能够适度超前和跟上国际税法和各国相关税制实践发展的步伐。

因此,我们希望本套丛书的出版能够发挥如下的功用:

——为财政税收和税法学界的研究人员反映国际税法和比较税制领域内相关问题的立法变化、实践发展、研究动态和学术信息;

——为财税法律实务部门的专业人士从事国际税收和涉外税收立法和实务工作提供有价值的相关理论参考和实践指导;

——为财税法、国际法和比较法专业的高年级学生和研究生学习和研究国际税法和比较税制提供教学参考用书。

本套丛书的编辑出版一项长期的计划,本着“荟萃精品、宁缺毋滥”的编辑方针,我们将按严格的学术质量标准审查挑选纳入本丛书出版的相关研究成果,也竭诚欢迎和感谢学界同仁将各自精心研究创作的成果奉献给这套丛书,以便使这套丛书能够成为展示国际税法和比较税制研究优秀成果,促进税法学术交流的一个窗口,培养和发现国内外税法才俊之士的一个平台。尽管本套丛书的各位作者和我们在撰写和编辑这套丛书的构成中都秉持着一种精品责任意识,由于作者和我们的学识和水平有限，各本著作中的错误、疏漏和不足恐在所难免，在此我们和作者均恳切期望广大读者在阅读和使用的过程中随时向我们和出版社反馈意见，以便作者和我们共同改进提高。

“国际税法与比较税制研究丛书”主编

廖益新

2009 年 12 月 8 日于厦门大学海滨东区寓所

目　　录

导　论

一、本书的背景及意义

何为三角情形？三角情形是指同一笔（或同一税源）跨国所得在同一征税期间内被三个国家重复征税的情形。与双边情形下的重复征税相比，三角情形下的重复征税问题更复杂，且存在各国间普遍签订的双边性的关于避免对所得和财产的双重征税协定（以下简称税收协定）适用“失灵”的现象。

三角情形有何危害？国际社会很早便注意到三角情形可能产生的危害。经济合作与发展组织（Organization for Economic Cooperation and Development，OECD）在 1992 年《三角情形》报告中更是明确指出：随着国际经济合作的加深，尤其是欧洲共同体经济一体化的加速，在可预见的不久的将来，三角情形将更加频繁，而银行业和保险业将受到三角情形最直接的影响。[1] 近三十年过去，三角情形在税收协定框架下仍然属于“疑难杂症”，对三角情形下重复征税问题具有国际共识的方案并未达成，且百年来形成的税收协定体系不断被质疑。

税收协定的变革引发三角情形再研究。百年来，国际上消除重复征税主要依赖各国基于 OECD 发布的《关于避免对所得和财产双重征税的协定范本》（以下简称 OECD 范本）或者联合国（United Nations，UN）发布的《关于发达国家与发展中国家间避免双重征税的协定范本》（以下简称 UN 范本）缔结的税收协定。参照两范本缔结的税收协定是国际税法最重要的国际法渊源。2013 年，二十国集团（Group 20，以下简称 G20）和

---

〔1〕 OECD Committee on Fiscal Affairs, "*Triangular cases*" *in Model Tax Convention: Four Related Studies*, OECD, 1992, p. 4.

OECD 共同发布了“应对税基侵蚀和利润转移的行动计划”(Base Erosion and Profit Shifting Action Plan,以下简称 BEPS 行动计划),从而开启国际税收治理机制的深刻变革。[2] 2018 年 7 月 1 日,《实施税收协定相关措施以防止税基侵蚀和利润转移的多边公约》(Multilateral Convention to Implement Tax Treaty Related Measures to Prevent Base Erosion and Profit Shifting,以下简称《BEPS 多边公约》)生效实施(中国已签署,尚未批准),国际社会现存 3000 多个税收协定将被全面修订。税收协定的功能和存在的价值再次受到质疑和挑战。

三角情形并不是 OECD 范本或者税收协定调整的传统范畴。[3] 在税收协定面临变革的历史拐点,结合过去、现在和将来研究三角情形下税收协定适用理论的一般规律和特殊规律具有重要的理论和现实意义。本文探索的核心问题“三角情形下的重复征税问题是否能在税收协定框架内解决”,既是税收协定适用的实践问题,也是丰富和创造税收协定适用理论的重要契机。

研究的理论意义在于:其一,有助于明确税收协定在国际税法体系中的作用。虽然处于百年未有之大变革,税收协定在过去、现在和未来长期内依然是国际税法最重要的国际法渊源。如果三角情形这种税收协定在设计之初并未顾及的难题能够在其框架下找到合理的解决方案,那么将有力反驳“税收协定因不能解决三角情形下重复征税问题而应被多边税收协定取代”的理论观点。其二,对国际税法基本理论的丰富和发展。在三角情形下,税收协定的解释规则(目的解释)和税收权益分配规则(国

---

〔2〕 2008 年席卷全球的金融危机标志着世界经济开始了波澜壮阔的历史转型。一个多世纪前创建的国际税收规则框架——税收协定正面临严峻的挑战。税收协定的主要功能是消除缔约双方对同一笔所得的重复征税,从而促进资本、劳动力和技术在缔约方之间的自由流动;但同时,也为国际逃避税即税基侵蚀和利润转移行为制造了可乘之机。据 G20 发布的数据统计,税基侵蚀和利润转移行为导致的全球企业所得税流失占到全球企业所得税总额的 10%,即每年高达 2400 亿美元。2013 年 9 月,G20 成员领导人在圣彼得堡峰会一致背书了一份宏大且全面的 BEPS 行动计划,并委托 OECD 研究和推动该项一揽子国际税收治理机制改革项目。BEPS 行动计划的启动宣告国际税收领域开启了深刻而艰巨的规则重构。

〔3〕 Francisco Alfredo García Prats, *Triangular Cases and Residence as a Basis for Alleviating International Double Taxation: Rethinking the Subjective Scope of Double Tax Treaties*, INTERTAX11, 1994, p. 474.

家间公平原则)均存在有别于传统双边情形的特殊内涵。对这些特殊内涵的研究有助于丰富和发展税收协定基本理论。

研究的现实意义在于:对中国税收协定在三角情形下的适用提供理论依据和实践方案。税收协定是中国改革开放四十年来开展国际税收合作最重要的法律工具。截至2020年4月底,中国已经对外缔结了107个税收协定、2个税收安排和1个税收协议。[4] 在与中国签署共建"一带一路"合作文件的140个国家和地区中,[5]既有与中国缔结了税收协定的国家(84个),也有尚未与中国缔结税收协定的国家。因此三角情形相较于双边情形,在"一带一路"合作国家和地区中将更为复杂,其产生的重复征税问题将阻碍"一带一路"国家和地区之间资本、技术和人员的自由流动,尤其将对中国对外投资产生消极影响。本书对三角情形下税收协定适用具体方案进行研究,尤其对中国税收协定适用相关问题展开深度分析,为消除三角情形下的重复征税探索最佳方案。

二、本书的文献综述

(一)境外研究述评

目前大多数学者认为,三角情形并不是OECD范本或者税收协定调整的传统范畴。[6] 税收协定鲜少关注三角情形这一情况的改变发生于1992年。1992年9月1日,OECD发布的新范本修订了第10条注释、第11条注释和第24条注释的相关内容,[7]正式在范本注释中使用了三角情形(Triangular Cases)的用语。直至今天,尽管OECD范本注释中使用

---

〔4〕 截至2020年4月底,我国已对外正式签署107个避免税收协定,其中101个协定已生效,内地和香港、澳门两个特别行政区签署了税收安排,大陆与台湾地区签署了税收协议。该统计数据来源于国家税务总局网,http://www.chinatax.gov.cn/chinatax/n810341/n810770/index.html,最后访问日期:2021年1月30日。

〔5〕 该统计数据来源于中国一带一路网,https://www.yidaiyilu.gov.cn/xwzx/roll/77298.htm,最后访问日期:2021年1月30日。

〔6〕 Francisco Alfredo García Prats, *Triangular Cases and Residence as a Basis for Alleviating International Double Taxation: Rethinking the Subjective Scope of Double Tax Treaties*, INTERTAX 11, 1994, p. 474.

〔7〕 OECD Model Tax Convention on Income and on Capital, 1992, Commentary on Article 10, para. 19; Commentary on Article 11, para. 9; Commentary on Article 24, paras. 50 – 54.

的三角情形一语也仅指“典型三角情形”,但毫无疑问的是,从 1992 年开始三角情形概念在国际税法领域内的使用变得有迹可循了。而 1992 年 OECD 范本注释的这一修订则是基于 OECD 下属的财政事务委员会(Committee of Fiscal Affairs)在同年 7 月发布的一份题为《三角情形》的报告。[8]

1. 最早成果:OECD《三角情形》报告

据本书考证,OECD 在 1992 年 7 月 23 日发布的这份题为《三角情形》的报告应该是世界上最早对三角情形的研究成果。尽管有资料表明在此之前国际财政学会(International Fiscal Association,IFA)于 1973 年在洛桑举行的年会中也曾提到过三角情形的重要性,但是其最终并没有形成对三角情形的研究成果,只是建议 OECD 的财政事务委员会或其他国际组织的税务部门着手研究归属于常设机构利润的三角情形的解决方法。[9] 而后经过近 20 年实践的积累,并随着欧洲共同体经济一体化的加速,欧洲各国对任何可能阻碍资本和人员自由流动的壁垒都变得敏感起来。这些均促使 OECD 财政事务委员会关注并研究三角情形。

《三角情形》报告之所以强调银行业和保险业会受到三角情形的影响,是因为该报告实际上仅涉及一类与银行业和保险业密切相关的三角情形——典型三角情形。《三角情形》报告提出的典型三角情形(Typical Triangular Cases)是指:R 国某居民企业通过一个设在 PE 国的常设机构从事营业活动,其某笔来源于 S 国的股息、利息或特许权使用费可归属于该常设机构。[10] 本书将这一描述性概念用图 0-1 演示。

可以看出《三角情形》报告所定义的典型三角情形实际上是涉及可归属于常设机构利润的三角情形(详见本书第三章)。而银行业、保险业由于普遍采用常设机构的经营模式而成为典型三角情形的最频发行业。之所以使用“典型三角情形”一语,主要是因为这种涉及可归属于常设机构利润的三角情形在实践中频繁发生,而且它造成的重复征税问题严重影

[8] OECD Committee on Fiscal Affairs, "*Triangular cases*" *in Model Tax Convention: Four Related Studies*, OECD, 1992.

[9] Klaus Vogel, *Tax Treaty News*, BULLETIN 5, 2003, p. 183.

[10] Klaus Vogel, *Tax Treaty News*, BULLETIN 5, 2003, p. 2.

响到银行业、保险业等跨国集团的行业利益。这使它具备了三角情形的“典型性”或“代表性”。也可以说,《三角情形》报告中使用三角情形术语仅指典型三角情形。

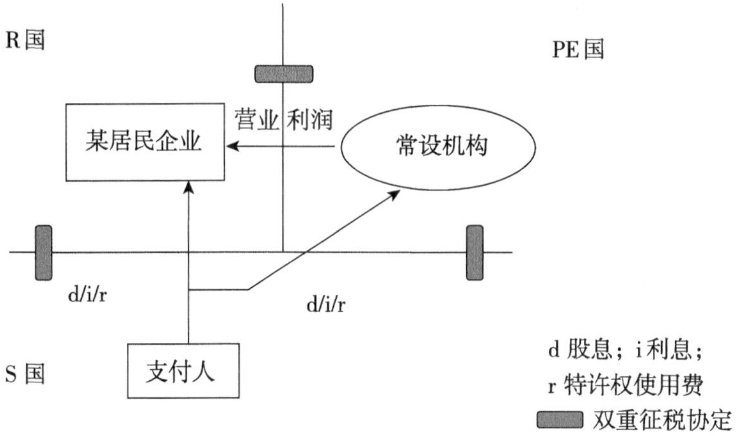

图 0-1　典型三角情形

2. IFA 进一步扩展三角情形的外延

1992 年《三角情形》报告之后,国际税法理论界与实务界加快了对三角情形的研究。1998 年,IFA 在伦敦举行的年会上专门设立了“三角条约问题”(Triangular Treaty Problems)研讨小组。研讨小组认为,当涉及三个或三个以上国家时,税收协定的问题主要存在于以下四个领域:(1)常设机构;(2)双重居民身份;(3)公民税收管辖权;(4)对纳税实体的定性识别差异。研讨小组还分别对各个领域内的条约问题进行具体的讨论。[11] 1998 年 IFA 的这次小组研讨虽然同样没有对三角情形下定义,甚至没有明确使用三角情形这一术语(而是使用了“三角条约问题”),但其从实质上丰富了三角情形的外延。在常设机构问题上,研讨小组除了典型三角情形之外,还讨论了“反向”典型三角情形。[12] 2009 年 8 月 IFA 印度分会主办的国际税收第四届年会成立了研讨小组,讨论有关三角情

〔11〕 John Avery Jones & Catherine Bobbett, *Triangular Treaty Problems: A Summary of The Discussion in Seminar E At The IFA Congress in London*, BULLETIN 1, pp. 16-20(1999).

〔12〕 作者将典型三角情形和“反向”典型三角情形统称为涉及常设机构的三角情形。有关“反向”典型三角情形的概念与内容详见本书第三章第二节。

形下税收协定的适用问题。研讨小组进一步详细讨论了涉及常设机构的三角情形和涉及双重居民身份的三角情形。

3. 对三角情形的研究不断丰富和细化

除了 OECD 和 IFA 之外，自 1992 年开始，境外国际税法学界对三角情形的研究也逐渐增多，且不断丰富和细化。[13] 英文文献直接相关的研究成果包括近 60 篇期刊论文和 2 本著作。[14] 这些英文文献的主要贡献是：其一，对三角情形的具体问题研究深入，且结合研究人员所在国家（西方国家为主）的税收协定和国内税法实际情况；其二，在三角情形的具体类型上，涉及常设机构三角情形和双重居民身份三角情形在数量上成为目前研究成果的主体部分。这些对具体三角情形的研究成果极大地丰富了三角情形的外延，也给本书提供了大量的基础素材。

但目前境外文献对三角情形的研究尚存在以下不足：

（1）基本理论问题研究薄弱。现有文献普遍关注对具体三角情形的研究，缺乏对三角情形的普遍性反思。比如，缺乏对三角情形概念内涵的研究；缺乏对三角情形中适用税收协定的基本原则与价值取向的探讨，缺乏对三角情形下税收协定解释规则一般性与特殊性的研究。

（2）缺少发展中国家和中国税收协定的相关研究。就研究的法律背景来看，OECD 报告、IFA 报告和多数论文是在 OECD 范本框架下（双边体制内）或者欧盟法律框架下（多边体制内）来探讨三角情形中三个国家应如何消除重复征税。而对基于 UN 范本缔结的税收协定在三角情形下应如何适用却鲜有拓展。中国对外缔结的税收协定一定程度上参照了 UN 范本，“一带一路”合作国家和地区也大多是发展中国家，其税收协定主要参照 UN 范本缔结，因此有必要结合中国税收协定具体情况研究三

[13] 举例来说，1992 年 OECD 的《三角情形》报告和 1998 年 IFA 的伦敦年会还仅将常设机构取得或负担的股息、利息或特许权使用费概括讨论；而 2003 年 7 月在奥地利鲁斯特（Rust）举办的国际税法夏季会议（学术性会议）就已将利息所得单独讨论，其研讨专题为“三角情况：归属于常设机构的来源于第三方国家的利息所得”。可以说对涉及常设机构的三角情形的研究在不断地深入、细化。

[14] 英文论文列表见参考文献，两本英文著作分别于 2004 年和 2014 年出版，即 Franz Philipp Sutter & Ulf Zehetner, eds. , *Triangular Tax Cases*, Vienna, Linde, 2004; Emily Fett, *Triangular Cases: The Application of Bilateral Income Tax Treaties in Multilateral Situations*, Amsterdam, IBFD, 2014。

角情形下重复征税问题的解决。

（二）境内研究现状

与境外研究不同，境内对三角情形的研究尚处于起步阶段。中国国内法目前只有少数条款能够调整三角情形下的重复征税问题。并且我国国内有关三角情形的系统性研究也基本处于空白。目前仅有极少数中文论文探讨三角情形，[15]其内容也主要是对具体三角情形的介绍性阐述，缺乏对三角情形问题的系统性梳理以及对解决三角情形重复征税方法的归纳性研究，更缺乏对三角情形下税收协定适用的一般理论问题研究。

三、本书的创新点

1. 视角新。“三角情形”一语的使用和问题的提出源于 OECD 主导下国际税收规则，因此相关成果均以 OECD 成员国税收协定和国内税法为基础，鲜少考虑更多作为所得来源地的发展中国家的利益诉求。本书以中国税收协定和国内法为新视角，探索中国及发展中国家在三角情形下参与国家（或地区）间税收权益分配的合理方法。

2. 内容新。本书的内容新主要体现在：（1）本书创造性地给“三角情形”这一用语下定义，并对三角情形的外延进行分类；（2）本书克服多种语言障碍，以荷兰、西班牙、泰国、瑞士等国内司法判例作为论据，将这些经典案例首次以中文研究成果展现。

四、本书的研究方法

1. 历史研究方法。本书认为三角情形下税收协定的解释规则宜结合具体条款目的予以确认。为探索双重税收协定具体条款目的，本书采用了历史研究的方法，以 OECD 范本及其注释（1963 年至 2017 年）和 UN 税收范本及其注释（1980 年至 2017 年）为主要论据，厘清税收协定及其具体条款目的发展的历史脉络。

2. 案例分析、规范分析方法。本书研究的三角情形并不是理论假想，

---

[15] 例如，聂茜：《国际税收协定中的“三角情形”法律问题研究》，华东政法大学 2007 年硕士学位论文。

而是国际税法实践中大量存在的真实法律争议。为了保证本书论据的充分有效,本书大量引用各国经典司法判例,并结合规范分析方法论证具体三角情形下税收协定适用的问题与合理方案。

3. 图表分析方法。三角情形在实践中的法律关系呈现多样性和复杂性,为了清晰阐释三角情形下的法律关系与税收协定适用问题,本书大量采用图表分析方法。

五、本书的研究思路和框架内容

本书以“如何适用税收协定消除三角情形下的法律性重复征税”作为全文的问题主线,既抽象出三角情形的一般性概念,并对其进行初步的分类,又将目前有关三角情形的研究成果进行梳理,寻找出能够适用税收协定消除三角情形下法律性重复征税的合理方法。本书共分五章来探讨三角情形下税收协定的适用问题。

第一章“税收协定与三角情形”的核心内容是界定本书的研究范围。鉴于税收协定依然是消除国际重复征税最重要的国际法渊源,因此三角情形下的重复征税问题有必要寻求税收协定来解决。本章中尝试给三角情形下定义,认为三角情形是指同一笔(或同一税源)跨国所得在同一征税期间内被三个国家重复征税的情形。本书继而对三角情形的外延进行初步分类,将本书的研究范围确定在目前适用税收协定难以消除法律性重复征税的三角情形。

第二章的核心内容是探析适用税收协定解决三角情形下重复征税问题方案的合理性依据。税收协定在三角情形下的适用存在一些有别于在双边情形下适用的特殊问题。针对这些特殊问题,本书探讨了判断解决三角情形下重复征税方法的合理性依据。本书认为,OECD 范本具体条款的目的有利于判断解决三角情形下重复征税的方法是否合理,并且有利于实现国家间公平分配征税权。

第三章的核心内容是研究涉及常设机构的三角情形下税收协定的适用问题,实践中主要涉及跨国公司营业所得的征税权在三国之间如何公平分配的问题。本章在实践研究中占有首要和核心地位。首先,本章借助欧盟、荷兰和泰国的三个经典税务司法判例分别提出涉及常设机构的三角情形下相关国家适用税收协定面临的难题；其次，本章从学者的理论设想、各国缔约实践、OECD 范本注释三个维度分析解决上述税收协定适用难题相关方案的合法性和合理性；最后，本章聚焦中国税收协定适用中的相关问题，评估涉及常设机构的三角情形给中国税收协定适用带来的影响，并提出解决中国问题的合理法律应对方案。

第四章的核心内容是研究涉及双重居民身份的三角情形下税收协定的适用问题，实践中主要涉及由于各国国内法对纳税人税收居民身份认定标准不同，从而带来对该纳税人消极所得（股息、利息、特许权使用费）的征税权在三个国家间如何公平分配的问题。首先，本章详细阐释了涉及双重居民身份的三角情形下税收协定适用困难的制度根源；其次，本章从荷兰司法判例、OECD 范本注释两个维度分析解决上述税收协定适用难题相关方案的合法性与合理性；最后，本章聚焦中国税收协定适用中的相关问题，评估涉及双重居民身份的三角情形给中国税收协定适用带来的影响，并提出解决中国问题的合理法律应对方案。

第五章的核心内容是研究涉及自然人所得的三角情形下税收协定的适用问题，实践中主要涉及自然人受雇所得、演艺人员和运动员的表演所得的征税权在三国之间如何公平分配的问题。首先，本章借助瑞士、西班牙两个经典税务司法判例分别提出涉及自然人所得的三角情形下相关国家适用税收协定面临的难题；其次，本章从各国国内司法实践、OECD 范本注释两个维度分析解决上述税收协定适用难题相关方案的合法性与合理性；最后，本章聚焦中国税收协定适用中的相关问题，评估涉及自然人所得的三角情形给中国税收协定适用带来的影响，并提出解决中国问题的合理法律应对方案。

第一章　税收协定与三角情形

本章目的旨在提出核心问题并界定本书研究范围。本章共分两个部分。在第一节中，本书对税收协定进行一般性的介绍与梳理，并回答为什么本书仅研究税收协定的适用问题，而将多边税收协定排除在外。本书认为，鉴于双边税收协定依然是目前解决国际重复征税问题最主要的国际法渊源，三角情形下的重复征税问题有必要在双边税收协定下寻求解决方案。在第二节中，本书尝试对三角情形下定义，并且对三角情形进行了初步的分类，以确定本书三角情形的范围。

第一节　税收协定的概述

国际税收协定是有关国家之间签订的旨在协调彼此间税收权益分配关系和实现国际税务行政互助关系的书面协议。严格意义上的国际税收协定仅指那些专门协调缔约国之间有关税收权益分配关系和税务行政合作关系的国际条约或协定。广义的国际税收协定还包括那些虽不以税收关系的国际协调为主要内容，但含有专门条款处理有关税种征收事宜的国际条约或协定。[1]

根据签订和参加协定的国家数量的多寡，国际税收协定可分为双边税收协定和多边税收协定；根据协定涉及的内容范围不同，又可分为综合性税收协定和专项性税收协定。专项性税收协定通常是缔约国双方为协调处理某一特定项目的税收分配关系或税务事项而签订的协定，如关于

〔1〕 廖益新主编：《国际税法学》，高等教育出版社2008年版，第60页。

税务情报交换的协定等。综合性税收协定则是指缔约各方签订的广泛协调各种所得税和财产税的权益分配关系以及有关税务合作事项的协定。各国间普遍签订的双边性的关于避免对所得和财产的双重征税协定即属于典型的综合性国际税收协定。本书所要研究的正是这类综合性双边税收协定在三角情形下的适用问题。本书认为,从税收协定的发展历史和现状来看,综合性双边税收协定依然是国际税收协定最主要的法律渊源。

一、税收协定的历史沿革

一般认为,国际上第一个综合性的避免对所得的双重征税协定是1899年6月由当时的奥匈帝国和普鲁士所缔结的税收协定。[2] 一百多年来,税收协定的历史发展,经历了一个由简单到综合、从随机性到模式化的逐步演进过程。

(一)国际联盟主要制定的税收协定范本

早期欧洲少数国家彼此签订的双边税收协定并未形成固定的模式,其协调内容也远比现在适用的综合性双边税收协定简单。两次世界大战期间,随着资本输出的不断扩大和所得税制度在欧美各国的普遍确立和发展,国家之间在所得和财产征税上的权益冲突逐渐增加,各国越来越关注国际税收关系协调问题,与此相应的是彼此签订双边税收协定的数量也不断增加。从1920年到1939年,除专项性的税收协定外,欧美各国相互缔结的综合性的双边税收协定数量已近60个。[3] 为指导各国签订这类协定的实践,促进国际税收关系协调的统一和规范化,早期的国际联盟下设的财政事务委员会从20世纪20年代初起,开始致力于推动这类规定的规范化发展,并先后研究拟订了一系列有关避免双重征税的双边协定范本。

1921年,国际联盟成立了一个由4位经济学家组成的工作小组,[4]

---

〔2〕 A. A. Knechtle, *Basic Problems in International Fiscal Law*, Deventer NL, Kluwer, 1979, p. 185.

〔3〕 Sol Picciotto, *International Business Taxation*, London, Weidenfeld and Nicolson, 1992, p. 25.

〔4〕 Bruins(Rotterdam), Einaudi(Turin), Seligman(New York) and Stomp(London).

专门研究国际双重征税对经济产生的影响。1922年,国际联盟下属的财政事务委员会又成立了由多个欧盟国家高级税务官员组成的专家组,着手研究国际双重征税和国际税收偷漏问题。经过1923年至1927年的多次会议,该专家工作组起草出了4个综合性双边税收协定范本,[5]并提交1928年10月在日内瓦举行的有27国代表出席的避免双重征税和防止国际逃避税政府专家大会通过。

1943年7月,国际联盟财政事务委员会在墨西哥城召开第二次区域性税务会议。会议在总结以往工作成果的基础上,最终审议通过了《关于避免对所得双重征税的协定范本》(以下简称《墨西哥范本》)。参加会议的多数是拉丁美洲国家,因而《墨西哥范本》对发展中国家的税收权益有所照顾,突出强调了所得来源地国家的优先征税权。它为以后出台的UN范本定下了基调。1946年3月,国际联盟财政事务委员会在伦敦召开第十次会议,在复议《墨西哥范本》的基础上形成了所谓的《伦敦范本》,即《关于避免对所得和财产双重征税的协定范本》。《伦敦范本》虽然在结构上基本保持了《墨西哥范本》的框架,但它更多地强调了居民国的征税权,为以后出台的OECD范本定下了基调。国际联盟财政事务委员会组织制定的上述这些协定范本虽然在当时没有得到各国的普遍接受和采用,但它们为后来综合性双边税收协定的模式化发展奠定了基础和条件。

(二)OECD范本与UN范本

20世纪50年代至70年代末,所得税在世界范围内进入了蓬勃发展的阶段,实行所得税的国家数量急剧增加,各国所得税税率也大幅度提高。同时,发达国家相互间的投资大大增加,跨国公司的数量和规模得到空前的发展。这些因素促使各国税收权益冲突更趋激化,对跨国所得和财产价值的征税问题也日益错综复杂。[6] 随着这个时期税收协定的大量增加,对协定的规范化要求也显得更为迫切。OECD范本和UN范本

---

〔5〕《关于避免在与所得和财产征税有关的直接税方面的双重征税协定》《关于避免在遗产税方面的双重征税协定》《关于在税务方面进行行政管理协助的协定》《关于在征税方面进行司法协助的协定》。

〔6〕廖益新主编:《国际税法学》,高等教育出版社2008年版,第62页。

在这一时期内相继出台,对推动综合性双边税收协定的模式化发展发挥了重要作用。

“二战”结束后,OECD 下设的财政事务委员会继承了研究修订新的协定范本方面的工作。1963 年该委员会公布了由税收专家小组起草的《关于对所得和财产避免双重征税协定范本草案》。这是 OECD 范本的第一个文本。这个范本草案发表不久,即为 OECD 成员国所普遍采用。截至 2021 年 1 月底,OECD 范本及其注释已历经 12 次修订,其内容也在不断地深化和完善。[7] 实际上,OECD 范本的影响已远远超出了 OECD 成员国的范围。OECD 范本已成为成员国与非成员国之间乃至非成员国之间谈判的基本参考文件。同时,它还是其他世界性或区域性国际组织关于双重征税及相关问题的基本文件。最值得一提的是,OECD 范本还成为起草及修订 UN 范本的蓝本。UN 范本沿用了 OECD 范本大部分的条文及其注释。[8] 鉴于 OECD 范本在非成员国中的影响日益增大,经同意从 1997 年起,在 OECD 范本中加入一些非成员国关于范本条文及其注释的立场。2017 年 OECD 范本及其注释中已有包括中国、中国香港在内的 33 个非经合组织经济体(non - OECD economies)对 OECD 范本及注释发表立场。[9] 正是鉴于 OECD 范本的广泛影响,若无特别说明,本书所研究的税收协定均假定与 2008 年 OECD 范本一致(参见附录)。值得说明的是,选取任何一个 OECD 范本,均不影响本书的论证基础和结论。本书所研究的三角情形,在任何以 OECD 范本为参照缔结的税收协定适用过程中均可能发生。之所以选取 2008 年 OECD 范本作为本书参照,主

---

[7] OECD 先后于 1977 年、1992 年、1994 年、1995 年、1997 年、2000 年、2003 年、2005 年、2008 年、2010 年、2014 年和 2017 年发布了修订后的范本及其注释。

[8] OECD Model Tax Convention on Income and on Capital, 1992 - 2017, Introduction, para. 14.

[9] 这 33 个对 2010 年 OECD 范本及其注释发表立场的非经合组织经济体是:阿尔巴尼亚、阿根廷、亚美尼亚、阿塞拜疆、白俄罗斯、巴西、保加利亚、哥伦比亚、哥斯达黎加、克罗地亚、刚果民主共和国、加蓬、格鲁吉亚、中国香港、印度、印度尼西亚、象牙海岸、哈萨克斯坦、立陶宛、马来西亚、摩洛哥、中华人民共和国、菲律宾、罗马尼亚、俄罗斯、塞尔维亚、新加坡、南非、泰国、突尼斯、乌克兰、阿拉伯联合酋长国、越南。See OECD Model Tax Convention on Income and on Capital: Condensed Version 2017, p. 609, OECD Publishing, http://dx.doi.org/10.1787/mtc_cond - 2017 - en, 2021 - 1 - 30.

要理由是兼顾 OECD 范本的最新发展和中国税收协定对范本的实际参照度。[10]

由于 OECD 范本主要反映了居民国的税收利益,不利于在国际税收分配关系中多处于来源国地位的发展中国家的利益,所以在发展中国家与发达国家谈判和签订协定时,如果照这个范本的模式套用,就难免有失真正的公平互利。因此,广大发展中国家迫切要求制定一个能反映其本身利益需要的范本,以指导它们与发达国家谈判和签订此类协定。为此,UN 经济和社会理事会于 1967 年成立了由发达国家和发展中国家的代表组成的税收专家小组。经过近 10 年的努力,该专家小组于 1980 年正式通过并发布了《发达国家与发展中国家关于双重征税的协定范本》及其注释。这是 UN 范本的第一个文本。尽管在协定形式结构上,UN 范本与 OECD 范本相同,但在有关条款的内容中 UN 范本更强调来源国税收管辖权原则,更多地照顾到资本输入国的权益。因此,它出台以来得到了广大发展中国家的普遍采用。与 OECD 范本频繁修改不同的是,截至 2021 年 1 月底 UN 范本及其注释仅历经了 2001 年、2011 年和 2017 年的三次修改。

OECD 范本与 UN 范本是对长期以来各国税收协定实践经验的总结。它们的诞生,标志着税收协定的发展开始进入模式化的成熟阶段。虽然这两个范本并不具有像各国正式签订的税收协定那样的法律效力,仅是供各国在谈判和签订协定时参考依据的一种模本,但由于各国在谈判和签订此类协定时,基本上都参照甚至套用了这两个范本建议的条文规则,可以说这两个范本所含的许多原则规范实际上已经具备了国际税收惯例的法律地位和作用。尤其是两个范本的注释,因为这两个范本的广泛影响和普遍接受,为各国间签订的税收协定的条款解释和适用在实践中提供了一种共同的指导准则,有效地促进此类双边税收协定在各国相互的缔结和执行。[11]

---

〔10〕 中国目前对外缔结的 107 个税收协定大多(94 个)是在 1983 年至 2009 年签订的,2010 年之后签订的税收协定仅有 13 个,修订的税收协定也仅有 9 个。

〔11〕 廖益新主编:《国际税法学》,高等教育出版社 2008 年版,第 62 页。

二、税收协定的局限性

(一)概述

从上述税收协定的历史沿革可以看出,这种综合性双边税收协定一直以来都是协调国家间税收权益分配关系和实现国际税务行政协助的最主要的国际法渊源。但是人们普遍认为这种税收协定也存在一些局限性:其一,税收协定的双边性既难以满足最惠国待遇的要求,又带来了解决三角情形的难题;其二,税收协定作为国家间征税权的协调规则,对各国国内税法的趋同化作用甚微;其三,税收协定的所得分类并不合理;[12] 其四,税收协定适用期限较长(平均15年),且修订较为困难,但各国国内税法却需要根据经济形势以及本国经济政策的变化不断做出修订和调整,税收协定可能因此面临解释上的困难。[13] 针对上述问题学术界进行了激烈的讨论,提出了一些解决的方案。[14] 受本书主题限制,本书在此仅就三角情形下税收协定适用的难题进行探讨。

(二)双边税收协定并不能普遍性地调整三角情形

目前大多数学者认为,自20世纪以来,以OECD范本为代表的旨在

---

〔12〕 税收协定目前适用的各类所得概念没有逻辑性与系统性。它们有些源于习惯,而有些是各国利益妥协的产物。20世纪20年代,在国际联盟起草的税收协定范本中,所得的分类主要参照了几个欧洲国家在当时的流行方法。近百年来,各国所得税制发展迅速,而对税收协定范本的所得分类却停滞不前。具有逻辑性与系统性的所得分类不仅有利于消除税收协定中概念的解释分歧,也可以降低纳税人税收套利的机会。See Klaus Vogel, *The Schedular of Tax Treaties*, BULLETIN 6, p. 260(2002).

〔13〕 税收协定的解释规则包括一般解释规则和专门解释规则。一般解释规则是指1969年《维也纳条约法公约》第31~33条的规定;而专门解释规则是指OECD范本第3条第2款的规定。依据OECD范本第3条第2款,缔约国的国内有关法律也是构成税收协定解释的主要渊源之一。鉴于税收协定的修订常常滞后于缔约国国内税法的发展,究竟是适用协定缔结时的缔约国国内法还是协定实施时的缔约国国内法来解释税收协定就成为了一大难题。有关"国际税收协定的解释规则"可参见陈延忠:《国际税收协定解释问题研究》,科学出版社2010年版,第134~139页。

〔14〕 陈延忠:《国际税收协定解释问题研究》,科学出版社2010年版,第8~12页;Brian J. Arnold, Jacques Sasseville & Eric M. Zolt, *Summary of the Proceedings of an Invitational Seminar on Tax Treaties in the 21st Century*, BULLETIN 6, pp. 233-245(2002);Alex Easson, *Do We Still Need Tax Treaties?*, BULLETIN 12, pp. 619-625(2000)。

消除国际重复征税的国际税法是在双边途径基础上发展起来的。[15] 在多边范畴内,双边税收协定并不能普遍性地解决重复征税问题。[16] 三角情形并不是 OECD 范本或者税收协定调整的传统范畴。[17] 也有少数学者不同意这个观点。[18] 但是就 1963 年至 1992 年的 OECD 范本及其注释而言,除了 1977 年 OECD 范本在第 21 条注释和第 24 条注释中提到第三方情形外,[19] 并没有其他条款或注释涉及协定适用中的第三方情形。即使是 1977 年 OECD 范本对上述两条款的这 4 段注释所提及的第三方情形,也并没有使用三角情形这一用语,同时也未详细阐述第三方情形下税收协定适用的问题与解决的方法。如导论中所述,税收协定鲜少关注三角情形这一情况的改变是从 1992 年 OECD 发布的《三角情形》报告开始。

针对双边税收协定并不能普遍性地调整三角情形这一弊端,有学者提出多边税收协定是解决这一问题的根本方法。本书认为,综合性的多边税收协定确实能够根本解决三角情形下的重复征税问题,但值得讨论的是,多边税收协定是否能够取代双边税收协定来调整三角情形?

---

〔15〕 Adolfo J. Martín Jiménez, F. Alfredo García Prats & José M. Calderón Carrero, *Triangular Cases, Tax Treaties and EC Law: The Saint - Gobain Decision of the ECJ*, BULLETIN 6, p. 241 (2001).

〔16〕 Singyuan Yong, *Triangular Treaty Cases: Putting Permanent Establishments in Their Proper Place*, Bulletin for International Taxation 3, p. 152 (2010).

〔17〕 Francisco Alfredo García Prats, *Triangular Cases and Residence as a Basis for Alleviating International Double Taxation: Rethinking the Subjective Scope of Double Tax Treaties*, INTERTAX 11, p. 474 (1994).

〔18〕 Hans Pijl 就认为 1963 年的 OECD 范本并非没有关注三角情形,OECD 范本可以解决某些三角情形下的重复征税问题。此观点参见 Hans Pijl, *The Epic of Gilgamesh, or the Noise of the Profession*, Bulletin for International Taxation 11, p. 606 (2011)。Hans 在他的另一篇文章中具体证明了 OECD 范本第 11 条第 5 款可以解决某种三角情形,参见 Hans Pijl, *Interest from Hybrid Debt is Tax Treaties*, Bulletin for International Taxation 9, pp. 501 - 502 (2011)。但是作者并不能同意 Hans 的观点。诚然,某些三角情形适用税收协定能够消除重复征税,但是同时也存在大量的三角情形难于或者目前不能通过税收协定消除重复征税。因此,不能因为某些三角情形下的重复征税问题能够适用税收协定解决就认为 OECD 范本或税收协定自始就考虑到三角情形的存在。

〔19〕 OECD Model Tax Convention on Income and on Capital, 1977, Commentary on Article 21.2, paras. 4 - 5; Commentary on Article 24.4, paras. 52 - 54.

三、多边税收协定并不能取代双边税收协定

(一)多边税收协定是双边税收协定的补充

在起草1963年OECD范本草案以及1977年OECD范本时,OECD的财政事务委员会曾经考虑了缔结多边税收协定的可行性,并得出结论:要实现这一目标,困难重重。但它认为,某些成员国集团则可研究相互之间以协定范本为蓝本缔结多边税收协定的可能性,只要它们对范本进行某些必要的调整以适应它们特定的目的和需要。[20]

国际社会缔结的多边税收协定主要有:1971年《安第斯条约成员国避免双重征税协定》(Andean Pact)、1994年《加勒比多边税收协定》、1996年《北欧关于所得和财产协定》(以下简称《北欧协定》);1988年欧洲理事会起草的《多边税收征管互助公约》等。[21] 以《北欧协定》为例,《北欧协定》是旨在消除对所得重复征税、防止国际逃避税以及促进税收行政互助的综合性多边税收协定。[22] 与双边税收协定不同,由于其多边性,《北欧协定》规定了对缔约国所涉及的某些三角情形的解决方法,如对典型三角情形和双重居民身份三角情形均规定了解决方法。[23] 那么,这是否意味着多边税收协定可以取代双边税收协定来调整三角情形呢?

本书认为,有必要区分多边税收协定是用来代替现有双边税收协定,还是仅仅作为双边税收协定的补充。大部分学者认为,尽管用多边税收协定来代替双边税收协定是大家所期盼的,但是多边税收协定很难谈判通过。各国在所得税方面的利益分歧很大,即使在欧盟内部综合性的多边税收协定也很难达成。多边税收协定并不能用来统一各国国内税收体制,在各国国内税收体制得到统一之前,多边税收协定就不可能具有协商

〔20〕 OECD Model Tax Convention on Income and on Capital, 2010, Introduction, para. 37.

〔21〕 有关多边税收协定的详情可参见 Roy Rohatgi, *Basic International Taxation* (*2nd edition*), UK, Richmond Law & Tax Ltd., 2005, paras. 75 - 80。

〔22〕 《北欧协定》由丹麦、芬兰、冰岛、挪威和瑞典于1983年签署,分别于1987年、1989年和1996年修订,是成员国集团签署的多边协定的实例,《北欧协定》与OECD范本的条文十分相近。

〔23〕 Marjaana Helminen, *Scope and Interpretation of the Nordic Multilateral Double Taxation Convention*, Bulletin for International Taxation1, 2007, p. 24.

通过的可行性。尽管原则上某些类型的多边税收协定令人期待，但在可预见的将来，除了在诸如税收行政合作和争端解决等少数领域外，综合性多边税收协定的缔结并不具有可行性。况且，现存的双边税收协定对大部分交易均可以很好地发挥作用。[24] 因此，多边税收协定仅仅是双边税收协定的补充，并不能够取代现有双边税收协定。

OECD 范本注释也明确指出，虽然有《北欧协定》和《多边税收征管互助公约》，但这并不意味着在全体成员国之间缔结一个多边税收协定已经可行。财政事务委员会认为，在国际层面上双边税收协定仍是更有效地消除双重征税的途径。[25]

(二)《BEPS 多边公约》与税收协定的关系

2018 年 7 月 1 日《BEPS 多边公约》生效实施。中国政府已于 2017 年 6 月 7 日正式签署该公约，截至 2021 年 1 月底尚未批准生效。《BEPS 多边公约》的重要目标之一是对成员方的税收协定网络实施一致同意的修改。那么，《BEPS 多边公约》生效之后是否会取代双边税收协定，进而解决三角情形下税收协定适用的难题呢？本书认为答案是否定的，理由主要包括两点。

1. 虽然《BEPS 多边公约》是多边性条约，但其实施仍依赖现行双边税收协定，在双边框架内执行。

一国加入《BEPS 多边公约》成为其成员方，并不意味着该成员方双边税收协定网络中所有现行的税收协定都将纳入《BEPS 多边公约》的适用范围。根据《BEPS 多边公约》第 1 条的规定，纳入《BEPS 多边公约》适用范围的仅是各成员方所有现行税收协定中符合《BEPS 多边公约》第 2 条第 1 款第 1 项规定的“涵盖税收协定”构成条件的税收协定。而按照《BEPS 多边公约》的定义，“涵盖税收协定”是指同时具备以下两项条件的税收协定：(1)在《BEPS 多边公约》两个或两个以上的成员方之间生效；(2)《BEPS 多边公约》成员方在已提交给《BEPS 多边公约》保存人的

---

[24] Brian J. Arnold, Jacques Sasseville & Eric M. Zolt, *Summary of the Proceedings of an Invitational Seminar on Tax Treaties in the 21st Century*, BULLETIN 6, 2002, p. 236.

[25] OECD Model Tax Convention on Income and on Capital, 2010, Introduction, para. 40.

通知清单中将该税收协定明确列示为拟适用《BEPS 多边公约》的税收协定。需要注意的是,一个税收协定的缔约双方,其中一方作为《BEPS 多边公约》成员方在其提交的通知清单中将此双边协定列明为拟适用《BEPS 多边公约》的税收协定,但缔约另一方不是《BEPS 多边公约》成员方,或者虽是《BEPS 多边公约》成员方,但没有将此双边协定列入其提交的通知清单,这样的税收协定不构成涵盖税收协定。[26] 因此,《BEPS 多边公约》从适用范围到具体实施,均必须依托缔约方现行税收协定在双边框架内实施。

2.《BEPS 多边公约》的主旨并不是避免重复征税,而是打击引起双重不征税等不当侵蚀各国税基的行为。

OECD 制定《BEPS 多边公约》旨在将 BEPS 项目一揽子成果纳入多边法律工具,成果主要涉及应对混合错配、防止协定滥用、人为规避常设机构地位,以及改进税收争议解决机制等。因此,《BEPS 多边公约》的主要内容均是针对侵蚀各国税基的国际逃避税行为而设计的规则。[27] 本书三角情形下税收协定适用的难题更多表现在重复征税问题,仅有个别章节涉及逃避税问题(第三章第一节第三目,第五章第二节)。在涉及逃避税问题的章节,本书将在具体情形下结合《BEPS 多边公约》的相应条款予以分析研究。而从全书的主线来看,即三角情形下重复征税问题如何解决,《BEPS 多边公约》并不能取代双边税收协定解决三角情形下的重复征税问题。

由于双边税收协定依然是目前解决重复征税问题的最主要的国际法渊源,多边税收协定并不能取代双边税收协定,因此三角情形下的重复征税问题有必要适用双边税收协定来解决。那么什么是三角情形呢?

---

〔26〕 廖益新:《多边法律工具与双边税收协定》,载《国际税收》2017 年第 6 期。

〔27〕 《BEPS 多边公约》的主要内容可参见何杨、孟晓雨、刘曦琳:《BEPS 多边公约与我国双边税收协定》,载《国际税收》2018 年第 1 期。

第二节　三角情形的概念及分类

总体上来说，目前国际税法学术界和实务界很少有人关注三角情形的概念问题。现有的文献一般是就某个或某些具体的三角情形进行研究，比如“涉及可归属于常设机构利润的三角情形”、“涉及双重居民身份的三角情形”或“涉及演艺人员或运动员的三角情形”等。当然这与三角情形本身的实务性密不可分。对这些具体的三角情形的研究往往是由于实务中出现了亟待解决的问题，而后国际税法理论界和实务界再作出回应。这就使得人们主要关注某种三角情形下暴露出来的问题以及问题的解决方式，而鲜少在意三角情形这一术语的普遍性概念。对这些具体三角情形的研究也可以轻易地回避掉三角情形的概念问题，直接进入具体情形。

当然，也许有人认为对三角情形下定义没有太大必要，直接进入具体问题并没有什么不妥。但是，本书认为如果试图在纷繁复杂的具体三角情形中认识其规律性，并找寻到解决问题的合理方法，就必须先对三角情形的概念进行梳理，确定其内涵，并对其外延进行分类。

一、三角情形的概念

概念，是指反映客观事物的本质属性及其对象范围的思维形式。概念中被指称的那类对象具有的特有属性即是概念的内涵，而概念指称的对象范围即是概念的外延。概念的内涵和外延是任何概念都具有的两个基本方面，概念本身就是内涵和外延的结合体。概念内涵和外延是相互联系、相互制约的。[28] 一个概念的内涵越丰富，其对应的外延就越小；而反之，概念的内涵越简单，其对应的外延就越大。本书研究的三角情形拥有一个相对简单的内涵和极其复杂多样的外延。本书认为，三角情形是指同一笔（或同一税源）跨国所得在同一征税期间内被三个国家重复征税

---

〔28〕 雍琦：《法律逻辑学》，法律出版社2004年版，第29页。

的情形。

(一)三角情形的内涵:三个国家重复征税

一般认为"三角情形"这一术语大多用于两个以上(一般是三个)国家消除重复征税的情形中。[29] 有学者将经济性重复征税问题排除在三角情形之外,从而认为三角情形是指多个国家对同一纳税人的同一笔所得同时主张征税权而导致法律性重复征税的情况。[30] 但也有文件规定三角情形包括经济性重复征税的情况。比如 2011 年欧洲委员会发布了题为《欧洲联合转让定价论坛》(European Joint Transfer Pricing Forum)的研究报告。该报告将三角情形定义为:由于位于第三方国家的关联企业[关联企业按照《关于避免因调整联属企业利润而引起的双重课税的公约》(以下简称《仲裁公约》)[31] 来定义]对非公平交易起到了重要的作用,因此导致对相关交易或商业、金融关系产生了连锁反应,从而使得位于另外两个国家的关联企业在相互协商程序中无法适用公平交易原则完全解决转让定价所引起的重复征税问题。[32] 各国税务机关对关联企业转让定价所作的纳税调整不一致而引起的重复征税问题就属于经济性重复征税。此外,2011 年 UN 范本及其注释明确规定,税收协定领域内的"三角情形"一语是指涉及三个国家税收协定适用的情况。[33] 而不论是哪一种理解,三角情形的上述概念均提出了三角情形内涵中的两个特有属性:三个国家和重复征税。此外,OECD 范本的主要宗旨就是针对法律

[29] Gang Zhai, *Triangular Cases Involving Income Attributable to Pes*, Tax Notes International 3, 2009, p. 1105.

[30] Francisco Alfredo García Prats, *Triangular Cases and Residence as a Basis for Alleviating International Double Taxation: Rethinking the Subjective Scope of Double Tax Treaties*, INTERTAX 11, 1994, p. 475.

[31] 1990 年欧洲共同体成员国缔结了《仲裁公约》。

[32] European Commission, *Communication from the Commission to the European Parliament, the Council and European Economic and Social Committee*, COM(2011) 16 Final, 25 January 2011.

[33] United Nations Model Double Taxation Convention between Developed and Developing Countries, 2011, Commentary on Article 1, para. 58.

性质的国际双重征税方面产生的最普遍问题，规定统一的解决方法。[34]因此，本书将与税收协定的适用密切相关的三角情形定义为同一笔（或同一税源）跨国所得在同一征税期间内被三个国家重复征税的情形。

那么，三角情形是否应当包括三个国家重复不征税的情形和利用三个国家间税收法律或税收协定进行国际逃避税的情形呢？

（二）三角情形概念范围的界定理由

本书认为，三个国家的重复征税与两个国家的重复征税在税收协定的适用问题上既存在一致性，也存在明显的差异性。这种差异性（详见第二章第二节）使得在重复征税问题上所涉国家数量从二到三的变化对税收协定适用的研究具有理论与现实的意义。鉴于下述理由，本书原则上将三个国家重复不征税的情形和利用三个国家间税收法律或税收协定进行国际逃避税的情形排除在本书的三角情形概念之外。

第一，由于税收协定的宗旨并不包括防止重复不征税，因此无论是两个国家的双重不征税还是三个国家的三重不征税，税收协定均不是解决重复不征税问题的主要方法。对于主要参照 OECD 范本缔结的税收协定的宗旨与目的是否包括防止重复不征税是存在激烈争议的。1999 年 OECD 发布题为《关于对合伙适用 OECD 税收协定范本的报告》（以下简称《合伙报告》）。《合伙报告》明确指出：税收协定的基本目的除了消除双重征税，还有防止双重不征税。[35] 近年来，国际税收筹划发展迅速。纳税人和他们的税收咨询师从两国或者几个国家间国内税法和税收协定中寻找漏洞，从而实现税收套利。其中，某笔所得在相关各国承担零税负的情况普遍增加。这种情况引起了各国税务机关的高度关注。尤其是那些纳税人利用明显的“假交易”来达到某笔所得在相关各国重复不征税目的的情形更是会受到税务机关的严密审查。因此，各国税务主管当局更希望明确将防止双重不征税作为税收协定的宗旨之一。

---

〔34〕 OECD Model Tax Convention on Income and on Capital, 1992 – 2010, Introduction, para. 3.

〔35〕 OECD, The Application of the OECD Model Tax Convention to Partnerships, 1999, para. 52.

但是,纳税人和法院倾向于严格执行税收协定的现有宗旨与目的,排除双重不征税。有权威学者认为,双重征税和双重不征税问题大相径庭,解决双重征税所需要的方法对防止双重不征税的作用非常有限,因此税收协定的一般宗旨与目的并不包括双重不征税,税收协定至多仅在某些特定问题上防止双重不征税。[36] 本书同意这种观点。从文义解释的角度来看,OECD 范本与注释明确规定了税收协定的宗旨包括消除法律性重复征税和打击国际逃避税的行为,[37]但没有明确规定范本的宗旨包括防止重复不征税。OECD 范本除了第 23A 条第 4 款之外,[38]确实没有其他条款专门解决重复不征税问题。而 OECD 范本注释也仅有极少数段落提及重复不征税问题的解决。[39] 因此,本书认为在税收协定适用的层面上研究三个国家重复不征税的问题并没有多少意义与价值。

第二,以本书目前掌握的资料来看,相较于两个国家,利用三个国家间税收法律或税收协定进行国际逃避税的情形还没有形成明显的规律性和固定的研究范畴。目前仅以所涉及国家的数量来界定国际逃避税问题

---

〔36〕 Michael Lang, *Cahiers de Droit Fiscal International – Double Non – Taxation*, General Report. in IFA Vol. 89a, p. 81.

〔37〕 第一,OECD 范本的主要宗旨就是针对法律性质的国际双重征税方面产生的最普遍问题,规定统一的解决方法(参见 Convention on Income and on Capital, 1992 – 2010, Introduction, para. 3)。第二,OECD 范本宗旨包含打击国际逃避税行为这一点从范本所建议的协定标题就可以看出。OECD 范本所建议的协定标题为"甲国与乙国关于所得和财产的税收协定"。各国可根据国际通行做法在标题上加上"避免双重征税"或同时加上"避免双重征税"和"防止偷漏税"的字眼。第三,范本注释也明确规定,财政事务委员会将继续研究税收协定的不当利用问题以及国际逃避税问题。协定范本某些条款的注释中也谈及这一问题。尤其是第 26 条,正如注释所指出的,该条使各国能够通过国家间的信息交换以打击这些滥用协定行为。参见 OECD Model Tax Convention on Income and on Capital, 1992 – 2010, Introduction, para. 41。

〔38〕 2000 年 OECD 范本新增第 23A 条第 4 款,其目的就在于避免因居民国和来源国对事实或协定条款解释的不一致所导致的双重不征税。一方面,如果来源国解释某种情况下的具体事实或协定条款的结果,使来源国认定依据协定的有关规定,它对一项所得或财产的征税权受到限制或者排除;另一方面,居民国对有关事实和协定条款采用不同的解释,因此认为按照协定规定,该项所得或财产可以在来源国课税。第 23A 条第 4 款适用于上述情形,如果没有本款规定的适用,会导致居民国根据第 1 款的规定有义务给予免税。See OECD Model Tax Convention on Income and on Capital, 2000 – 2010, Commentary on Article 23, para. 56. 1.

〔39〕 E. g. OECD Model Tax Convention on Income and on Capital, 2000 – 2010, Commentary on Article 23, para. 32. 7.

的研究范围并不具有理论与现实依据。当然，也有个别情况是纳税人利用三个国家的相关税收法律或税收协定进行税收套利，并且这种套利行为与某种具体三角情形有着紧密的联系。本书对这些个别情况下的滥用税收协定问题将在文中作为具体三角情形的补充内容详细阐述（比如第三章第一节第三目）。

二、对三角情形的初步分类

在确定了本书三角情形概念的内涵之后，本书接下来对三角情形的外延进行初步分类。需要指出的是，虽然经常有文献列举不同类型的三角情形[40]，但是目前还没有哪个文献尝试采用某种相对科学的标准对三角情形进行分类。一方面，三角情形个案特征明显，有些涉及国内法，有些涉及税收协定，有些涉及欧盟法律等，不易形成统一的分类标准；另一方面，三角情形的外延虽相对丰富，但目前人们对其的认知仍未穷尽。为了确定本书三角情形的范围，作者使用以下两个标准对三角情形进行初步的分类。其一，按照三角情形下重复征税的性质分为两类：存在法律性重复征税的三角情形和存在经济性重复征税的三角情形；其二，进一步对存在法律性重复征税的三角情形，按照税收协定的适用目前能否消除法律性重复征税再分为两类：适用税收协定能够消除法律性重复征税的三角情形和适用税收协定难以消除法律性重复征税的三角情形。而本书的第三、四、五章皆属于适用税收协定难以消除法律性重复征税的三角情形。

在此强调的是，为了尽力克服三角情形的个案性，本书的分类标准建立在这样两个假设前提之下：（1）三个国家（或地区）按照各自国内法对同一纳税人或不同纳税人的同一笔所得或财产价值在同一征税期限内课征相同或类似的税收，即存在三国法律性或经济性重复征税问题；（2）三

---

〔40〕 比如，1998 年 IFA 在伦敦举行的年会上专门设立了“三角协定问题”（Triangular treaty problems）研讨小组。研讨小组认为，当涉及三个或三个以上国家时，税收协定的问题主要存在于以下四个领域：（1）常设机构；（2）双重居民身份；（3）公民税收；（4）对纳税实体的定性识别差异。See John Avery Jones and Catherine Bobbett, *Triangular Treaty Problems: A Summary of The Discussion in Seminar E At The IFA Congress in London*, BULLETIN 1, 1999, pp. 16 – 20.

个国家间均缔结了税收协定，且这些税收协定均是参照2008年OECD范本模式缔结的。

（一）存在法律性重复征税的三角情形

三个国家（或地区）对同一纳税人的同一笔所得或财产价值在同一期间内课征相同或类似税收的情形，即构成存在法律性重复征税的三角情形。存在法律性重复征税的三角情形中，有些是适用税收协定能够消除重复征税的三角情形，而有些则是目前适用税收协定很难消除，甚至根本不能够消除重复征税的三角情形。

1. 适用税收协定能够消除重复征税的三角情形

这类三角情形的特点是：虽然同一纳税人的同一笔所得在同一纳税期限内面临三个国家的重复征税问题，但是三个国家间税收协定的适用可以解决重复征税问题。

案例1：R国居民个人甲拥有一处位于S^1国的房产，甲将该房产出租给S^2国居民乙，乙在S^2国境内将房租支付给甲（如图1－1所示）。

首先，按照各自国内法R、S^1、S^2三国对同一纳税人甲的同一笔租金所得在同一征税期限内均享有税收管辖权。其中R国享有的是基于属人管辖权基础上的居民税收管辖权，S^1、S^2国享有的是基于属地管辖权基础上的来源地税收管辖权。

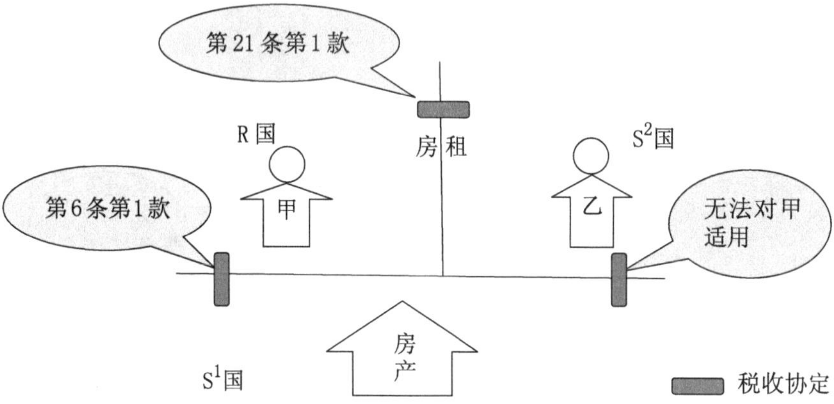

图1－1　案例1图示

其次,税收协定的适用能够解决这种三重征税的问题。其一,根据 $R-S^1$协定和 $R-S^2$协定第 1 条,甲是两协定上的居民,因此两个协定能够对甲适用;同理,由于甲并非 S^1-S^2协定上的居民,S^1-S^2协定对甲并不能够适用。其二,$R-S^1$协定的具体分配规则适用第 6 条第 1 款,其结果是 S^1国优先征税,R 国按照第 23 条消除重复征税。其三,$R-S^2$协定的具体分配规则适用第 21 条第 1 款,其结果是该笔所得在 R 国与 S^2国间由 R 国独占征税权,S^2国相应地放弃对该笔所得的征税权。

那么,$R-S^1$协定和 $R-S^2$协定的适用,就使得三国对该笔租金所得的三重征税问题得到了解决,最终由 S^1国优先征税,R 国按照 $R-S^1$协定第 23 条消除重复征税。像这样税收协定的适用能够解决三国间(法律性)重复征税问题的情况还有很多,本书并不一一列举。仅需要指出的是,这些适用税收协定能够消除重复征税的三角情形也并非本书研究的三角情形的范围。

2. 适用税收协定难以消除重复征税的三角情形

这类三角情形的特点是:同一纳税人的同一笔所得在同一纳税期限内面临三个国家的重复征税问题,但是目前适用税收协定难以消除重复征税。

案例 2:R 国居民个人甲受雇于 S^2国政府,S^2国政府委派甲到 S^1国从事翻译工作,甲因此每周一至周五到 S^1国为 S^2国政府工作,周末回到 R 国与家人团聚,S^2国政府作为雇主向甲支付工资报酬(如图 1-2 所示)。

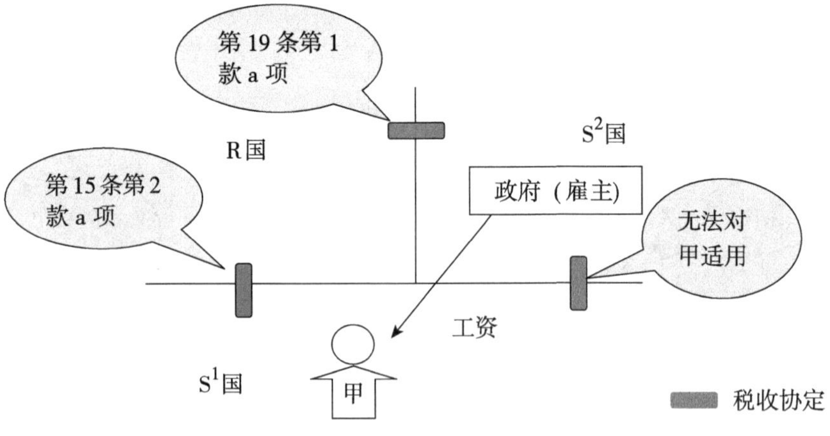

图 1-2 案例 2 图示

首先,按照各自的国内法 R、S^1、S^2 三国对同一纳税人甲的同一笔工资所得在同一征税期限内均享有税收管辖权。其中 R 国享有的是基于属人管辖权基础上的居民税收管辖权,S^1、S^2 国享有的是基于属地管辖权基础上的来源地税收管辖权。

其次,税收协定的适用并不能消除重复征税。其一,根据 R－S^1 协定和 R－S^2 协定第 1 条,甲是两协定上的居民,因此两个协定能够对甲适用;同理,由于甲并非 S^1－S^2 协定上的居民,因此 S^1－S^2 协定对甲并不能够适用。其二,R－S^1 协定的具体分配规则适用第 15 条第 2 款第 a 项,其结果是 S^1 国优先征税,R 国按照第 23 条消除重复征税。其三,R－S^2 协定的具体分配规则适用第 19 条第 1 款第 a 项,其结果是该笔所得在 R 国与 S^2 国间由 S^2 国独占征税权,R 国相应地放弃对该笔所得的征税权。

那么,R－S^1 协定和 R－S^2 协定的适用结果是,对甲的工资所得 S^1 国和 S^2 国均享有征税权,R 国放弃征税权。由于 S^1－S^2 协定并不能对甲适用,那么两国间的重复征税就无法通过适用税收协定消除。

案例 3:某航空公司的实际管理机构位于 S^2 国,该航空公司经营一趟往返于 S^1 国 A、B 两城市之间的航班,R 国居民个人甲作为航空公司的雇员在该航班上工作,使甲每年在 S^1 国实际停留大约 200 天。航空公司向甲支付工资(如图 1－3 所示)。

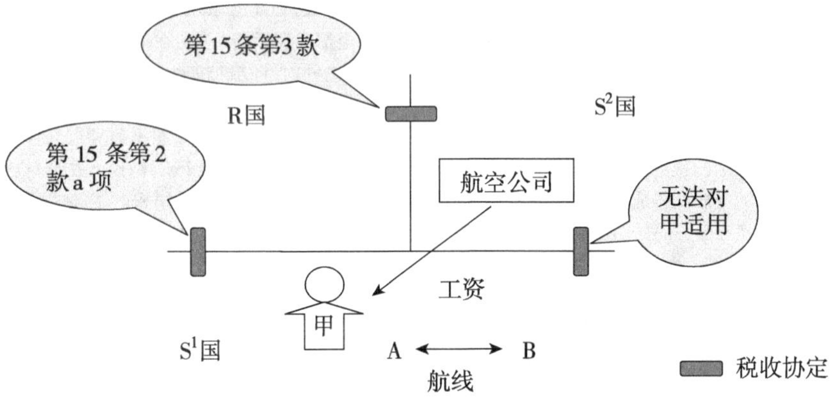

图 1－3 案例 3 图示

首先,按照各自的国内法 R、S^1、S^2 三国对同一纳税人甲的同一笔工资所得在同一征税期限内均享有税收管辖权。其中 R 国享有的是基于属人管辖权基础上的居民税收管辖权，S^1、S^2国享有的是基于属地管辖权基础上的来源地税收管辖权。

其次，税收协定的适用并不能消除重复征税。其一，根据$R-S^1$协定和$R-S^2$协定第1条，甲是两协定上的居民，因此两个协定能够对甲适用；同理，由于甲并非S^1-S^2协定上的居民，S^1-S^2协定对甲并不能够适用。其二，$R-S^1$协定的具体分配规则适用第15条第2款第a项，其结果是S^1国优先征税，R国按照第23条消除重复征税。其三，$R-S^2$协定的具体分配规则适用第15条第3款，其结果是该笔所得在R国与S^2国间由S^2优先征税，R国按照第23条消除重复征税。

那么，$R-S^1$协定和$R-S^2$协定的适用结果是，对甲的工资所得S^1国和S^2国均享有优先征税权，R国履行其在两协定上的双重消除重复征税义务。由于S^1-S^2协定并不能对甲适用，S^1国和S^2国间的重复征税无法通过适用税收协定来消除。[41]

由于纳税人不是协定居民，根据OECD范本第25条第1款，协定的相互协商程序一般也无法启动。这类目前适用税收协定难以消除重复征

---

〔41〕 现实中的一个例子则是荷兰法院在2009年12月30日作出的判决。该案中，纳税人系比利时居民，其受雇于一家荷兰居民公司，并在该荷兰公司经营的一条拖轮上工作。在某纳税年度内，纳税人在尼日利亚沿海工作了212天，在荷兰水域工作了22天。荷兰税务局认为，按照荷兰国内法，纳税人应当就其全部雇佣所得（包括在尼日利亚工作取得的所得）向荷兰纳税。而根据2001年荷兰与比利时缔结的税收协定（以下简称荷兰－比利时协定）第3条第1款第e项对“国际运输”的概念，以及第15条第3款的规定，荷兰有权对纳税人的该笔雇佣所得征税。但是纳税人却认为，依照比利时与尼日利亚缔结的税收协定（以下简称比利时－尼日利亚协定）第15条第2款，纳税人在尼日利亚的受雇所得应当由尼日利亚优先征税，荷兰没有对该笔所得的征税权。本案争议的焦点在于：荷兰－比利时协定分配给荷兰的征税权是否要受到比利时－尼日利亚协定的限制？荷兰法院对此给出了否定的答案。法院认为：荷兰由于不是比利时－尼日利亚协定的缔约方，不应当受到该协定的拘束；荷兰对纳税人在尼日利亚受雇期间的所得有征税权。此外，现实中尼日利亚很可能由于缺少对纳税人受雇活动的有效信息或国内法免税等原因并没有对纳税人的该笔所得实际征税（正如本案中尼日利亚并没有实际征税的事实），但当提到尼日利亚与荷兰对该笔所得重复征税的可能性问题时，荷兰法院认为纳税人只能援引荷兰－尼日利亚协定的相互协商程序来解决这种重复征税。参见 Netherlands – Case Number 08/00404, Undisclosed Individual Taxpayer v. NL Tax Authorities, Gerechtshof (Court of Appeals) 's – Hertogenbosch, published in Vakstudie – Nieuws 2010/32.8, English Version "Netherlands – Case 08/00404, 30 December 2009 (Summary)", IBFD Database, Jan. 30, 2021。

税的三角情形给纳税人造成不合理的税收负担，不符合国际税收的公平与中性原则。

3.本书研究的三角情形范围

本书选取的三角情形具有以下特点：(1)必须是“适用税收协定难以消除重复征税的三角情形”。虽然本书无法穷尽这类三角情形的具体形式，但本书旨在通过对选取的代表性三角情形的研究，探索解决这类三角情形下税收协定适用的一般规则。(2)必须具有代表性，且有相应的国家实践或司法判例，使本书的研究具有较强的实践支撑和现实意义。(3)虽然适用税收协定难以消除重复征税，但是通过对协定条款的“合理解释”或“合理修订”可能找到解决重复征税的方法，且已具有相应的国家实践或受到国际社会的普遍关注。

案例4：将图1-1的例子略做调整，就会使税收协定的适用变得困难：R国居民甲公司在PE国设有常设机构，甲公司通过该常设机构经营一栋位于S国的房产，该房产的租金所得归于该常设机构(如图1-4所示)。

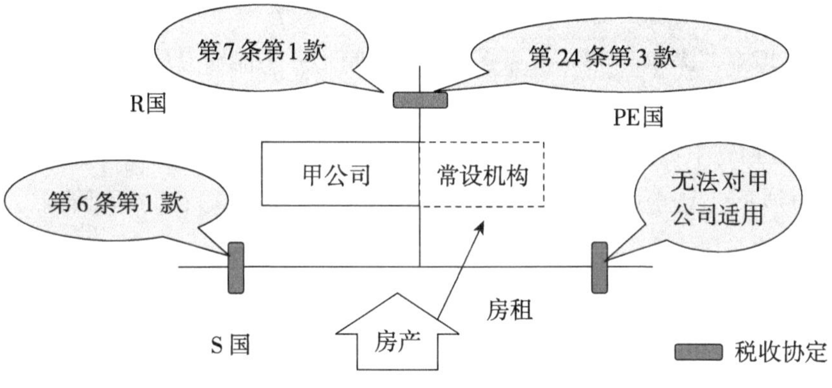

图1-4　案例4图示

首先，按照各自的国内法，R、S、PE三国对同一纳税人甲公司的同一笔租金所得在同一征税期限内均享有税收管辖权。其中R国是基于属人管辖权基础上的居民税收管辖权，S、PE国是基于属地管辖权基础上的来源地税收管辖权。

其次，税收协定在解决三重征税问题时遇到了困难。其一，根据R国与 PE 国缔结的税收协定(R－PE 协定)和 R 国与 S 国缔结的税收协定(R－S 协定)第 1 条,甲公司系两协定上的居民,因此两协定对甲均可适用;同理,由于甲公司并非 PE 国与 S 国缔结的税收协定(PE－S 协定)的居民,PE－S 协定对甲公司并不适用。其二,R－PE 协定的具体分配规则适用第 7 条第 1 款,其结果是 PE 国对归属于常设机构的利润(房租)优先征税,R 国按照 R－PE 协定第 23 条消除重复征税。其三,R－S 协定的具体分配规则适用第 6 条第 1 款,其结果是 S 国对房租租金所得优先征税,R 国按照 R－S 协定第 23 条消除重复征税。

那么,R－PE 协定和 R－S 协定的适用并没有彻底消除重复征税。两协定适用的最终结果是,PE、S 两国对租金均享有优先征税权,而 R 国要履行其在两协定上的双重消除重复征税义务。但是,由于 PE－S 协定对甲公司并不能够适用,PE、S 两国间的重复征税就难以消除。

当然,有人提出也许可以通过 R－PE 协定第 24 条第 3 款的适用来消除 PE、S 两国间的重复征税问题。这就使得这样的三角情形没有进入死胡同,从而被广泛地讨论与研究(具体问题将在本书的第三章中讨论)。这样的三角情形正是本书的研究范围。

但本书深知,作者对复杂多变的三角情形并不能够穷尽所有情形,因此基于现有文献所关注的三角情形,本书将研究范围确定为以下三种情形,以期管中窥豹:(1)涉及常设机构的三角情形(详述见本书第三章);(2)涉及双重居民身份的三角情形(详述见本书第四章);(3)涉及自然人所得的三角情形(详述见本书第五章)。

本书旨在通过对部分“适用税收协定难以消除重复征税的三角情形”的研究,总结出税收协定适用的一般性规律(详见本书第二章)。

(二)存在经济性重复征税的三角情形

三个国家(或地区)对不同纳税人的同一课税对象或同一税源在同一征税期限内课征相同或类似性质税收的情形,即构成存在经济性重复征税的三角情形。经济性重复征税一般存在于公司与公司股东之间,母子公司之间,合伙人与合伙企业之间,信托财产所有人与受托人之间,丈夫与妻子之间,继承人与被继承人之间,等等。这些主体本身具有各自独立的法律人格,但在经济上却具有同一性或关联性。

本书并不试图深入探讨存在经济性重复征税的三角情形。由于税收协定旨在消除法律性重复征税,而非经济性重复征税,存在经济性重复征税的三角情形目前并不能援引税收协定来解决,而只能通过双边谈判来解决。[42] 但这并不意味着存在经济性重复征税的三角情形不重要。恰恰相反,由于其相较于存在法律性重复征税的三角情形更为复杂,因此将成为目前和将来困扰国际税法学界的又一疑难课题。本书在此仅以跨国关联企业转让定价中存在的三角情形为例,简要描述何为存在经济性重复征税的三角情形。

2011 年欧盟委员会发布的题为《欧洲联合转让定价论坛》的报告认为,三角情形是指位于第三方国家的关联企业(关联企业按照《仲裁公约》来定义)对非公平交易起到了重要的作用,导致对相关交易或商业、金融关系产生了连锁反应,从而使得位于另两个国家的关联企业在相互协商程序中无法适用公平交易原则完全解决转让定价所引起的重复征税问题。[43] 举例来说,某跨国公司采用这样的经营模式:负责产品制造的母公司位于非欧盟国家 A 国;负责总库存的子公司位于欧盟国家 B 国,子公司是该跨国公司设在欧盟国家的公司中唯一从非欧盟国家购买产品的公司;子公司再将其购买的产品向位于欧盟各个国家(如 C 国)的受控公司销售。B、C 两国均是《仲裁公约》的缔约国(如图 1 -5 所示)。

假设该跨国公司为了将利润存放在税率较低的非欧盟国家 A 国而采用了转让定价安排,通过提高母子公司之间的销售价格,一方面提高了母公司的利润,另一方面也降低了受控公司的利润空间,从而将产品的大部分利润转移至母公司。其中,受控公司作为位于第三方国家的关联企业对整个非公平交易起到了重要的作用。

---

[42] OECD Model Tax Convention on Income and on Capital, 2010, Commentary on Article 23, para. 2.

[43] European Commission, *Communication from the Commission to the European Parliament, the Council and European Economic and Social Committee*, COM(2011) 16 Final, 25 January 2011.

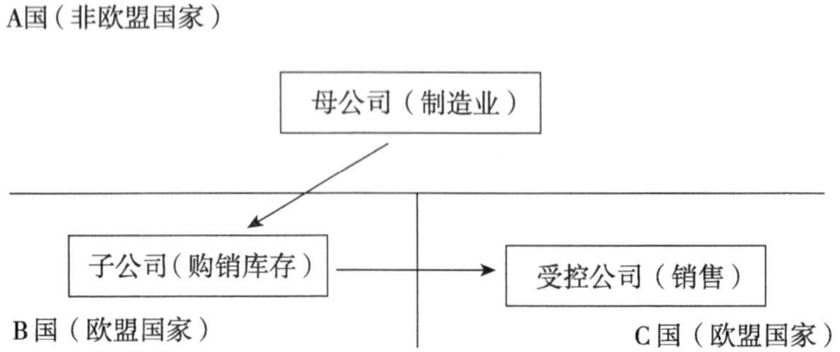

图1－5 存在经济性重复征税的三角情形

然而，C 国税务机关在对受控公司的营业利润进行征税时，要求子公司与受控公司之间的交易按照公平交易原则进行，从而对其交易价格进行纳税调整，即降低子公司与受控公司之间的交易价格，上调受控公司的利润。那么在理论上 B、A 两国税务机关也要相应地调低子公司与受控公司之间，以及母子公司之间的销售价格。这样才能使整个交易均按照公平交易原则进行，否则便会出现经济性重复征税。

但现实中，经济性重复征税时常发生。子公司与受控公司之间的经济性重复征税问题，纳税人除了可以援引 B 国与 C 国缔结的税收协定（B－C协定）相互协商程序条款之外，还可以诉诸《仲裁公约》；然而母子公司之间的经济性重复征税问题，纳税人却无法诉诸《仲裁公约》来解决，只能依据 B 国与 A 国缔结的税收协定（B－A 协定）相互协商程序条款解决。这便是《欧洲联合转让定价论坛》所关注的涉及欧盟国家与非欧盟国家关联企业转让定价的三角情形。[44]

本 章 小 结

本章阐释了本书论题界定的理由和本书所研究的三角情形的范围。首先，由于税收协定目前依然是解决重复征税问题最主要的国际法渊源，

---

〔44〕 Hugo Vollebregt, *Triangular Double Taxation: A Fresh Approach*, International Transfer Pricing Journal 3/4, 2012, pp. 103－106.

多边税收协定并不能够取代双边税收协定,三角情形下的重复征税问题或某些利用三个国家国内税法或税收协定进行国际逃避税的问题确实有必要适用双边税收协定来解决。其次,本书的三角情形是指同一笔(或同一税源)跨国所得在同一征税期间内被三个国家重复征税的情形。而本书所研究的三角情形是那些适用税收协定难以消除法律性重复征税的三角情形。

第二章　三角情形下税收协定适用的理论基础

在双边情形和三角情形下,税收协定的适用既遵循相同的规则,也有存在显著的差异性。本章第一部分归纳梳理税收协定适用的基本规则,这是税收协定在双边情形和三角情形下都应遵循的规则,第二部分分析税收协定在三角情形下适用的特殊现象与原则。相较于双边情形,三角情形下税收协定的适用呈现特殊现象,因此有必要探析特殊现象背后税收协定适用的合理性依据。本章是全书承上启下的关键,本章的结论将贯穿后面三个章节。

第一节　税收协定适用的基本规则

何为国际条约的适用?适用条约就是执行条约,一方面条约既可以由国际机关予以适用,另一方面在条约当事国国内立法、司法、行政这三个部门都有适用条约的职责。[1] 从国际法理论上看,国际条约的适用至少应包含"条约不溯及既往"、"条约的领土范围"和"关于同一事项先后所订几个条约的适用"等基本规则,[2]但这些并不是本节讨论的内容。尽管这些基本规则在税收协定的适用过程中同样存在且十分重要,但是它们并不是税收协定所特有的适用规则。

本节并不是要从国际法或国际税法理论体系上给税收协定适用的基

---

〔1〕 李浩培:《条约法概论》,法律出版社 2003 年版,第 313 ~ 314 页。

〔2〕 依据 1969 年《维也纳条约法公约》第 28 ~ 30 条。

本规则问题定坐标，而是尝试从实践的角度将一些专门在税收协定适用中存在的规则进行归纳整理。这种归纳整理也并非本书首创，瑞德(Raad)教授于2002年发表的一篇短文便整理出了税收协定适用中的五大基本规则。[3] 正如瑞德教授所说，也许这些规则看似不证自明，但实践证明即使是经验丰富的国际税收从业者，对这些规则的适用也会偶有疏漏。况且，这些规则并没有清楚地写进税收协定，也鲜少有国际税法专著明确探讨这些规则。[4] 本书认为，瑞德教授提出的适用税收协定的五大基本规则实际上主要包括两类规则：其一，税收协定与国内税法的适用关系；其二，税收协定征税权分配规则的核心理念及其适用关系。

一、税收协定与国内税法的适用关系

实际上，虽然像瑞德教授这样明确提出适用税收协定的基本规则的学者很少，但是却不乏对税收协定与国内税法的关系（包括适用关系）的研究。[5] 并且，几乎每一本有关国际税法的总论性书籍都会单列一节"国际税法与国内税法的关系"。[6] 本书将其中比较重要的规则总结如下。

---

〔3〕 Kees van Raad, *Five Fundamental Rules in Spplying Tax Treaties*, *in Hinnekens*, *Luc*, *Liber amicorum Luc Hinnekens*, Bruxelles, Bruylant, 2002, pp. 587 – 597. 瑞德教授在该文中提出的税收协定适用的五大基本规则是：(1)税收协定限制国内税法的适用；(2)同一术语在税收协定与国内税法上可能有不同的含义；(3)税收协定分配规则的核心理念——居民国和来源国；(4)税收协定分配规则的范围及其优先适用顺序；(5)税收协定分配规则一般并不解决所得的纳税人问题。

〔4〕 Kees van Raad, *Five Fundamental Rules in Applying Tax Treaties*, *in Hinnekens*, *Luc*, *Liber amicorum Luc Hinnekens*, Bruxelles, Bruylant, 2002, p. 587.

〔5〕 E. g. Maisto, G., *Tax Treaties and Domestic Law*, Amsterdam, IBFD, 2006.

〔6〕 E. g. Klaus Vogel, *Klaus Vogel on Double Taxation Conventions: A Commentary to the OECD – , UN – and US Model Conventions for the Avoidance of Double Taxation on Income and Capital With Particular Reference to German Treaty Practice*, 3rd edition, London, Kluwer Law International, 1997, pp. 63 – 70; Michael Lang, *Introduction to the Law of Double Taxation Conventions*, Vienna, Wien Lind, 2010, pp. 32 – 36; 廖益新主编：《国际税法学》，高等教育出版社2008年版，第75～77页；廖益新、李刚、周刚志：《现代财税法学要论》，科学出版社2007年版，第229～231页。

(一)税收协定限制或维持缔约国国内税法上的征税权

在国际税收法律关系中,各国依据主权制定的国内有关税法的主要作用是规定对谁征税、征多少税以及如何征税。也就是说,征税权的创设、课征对象的范围和程度以及征税的程序方式的确定,主要是由各国通过国内税法确定的。而各国对外签订的税收协定的作用,主要在于运用冲突规范协调缔约国各方现行的居民税收管辖权和来源地税收管辖权之间的冲突,以消除重复征税。协定的这种宗旨和作用决定了它对缔约国双方征税权调整的基本原则——消极作用原则(negative principle)。这种消极作用原则意味着:协定对缔约国通过国内税法确定的税收管辖权的调整,或是维持其原来的状况,或是加以限制;协定不能为缔约国创设或扩大征税权。[7] 目前包括中国在内大多数国家和国际税法学者均赞同税收协定的消极作用原则。[8] 本书在理解协定与国内税法关系上也主张消极作用原则。

但我们也应当看到,这一原则并非不受质疑。这种被各国普遍接受的消极作用原则实际上并没有国际法依据,并没有哪一条国际法规则明确阻止税收协定扩大缔约国国内法上的征税权。[9] 少数国家甚至认为,如果一国将税收协定作为国内法的一部分,那么协定则可以扩大国内法上的征税范围。[10] 例如,荷兰高等法院在 1980 年 3 月 12 日作出的判决

---

〔7〕 廖益新主编:《国际税法学》,高等教育出版社 2008 年版,第 75 页。

〔8〕 大多数国家的宪法规定,税收协定可以限制但不能扩大国内法上的征税权或国内法上的税负总额。此观点参见 Roy Rohatgi, *Basic International Taxation*, 2nd edition, UK, Richmond Law & Tax Ltd. ,2005, p. 32。中国虽然没有在宪法中明确这一原则,但是我国在税收协定的执行过程中仍然践行这一消极作用原则。例如,国家税务总局《关于执行中英等双边税收协定技术服务费条款有关问题的公告》(国家税务总局 2011 年第 19 号)第 2 条第 3 款规定:"据以取得技术服务费的劳务按照中国国内有关规定属于发生在中国境外,且按照中国国内有关规定不予征收所得税的,尽管该技术服务费按照所涉及税收协定技术服务费条款规定属于发生在中国境内,中国可以对此行使征税权,但对此项技术服务费,应按照中国国内法有关税收规定执行,不在中国缴纳所得税。"

〔9〕 Michael Lang, *Introduction to the Law of Double Taxation Conventions*, Vinenna, Wien Linde, 2010, p. 32.

〔10〕 Philip Baker, *Double Taxation Convention and International Tax Law: a Manual on the OECD Model Tax Convention on Income and on Capital of 1992*, London, Sweet & Maxwell, 1994, p. 9.

就认为,即使税收协定扩大了国内法上的征税权,仍然要适用协定。[11]

(二)税收协定与国内税法既有各自相对独立的法律概念体系,又存在密切的联系

一方面,协定是缔约国双方经协商谈判达成的国际法律文件,有其相对独立的法律概念体系。例如,协定中使用的“常设机构”“固定基地”等概念,我国现行税法上并没有使用或单独列出。尽管也有些概念用语,在协定和国内税法上均被使用,但彼此在内涵和外延上可能仍有一定程度或范围的差异。以“特许权使用费”这一概念为例,我国国内所得税法上特许权使用费的概念范围并不包括纳税人提供有形财产的使用权而取得的租金,租金在我国所得税法上是不同于特许权使用费的所得项目;[12]但是我国对外缔结的 94 个税收协定和 2 个税收安排中的“特许权使用

〔11〕 本案大致事实是:纳税人系荷兰人,受雇于荷兰政府,其在比利时按揭购买了一处房产,供其与家人长期居住。该纳税人同时构成了荷兰与比利时国内法上的“居民纳税人”(事实上当时的荷兰个人所得税法还没有明确的居民概念)。按照荷兰《1964 年个人所得税法》的规定,房屋所有人必须就其自住房屋的年租赁价值缴纳个人所得税,但是所有人为购买该房屋的融资借贷利息可以从应纳税所得中扣除。然而,荷兰税务局却拒绝在纳税人的应纳税所得中扣除为其位于比利时的房屋所支付的按揭利息。理由是,纳税人是 1970 年荷兰 - 比利时协定意义上的比利时居民,并非协定意义上的荷兰居民,因此荷兰国内法所规定的对其“居民”适用的扣除标准对纳税人并不适用;纳税人应当就其在荷兰所缴纳的所得税向其居民国比利时寻求消除重复征税。显然,这样的征税结果使得纳税人在协定存在的情况下居然比未签订协定时的税负更重。换言之,本案中依照税务局的征税决定,协定的存在扩大了荷兰国内法上原本对按揭利息的征税权。

高等法院在终审判决中支持了荷兰税务局的征税决定,明确指出:那种认为税收协定不能增加纳税人税负的观点是没有法律依据的;《荷兰宪法》第 188 条规定征税必须依据法律,而税收协定属于《荷兰宪法》第 60 条的法律范畴,因此那种认为税收协定增加纳税人税负没有国内宪法依据的观点也是站不住脚的。See Netherlands - Case Number:19. 180, Undisclosed Individual Taxpayer v. NL Tax Authorities, Hoge Raad(Supreme Court), published in BNB 1980/170. English Version“Netherlands - Case 19. 180, 12 March 1980(Summary)”, Jan. 30. 2021.

〔12〕 租金在我国《个人所得税法》上称为“财产租赁所得”,是指个人出租不动产、机器设备、车船以及其他财产取得的所得我国《个人所得税法实施条例》第 6 条第 7 款;在我国企业所得税法上称为“租金收入”,是指企业提供固定资产、包装物或者其他有形资产的使用权取得的收入[《中华人民共和国企业所得税法实施条例》(以下简称《企业所得税法实施条例》)第 19 条第 1 款]。

费”概念包含工业、商业和科学设备的租金。[13]

另一方面，税收协定又是一种以缔约国双方的国内有关税法为基础的法律文件，与缔约国国内税法存在彼此配合、相互补充、共同作用于调整国际税收关系的密切联系。[14] 例如，税收协定仅适用于缔约国的居民，但居民身份的确定则有赖于缔约国国内税法的规定。[15] 税收协定运用冲突规范将某种跨国所得的征税权分配给另一方缔约国行使，如果没有缔约国相应的国内税法上实体规范和程序规范的配合实施，则不可能实现协定的宗旨。此外，税收协定也明确规定了某些用语的含义以缔约国国内法律的含义为准。[16] 对于税收协定本身未明确概念的用语，按照协定的解释规则，允许依照缔约国国内有关税法概念进行解释。[17]

（三）当税收协定与国内税法冲突时，协定条款原则上应具有优先适用的效力

税收协定性质上属于约束缔约国双方的特别国际法。在国际法与国内法的效力关系上，有些国家实行前者优先于后者，即在协定与国内税法

---

〔13〕 这里的例外是，我国对外缔结的13个税收协定以及大陆与台湾地区签署的税收协议，其特许权使用费概念不包括设备租金。13个税收协定包括中国与以下国家签署的协定：突尼斯（2002年）、格鲁吉亚（2005年）、阿尔及利亚（2006年）、塔吉克斯坦（2008年）、土库曼斯坦（2009年）、赞比亚（2010年）、博茨瓦纳（2012年）、津巴布韦（2015年）、柬埔寨（2016年）、肯尼亚（2017年）、加蓬（2018年）、刚果（布）（2018年）、阿根廷（2018年）。涉及这13个税收协定和1个税收协议，设备租金按照营业利润来处理。

〔14〕 廖益新主编：《国际税法学》，高等教育出版社2008年版，第76页。

〔15〕 OECD范本第4条第1款第一句规定：在本协定中，“缔约国一方居民”一语是指按照该缔约国法律，由于住所、居所、管理机构所在地，或者其他类似性质的标准，在该缔约国负有纳税义务的人，也包括该缔约国本身、其所属行政区域或地方当局。

〔16〕 例如，OECD范本第10条第3款规定：本条“股息”一语是指从股份、“收益”股或“收益”权、矿业股份、发起人股份或非债权关系而是分享利润的其他权利取得的所得，以及按照分配利润的公司是其居民的国家的法律，视同股份所得同样征税的其他公司权利取得的所得。

〔17〕 OECD范本第3条第2款规定：“缔约国一方在任何时候实施本协定时，对于未经本协定明确概念的用语，除上下文另有要求外，应当采用协定实施时该国关于本协定适用税种的法律所规定的含义，该国税法对有关用语的概念应优先于该国其他法律对同一用语的概念。”税收协定的解释规则是国际税法领域的重要理论问题，相关的研究可参见陈延忠：《国际税收协定解释问题研究》，科学出版社2010年版；Michael Lang, *Tax Treaty Interpretation*, Vienna, Wien Linde, 2001; M. Schilcher, P. Weninger, *Fundamental issues and practical problems in tax treaty interpretation*, Vienna, Wien Linde, 2008。

规定发生抵触和冲突时，主张协定有优先适用的效力。但在一些认定国际法与国内法具有同等地位的国家，对协定与国内税法的冲突则采取孰后优先的处理原则。[18] 以我国为例，我国虽然在宪法上没有规定国际法优越于国内法的一般原则，但基于“条约必须遵守”（pacta sunt servanda）这一古老的国际法原则，[19]我国在一些具体的国内立法中，一般都确认条约规定具有优先于国内立法规定的地位。比如，根据《中华人民共和国企业所得税法》第 58 条的规定，中国对外签订的税收协定的有关规定与国内税法的规定不一致时，应优先适用协定的规定。

但税收协定只是原则上优于国内法适用，并不是绝对优于国内法适用。例外主要体现在两个方面：(1)协定签订后通常要经过很长时间才会重新修订（一般 15 年左右），而缔约国国内税法的变化则相对频繁。这就使得多年前谈签的协定可能并不总是优惠于现行的国内税法。对此，许多国家（或地区）允许纳税人在协定与国内税法之间选择对其更为有利的法律适用。例如，比利时、丹麦、印度、卢森堡就在其国内法中明确规定了这一原则。而有些国家（比如美国、[20]日本）则是在税收协定中明确这一原则。[21] (2)许多国家针对跨国纳税人的各种滥用税收协定的行为，通过重新修订或颁布国内税法，增设了有关防范纳税人滥用协定的条款，在纳税人的有关交易安排构成滥用协定的情况下，这类特定的国内反避税规定的适用不受协定条款的影响。[22]

---

[18] 廖益新主编：《国际税法学》，高等教育出版社 2008 年版，第 76 页。

[19] 1969 年《维也纳条约法公约》第 26 条“条约必须遵守”规定：凡在有效期中的条约对各该当事国有拘束力，必须由其善意履行。

[20] 美国 2006 年税收协定范本第 1 条第 2 款规定：本协定不应以任何方式限制目前或今后依据以下法律所获得的优惠：(1)缔约国双方（国内法）法律；(2)缔约国双方为缔约方的其他协定。See Kees van Raad, *Materials on International & EU Tax Law*, Leiden, International Tax Center Leiden, 2010, p. 560.

[21] Roy Rohatgi, *Basic International Taxation*, 2nd edition, UK, Richmond Law & Tax Ltd., 2005, pp. 33 – 34.

[22] 2003 年 OECD 范本第 1 条注释新增第 9.4 段，强调了税收协定的规定并不能阻止国内法中反滥用规则的适用。在构成滥用协定规定的人为安排存在的情形下，缔约国不必给予税收协定的优惠。

二、税收协定征税权分配规则的核心概念及其适用关系

OECD 范本和 UN 范本的第三章(第 6 条至第 21 条对所得征税的条款)和第四章(第 22 条对财产征税的条款)包含了税收协定对国家间的征税权分配规则(distributive rule)。征税权分配规则是税收管辖权冲突的协调规则。两范本的征税权分配规则包括三种:来源地优先征税规则(比如两范本第 7 条);税收独占规则(比如两范本第 8 条)和税收分享规则(比如两范本第 10 条)。税收协定的征税权分配规则不同于国际私法上解决管辖权冲突的冲突规则,因为它并不解决缔约国一方的内国法与外国法之间法律适用的问题;相反它认可缔约国双方适用其各自相关的内国法,然后再对缔约国所适用的内国法加以限制。〔23〕 这种限制缔约国国内法的征税权分配规则主要通过居民国与来源国的概念来运行。并且,协定的这些征税权分配规则之间也可能存在冲突。

(一)税收协定分配规则的核心概念——居民国与来源国

税收协定征税权分配规则中的“缔约国一方”与“缔约国另一方”实际上代表协定的两个核心概念——纳税人〔24〕的居民国与所得的来源国。协定的征税权分配规则实际上就是对满足协定居民身份的纳税人的跨国所得或财产价值,在纳税人的居民国与所得来源国之间进行协调——限制作为来源国一方的属地税收管辖权。而居民概念的主要功能在于判断某人是否有资格享受税收协定条款(包括分配规则)的待遇。因此,居民

---

〔23〕 Klaus Vogel, *Klaus Vogel on Double Taxation Conventions: A Commentary to the OECD - , UN - and US Model Conventions for the Avoidance of Double Taxation on Income and Capital With Particular Reference to German Treaty Practice*, 3rd edition, London, Kluwer Law International, 1997, p. 26.

〔24〕 这里值得强调的是,虽然纳税人的居民国是协定的核心概念,但是税收协定并不规定纳税人问题。协定只规定了协定适用的人的范围(OECD 范本第 1 条规定本协定适用于缔约国一方或同时为缔约国双方居民的人),且“人”的含义十分广泛(OECD 范本第 3 条第 1 款第 a 项规定,“人”一语包括个人、公司和其他团体)。至于协定适用的人是否为纳税人,依照范本第 4 条第 1 款居民的概念(本协定中,“缔约国一方居民”一语是指按照该缔约国法律……在该缔约国负有纳税义务的人),其取决于缔约国国内法上的规定。

国与来源国的概念是税收协定征税权分配规则的核心。

依照 OECD 范本第 4 条第 1 款"居民"(resident)的概念,税收协定上的居民国是指某笔所得的收款人(recipient)依照该国国内法对其负有无限纳税义务的国家。[25] 由于缔约国双方各自国内税法规定的居民身份确认标准不同,而税收协定在缔约国居民确认方面原则上又遵从缔约国各方国内税法规定的标准,因此在税收协定的适用实践中不可避免地会出现同一个纳税人,如果按缔约国一方税法标准应认定为其居民,但根据缔约国另一方的税法规定,也可以认定为是另一方的居民,即所谓的"双重居民身份冲突"的情况。[26] 对此 OECD 范本第 4 条第 2 款和第 3 款规定了"双重居民身份冲突规则"(Dual Resident Tie - Breaker Rule, TBR)用以解决这种情况(详见本书第四章)。

与居民国不同的是,来源国作为税收协定征税权分配规则中的另一个核心概念,税收协定对其却没有明确的定义。OECD 范本和 UN 范本均仅有居民的概念,而没有来源地(source)或来源国的概念。不仅如此,两范本中也几乎不直接使用来源地这一用语。[27] "来源地"的概念隐含在协定第 6 条至第 22 条的征税权分配规则中,而不是像居民的概念那样被税收协定明确地使用。[28] 每一条征税权分配规则均有自己隐含的来源地规则。比如,某些分配规则中的来源国是指支付人的居民国;[29] 而某些分配规则中的来源国是指劳务履行地国。[30] 此外,两范本第 4 条除

---

〔25〕 Kees van Raad, *Five Fundamental Rules in Applying Tax Treaties*, *in Hinnekens*, *Luc*, *Liber Amicorum Luc Hinnekens*, Bruxelles, Bruylant, 2002, p. 591.

〔26〕 廖益新主编:《国际税法学》,高等教育出版社 2008 年版,第 70 页。

〔27〕 两范本中仅有三处使用了 sources 用语,其中第 4 条第 1 款和第 20 条中的 sources 指来源地,而第 6 条第 2 款中的 sources 指水资源,与来源地无关。

〔28〕 Kees van Raad, *Five Fundamental Rules in Applying Tax Treaties*, in *Hinnekens*, *Luc*, *Liber Amicorum Luc Hinnekens*, Bruxelles, Bruylant, 2002, p. 592.

〔29〕 例如,OECD 范本第 10 条(股息)第 1 款规定:"缔约国一方居民公司支付给缔约国另一方居民的股息,可以在该缔约国另一方征税。"该条款隐含地规定了股息的来源国是向纳税人支付股息的公司的居民国。

〔30〕 例如,OECD 范本第 15 条(受雇所得)第 1 款规定:"除适用第十六条、第十八条和第十九条的规定以外,缔约国一方居民因受雇取得的薪金、工资和其他类似报酬,除在缔约国另一方从事受雇的活动以外,应仅在该缔约国一方征税。在缔约国另一方从事受雇的活动取得的报酬,可在该缔约国另一方征税。"该款隐含地规定了受雇所得的来源国是纳税人从事受雇活动所在地国。

了规定居民的概念，还规定了“双重居民身份冲突规则”，用以确定协定意义上的唯一居民国，但是两范本不仅没有来源地的概念，也没有用以确定协定分配规则中来源地发生冲突的协调规则。这在双边情形下也许并没有什么问题，但是在三角情形中来源地冲突的问题则会非常突出。[31]

（二）从地理范围认识税收协定分配规则间的适用关系

OECD 范本第 6 条至第 21 条对所得征税权的分配规则存在一个并不明显的分类——双边范围（bilateral reach）的所得征税权分配规则与全球范围（global reach）的所得征税权分配规则。

双边范围的所得征税权分配规则的一个例子是 OECD 范本第 6 条（不动产所得）。第 6 条规定，缔约国一方居民从位于缔约国另一方的不动产取得的所得（包括农业或林业所得），可以在缔约国另一方征税。那么，当不动产位于缔约国一方（居民国）或第三方国家，缔约国双方间的税收协定第 6 条便不能适用，因此第 6 条并不能调整纳税人来自全球的不动产所得。OECD 范本中按照双边范围拟定的所得征税权分配规则有第 6 条（不动产所得）、第 10 条（股息）、第 11 条（利息）、第 12 条（特许权使用费）、第 16 条（董事费）和第 17 条（艺术家和运动员）。

全球范围的所得征税权分配规则恰恰相反。例如，OECD 范本第 7 条规定，缔约国一方企业的利润应仅在该缔约国征税；唯一的例外是该企业通过设在缔约国另一方的常设机构在该缔约国另一方进行营业，则可归属于该常设机构的利润可以在该缔约国另一方征税。在这项分配规则中，原则上不论营业利润来源于哪里（缔约国双方或第三国），对这些（来自于全球的）营业利润应仅在企业的居民国一方征税；而作为唯一例外的

---

[31] 例如，OECD 范本第 11 条（利息）第 5 款第一句规定：“如果支付利息的人为缔约国一方居民，应认为该利息发生于该缔约国。”而第二句规定：“然而，如果支付利息的人不论是否为缔约国一方居民，在缔约国一方设有常设机构，支付该利息的债务与该常设机构有联系，并由其负担利息，上述利息应认为发生于该常设机构所在地国。”可见利息条款规定的来源地有两个——支付人居民国和负担该利息的常设机构所在地国。当这两个来源地位于同一国家时，根据第 11 条第 5 款的规定以后者作为利息的来源地，这并不困难；但是当这两个来源地分别位于两个国家时，即构成了本书第三章中的“反向”典型三角情形，OECD 范本第 11 条第 5 款并不能够解决此时的来源地冲突（详见第三章第二节）。

常设机构原则，同样不论营业利润来自哪里，只要这些（来自全球的）利润可归属于该常设机构，常设机构所在的缔约国另一方便可以征税。OECD范本中按照全球范围拟定的所得征税权分配规则有第 7 条（营业利润）、第 8 条（海运、内河运输和空运）、第 13 条（财产收益）、第 15 条（受雇所得）和第 18 条（退休金）。另外，第 19 条（政府服务）和第 20 条（学生）是居于两者之间的分配规则。

这样的类别认识其意义在于：一般而言，如果某项所得属于按照双边范围拟定的征税权分配规则所调整的所得类型，那么当这笔所得来源于纳税人居民国或第三国时，它便溢出了该分配规则调整范围。此时与所得对应的该分配规则并不适用，而是要适用协定的其他征税权分配规则（最终适用第 7 条营业利润或第 21 条其他所得）。[32]

（三）从所得性质认识税收协定分配规则间的适用关系

从所得的性质上看，某些分配规则的所得范围宽泛到完全覆盖了另一个分配规则的所得范围（所得的包含关系）。比如，第 7 条营业利润的范围就完全涵盖了第 8 条国际运输利润的范围；第 15 条受雇所得的范围也完全涵盖了第 18 条退休金的范围。还有一些分配规则的所得范围与另一个分配规则的所得范围有所重叠但并不完全涵盖（所得的交叉关系）。比如，第 7 条营业利润与第 6 条不动产所得就属于这种所得范围重叠但并不完全涵盖的情况。当然，就概念范围的逻辑关系来看，还存在所得的并列关系。但是只有所得范围的包含关系和交叉关系可能产生对同一项所得分配规则间的适用冲突，而存在并列关系的所得由于不会出现分配规则间的适用冲突，并不在本书的讨论范围。

这样的类别认识其意义在于：对于在所得范围上存在包含关系和交叉关系的分配规则，OECD 范本在一定程度上考虑到了它们之间的冲突情况，提供了一些明确的适用规则。比如，第 7 条与第 8 条发生冲突时，

---

〔32〕 Kees van Raad, *Five Fundamental Rules in Applying Tax Treaties*, *in Hinnekens*, *Luc*, *Liber Amicorum Luc Hinnekens*, Bruxelles, Bruylant, 2002, p. 595.

第8条优先适用；[33]第15条与第18条发生冲突时，第18条优先适用；[34]第7条与第6条发生冲突时，第6条优先适用等。[35] 但是，OECD范本并没有对所有在所得范围上存在包含或交叉关系的分配规则提供优先适用规则。此时，相关的分配规则就必须同时适用。

第二节　三角情形下税收协定适用方法的合理性依据

税收协定适用的上述基本规则在双边情形和在三角情形下并没有什么不同，只是它们在三角情形下会呈现一些特殊的现象。此外，本节认为目前一些适用税收协定解决三角情形下重复征税的方法（第三章至第五章阐释的方法）存在共同的规律与价值取向。

一、税收协定在三角情形下适用的特殊现象

按照上述税收协定适用的基本规则，本书认为税收协定在三角情形下通常会出现一国对其缔结的两个税收协定的义务必须同时履行或某个税收协定由于第1条限制无法适用的现象。

（一）两个税收协定义务同时履行

根据上述税收协定适用的基本规则，当一国对同一纳税人的同一笔所得在同一征税期限内行使征税权，且面临同一税收协定中不同的所得征税权分配规则的拘束时，问题并不突出。因为协定对大部分存在包含和交叉关系的所得征税权分配规则都提供了优先适用规则。但是，当一国对同一纳税人的同一笔所得在同一征税期限内行使征税权，且面临两

---

〔33〕 2008年OECD范本第7条第7款规定："利润中如果包含本协定其他各条单独规定的所得项目时，本条规定不应影响其他各条规定。"

〔34〕 2008年OECD范本第15条第1款规定："除适用第十六条、第十八条和第十九条的规定以外，缔约国一方居民因受雇取得薪金、工资和其他类似报酬……"

〔35〕 2008年OECD范本第6条第4款规定："第一款和第三款的规定也应当适用于企业的不动产所得。"

个或两个以上税收协定的拘束时问题则会非常突出。因为这些税收协定必须同时独立地适用，且其中一个协定中的优先适用规则无法拘束另一个协定中的所得征税权分配规则。[36] 换言之，一国国内税法偶尔会受到两个或两个以上税收协定的限制，由于税收协定之间并不存在优先适用规则，那么在这种情况下该国必须同时履行其在两个税收协定的义务。

如图2－1所示的涉及双重居民身份的三角情形，其中的税收协定适用问题，本书将在第四章详述，在此仅以此为例关注S国国内法所面临的两个税收协定的限制。假定S国国内法对非居民纳税人甲来自S国的股息所得按全额征收20%的预提税，并且R^1国与S国缔结的税收协定（R^1－S协定）第10条第2款规定的股息预提税税率为不高于5%，而R^2国与S国缔结的税收协定（R^2－S协定）第10条第2款规定的股息预提税税率为不高于10%。那么，S国同时作为两协定的缔约国，其按照国内法在对同一纳税人（甲公司）的同一笔所得（两协定上均属股息）在同一征税期限内征税时，将同时面临R^1－S协定第10条第2款和R^2－S协定

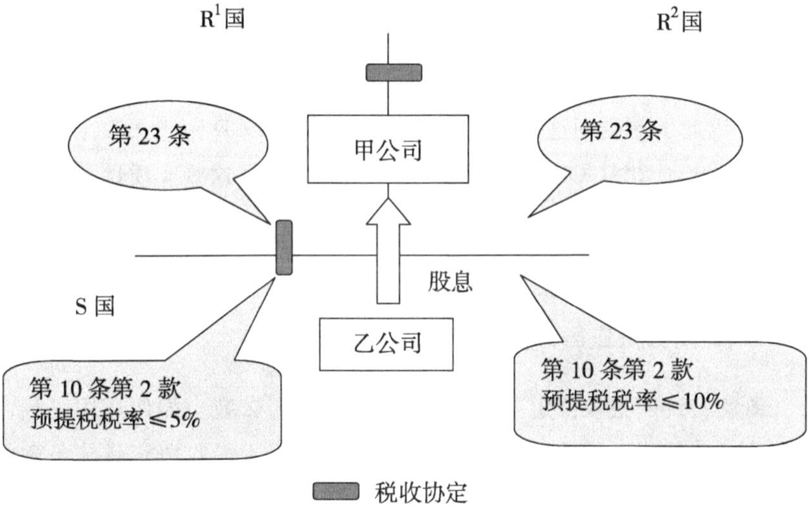

图2－1　涉及双重居民身份的三角情形

---

〔36〕 Kees van Raad, *Five Fundamental Rules in Applying Tax Treaties*, *in Hinnekens*, *Luc*, *Liber Amicorum Luc Hinnekens*, Bruxelles, Bruylant, 2002, p. 589.

第 10 条第 2 款的限制。为了不违反任何一个协定,S 国只能同时履行两个协定上的义务,最终按照 R^1 – S 协定第 10 条第 2 款不高于 5% 的税率对该笔股息征收预提税。

(二)某个税收协定由于第 1 条限制无法适用

如前文所述,在典型三角情形中由于 R 国居民 X 公司不是 PE – S 协定意义上的居民,不属于 PE – S 协定第 1 条协定适用的人的范围,因此 PE – S 协定对 X 公司的所得在 PE、S 两国间遭受的法律性重复征税无法适用。这种某个税收协定由于第 1 条的限制而无法适用的情形在三角情形中时常发生。因此,时常有学者质疑 OECD 范本第 1 条存在的必要性。

1963 年 OECD 范本第 1 条直至今日并没有变动,其目的在于将税收协定适用的人的范围限定在与缔约国一方或双方存在经济联系(economic allegiance)的人,而非缔约国的全部纳税人。因此 OECD 范本第 1 条并不规定某人所享有的具体的协定待遇,而仅规定某人是否具备享受协定待遇的资格。[37] 况且,OECD 范本中一些实质性条款的适用也并不受第 1 条的限制,如范本第 8 条、第 10 条第 5 款、第 11 条第 5 款、第 19 条第 1 款、第 20 条、第 24 条第 1 款、第 25 条第 1 款和第 26 条第 1 款。[38] 因此本书赞同这样的观点,简单地删除 OECD 范本第 1 条并不能够解决问题,应当从 OECD 范本的实质性条款以及这些实质性条款在多边贸易(而非严格的双边情形)的适用问题上下功夫。[39] 这些本书将在具体的三角情形中详细讨论。

二、适用方法应当符合协定具体条款的目的

既然传统的税收协定并不调整三角情形,那么应当如何适用税收协定解决三角情形下的重复征税呢?本书认为,鉴于税收协定具体条款的

---

〔37〕 P. Johann Hattingh, *Article 1 of the OECD Model: Historical Background and the Issues Surrounding It*, BULLETIN 5, 2003, p. 221.

〔38〕 P. Johann Hattingh, *The Role and Function of Article 1 of the OECD Model*, BULLETIN 11, pp. 546 – 553 (2003).

〔39〕 P. Johann Hattingh, *The Role and Function of Article 1 of the OECD Model*, BULLETIN 11, p. 553.

目的对协定具有软法性的解释作用,因此协定具体条款的目的是帮助我们寻求三角情形下税收协定的适用方法以及判断该方法合理性的依据。本书所认同的方法均符合税收协定相关具体条款的目的;相应地,本书反对或质疑的方法大多并不符合税收协定相关具体条款的目的。本书适用的 OECD 范本具体条款的目的主要包括:第 5 条、第 10 条第 5 款和第 11 条第 5 款的目的(第三章)、第 24 条第 3 款;第 4 条第 1 款的目的(第四章);第 15 条第 2 款第 c 项和第 17 条第 2 款的目的(第五章)。OECD 范本具体条款的目的并没有明确规定在 OECD 范本当中,而是分散规定在 OECD 范本注释中。那么,OECD 范本具体条款的目的与税收协定究竟是什么关系呢? OECD 范本具体条款目的能否对税收协定产生法律拘束力呢?

(一)条约解释通则中的目的解释并不指具体条款的目的

有学者认为:在解释税收协定时所参照的协定目的和宗旨不仅包括协定的整体目的和宗旨,还包括协定具体条款的目的和宗旨。[40] 本书认为《维也纳条约法公约》(以下简称《条约法公约》)第 31 条第 1 款规定的条约解释通则,[41] 无论从形成过程看还是从国际法委员会的释义中看,均未提及具体条款的目的和条约的目的与宗旨间的关系。因此不能认为《条约法公约》第 31 条第 1 款中的"协定的整体目的与宗旨"等同或必然包含协定具体条款的目的与宗旨。但是条约具体条款的目的与条约的整体目的也并不是对立的,具体条款目的必须是在整体目的指导下对条约整体目的的细化与具体说明。只是条约的整体目的是具有明确国际法拘束力的条约解释规则,而条约的具体条款目的仅能作为解释条约的辅助资料,一般并不具有国际法拘束力。

1. 就条约的解释而言,近现代国际法学者大致形成了主观学派、客观学派和目的学派。就目的学派对于条约目的的观点来看,"对于一个条约

---

〔40〕 参见陈延忠:《国际税收协定解释问题研究》,科学出版社 2010 年版,第 93 页。

〔41〕 《条约法公约》第 31 条第 1 款规定:条约应就其用语按照上下文并参照其目的和宗旨所具有的通常意义,善意地予以解释。

的目的解释应按照该条约意在达成的一般目的”,[42] 而非具体条款的个别目的。

2. 从国际法委员会对《条约法公约》第 31 条的释义中看,“词语的通常意义不应抽象地予以决定,而应当按该词语的上下文并参考该条约的目的与宗旨予以决定,这是常识和善意的要求,也是折衷地采纳了目的解释”。[43] 本书认为所谓折中是去除了目的解释中的主观解释成分,保留了客观的约文解释。因此解释通则中条约的目的与宗旨的关注点并不是条约整体目的和具体条款目的间的关系,而是怎样确定条约的整体目的与宗旨。按照 OECD 范本及其注释的规定,OECD 范本的(整体)宗旨与目的是消除法律性重复征税与防止国际偷漏税。OECD 范本具体条款的目的并不能援引《条约法公约》第 31 条第 1 款而对税收协定产生法律拘束力。

既然税收协定的具体条款目的对协定没有具有法律拘束力的解释作用,那么这些分散地规定在 OECD 范本注释当中的具体条款目的与协定究竟是什么关系呢?

(二)OECD 范本注释对参照其缔结的税收协定具有软法性的解释作用

“由于注释是由成员国政府指派的 OECD 财政事务委员会的专家起草并通过的,因此在国际税法的发展中具有特别重要的意义。虽然注释并非成员国签署的税收协定的附件,这些税收协定与范本不同,是具有法律约束力的国际文件,但注释在税收协定的适用和解释上,特别是争端的解决上,有很大的帮助。”[44] 况且实践中,“注释已经成为成员国的税务机关解释税收协定的日常参考。注释不仅可用来解决日常遇到的细节问题,也可用来解决涉及有关条款的政策、目的等更宏观的问题。各国税务官员均高度重视注释中提出的指导意见”。[45] 因此,可以说 OECD 范本注

---

〔42〕《哈佛条约法公约草案》第 19 条(甲)。转引自李浩培:《条约法概论》,法律出版社 2003 年版,第 346 页。

〔43〕李浩培:《条约法概论》,法律出版社 2003 年版,第 351 页。

〔44〕OECD Model Tax Convention on Income and on Capital, 2010, Introduction, para. 29.

〔45〕OECD Model Tax Convention on Income and on Capital, 2010, Introduction, para. 29.1.

释对采纳 OECD 范本缔结的税收协定具有解释作用，至少是软法性的解释作用。有学者甚至认为 OECD 成员国一旦采纳了范本条款，并且除明确的反对和保留外即认同范本条款，那么范本注释应当被认为是《条约法公约》第 31 条解释通则中"上下文"，而不仅仅是第 32 条补充的解释资料。[46]

此外，一些国际税收协定适用的判例中也认可了具体条款合理的解释作用。例如，"德国税务法院的实践就认为可以根据税收协定具体条款的宗旨和目的进行目的解释。1990 年，德国税务法院的判决指出德国与奥地利协定第 15 条第 3 款规定（保障税收累进性）之目的在于量能课税，这一目的可以援引来证明其他解释方法所得出的结果。"[47]

综上所述，本书认为虽然税收协定具体条款的目的不足以援引《条约法公约》第 31 条第 1 款作为具有明确法律拘束力的解释规则，但由于其被规定在对税收协定至少具有软法性解释作用的 OECD 范本注释当中，参照 OECD 范本缔结的税收协定的具体条款目的对协定也应当至少具有软法性解释作用。

三、适用方法应当符合国家间税收权益分配的公平原则

本书认为，判断三角情形下税收协定的适用是否合理，最终的价值标准是相关税收权益是否在三个国家间得到了公平分配。国家相互之间在跨国征税对象上的税收权益分配的公平合理，是指在跨国所得或财产价值上存在的税收权益，在纳税人的居民国和跨国征税对象的来源国之间应进行公平的划分，使彼此都能从纳税人跨国经济活动所产生的收益和价值中分享到其合理的税收份额。由于纳税人的跨国所得和财产价值所能承受的国际综合税负终究有一定的限度，居民国和来源国之间在跨国征税对象上的税收利益的公平分配，取决于税基在居民国和来源国之间的公平分配和来源国的税率水平高低这两个因素。为此，居民国和来源国需要通过税收协定对作为税基的各类跨国所得或财产价值的征税权益

---

〔46〕 Roy Rohatgi, *Basic International Taxation*, 2nd edition, UK, Richmond Law & Tax Ltd., 2005, p. 44.

〔47〕 陈延忠:《国际税收协定解释问题研究》，科学出版社 2010 年版，第 93 页。

进行公平的划分和分配，同时对来源国行使优先课税权的税率作出合理的限定，以保证居民国也能够分享到一定的税收份额。[48]

实际上，什么是国家间税收权益的分配公平（inter – nation equity）是极难回答的问题，也是国际税法理论研究的薄弱环节。美国经济学家理查德·A. 马斯格拉芙（Richard A. Musgrave）早在1960年就将国际税收的经济性和公平性区分开来，[49]理查德认为国际税收的经济性包含了资本输出中性和资本输入中性两方面内容。[50] 另一位美国经济学家皮吉·马斯格拉芙（Peggy Musgrave）在理查德的思想基础上，进一步探讨了国际税收的公平性问题，在纳税人之间的公平基础上，最先提出了国家间税收权益分配公平的概念。皮吉指出，国家包含自然人，因此对一国的不公正也是对这一自然人群体的不公正。[51] 但是，真正开始解释国家间税收权益分配公平这一概念的却是考夫曼（Kaufman）教授。

考夫曼教授尝试从公平视角主张来源国的征税权益。他指出，那些对探讨纳税人之间公平问题非常有效的理论论据并不能够帮助我们认识国家间税收权益的分配公平。目前主流的纳税人之间公平理论均建立在

---

〔48〕 廖益新主编：《国际税法学》，高等教育出版社2008年版，第19页。

〔49〕 Klaus Vogel, *Worldwide vs. Source Taxation of Income – A Review and Re – evaluation of Arguments* (*Part* Ⅰ), INTERTAX 8 – 9, 1988, p. 216.

〔50〕 资本输出中性（capital – export neutrality, CEN），是指投资者无论将一笔资本投资境内还是境外，投资者就该笔资本取得的所得在其居民国均负担相同总额（国内所得税 + 外国所得税）的税负（作者注：资本输出中性只有在境外税负低于境内税负的前提下才能实现，如抵免法）。而资本输入中性（capital – import neutrality, CIN），是指来自一国境外的资本与本国资本在相同条件下所负担的税负总额相同（如免税法）。See Richard A. Musgrave, *Criteria for Foreign Tax Credit*, in Taxation and Operations Aboard, Symposium, pp. 83 – 85 (1960).

〔51〕 Peggy B. Richman (now Musgrave), *Taxtion of Foreign Investment Income*: *An Economic Analysis*, Baltimore, MD, Johns Hopkins Press, 1963, p. 5.

量能课税原则(ability - to - pay)和受益原则(benefit theory)基础上,[52]但这两项原则仅在单一的国家(或地区)适用,并没有考虑到多个国家(或地区)存在的情况。纳税人之间的公平理论并不要求对纳税人的全球所得征税。由来源国独占征税也并不违反纳税人之间的公平原则。一国的国内税法是否对外国所得适用根本就与纳税人之间的公平理论无关。[53]鉴于纳税人之间的公平理论无法解释国家间税收权益的分配公平,考夫曼教授尝试从"经济联系"概念来证明来源国征税权益的合理性。她在结论中指出,建立在"经济联系"理论基础上的国家间公平的概念值得进一步研究。[54]

虽然理查德和皮吉先后提出了国际税收公平和国家间税收权益分配公平的概念,但是尚没有文献专门研究国家间税收权益的分配公平。[55]

---

〔52〕 受益原则(benefit theory),是指纳税人应按照从政府所提供的公共服务中获得收益的程度及大小来分担税收。通俗地说,就是"受益多者多纳税,受益少者少纳税"。受益原则来源于17世纪末的社会契约思想。按照这种思想,人与人之间是平等的,个人与政府之间相当于签订了契约,政府提供安全等公共服务以保护个人,个人向国家支付的价格就是税收。个人从政府得到的"受益"越多,他所缴纳的税收就应该越多。一般而言衡量受益的指标有三种:财富(孟德斯鸠)、收入(亚当·斯密)和消费(霍布斯)。随着功利主义哲学的兴起,受益原则开始受到攻击。受益原则的缺陷在于与公共支出结合在一起考虑的"受益"实践上很难执行:难以量化;难以克服公共物品的"免费搭车";会使对公共物品的需求发生扭曲。此外,这一原则没有考虑初始收入分配的公平问题。如穆勒所说,如果按照受益原则的逻辑,那些最没有能力保护自己的人也被迫分担一定份额的公共品价格,而财产规模巨大的人却并不需要更多的警察。19世纪中期,穆勒所倡导的量能课税原则开始成为税收公平原则的主流。

量能课税原则是指根据纳税人的支付能力来分担税收。关于支付能力的衡量标准,存在客观说与主管说。客观说主张以纳税人拥有财富的多少作为测度支付能力的标准,而财富又表现为财产、收入和消费三种形式。主观说主张以纳税人因纳税而感受的牺牲大小作为测度纳税能力的标准。主观说强调的是纳税人在纳税之后的边际效用相同,而判断边际效用大小需要以社会福利函数的形式作为基础。主观说的重要贡献在于分析了在何种条件下分别适用累进税、比例税或累退税。参见庞凤喜、薛钢、高亚军:《税收原理与中国税制》,中国财政经济出版社2010年版,第154~158页。

〔53〕 Nancy H. Kaufman, *Fairness and the Taxation of International Income*, in Law and Policy in International Business, 1998, pp. 145, 153 - 154, 173, 182 - 183.

〔54〕 Nancy H. Kaufman, *Fairness and the Taxation of International Income*, in Law and Policy in International Business, p. 203.

〔55〕 Angel Schindel, Adolfo Atchabahian, *General Report*, in IFA, Cahiers de Droit Fiscal International - Source and Residence: New Configuration of Their Principles, Vol. 90a, 2005, p. 34.

虽然考夫曼进一步提出了从“经济联系”概念来认识国家间的公平,但是“经济联系”是一个至今并不明确的概念。德国著名国际税法专家沃格尔(Vogel)教授曾乐观地期待,“经济联系”对国际税法理论的影响能够像萨维尼的“法律关系本座说”对现代国际私法的影响一样,在未来成为国际税法理论的核心。[56] 本书认为,OECD 范本具体条款的目的更多地考虑到了所得与相关国家的“经济联系”,因此有利于帮助我们实现国家间税收权益的分配公平。

本章小结

税收协定适用的基本规则无论在双边情形还是多边情形(包括三角情形)下均适用。此外,三角情形下适用税收协定还存在一些有别于双边情形下的特殊现象——两个税收协定义务同时履行或某个税收协定由于第 1 条限制无法适用。本书认为,适用税收协定解决三角情形下的重复征税问题的方法应当符合协定具体条款的目的,并且最终应当符合国家间征税权的分配公平原则,而范本具体条款目的则有利于实现国家间征税权的分配公平。

〔56〕 Klaus Vogel, *Which Method Should the European Community Adopt for the Avoidance of Double Taxation?*, BULLETIN 1, 2002, pp. 7 – 8.

第三章　涉及常设机构的三角情形下税收协定的适用

在当前的国际税收法律实践中,税收协定对跨国经营活动产生的所得(跨国营业利润)所采用的征税权分配规则是常设机构原则。OECD 范本和 UN 范本均规定:缔约国一方企业的利润应仅在该缔约国征税,但该企业通过设在缔约国另一方的常设机构在该缔约国另一方进行营业的除外。[1] 根据常设机构原则,居民国企业如果在来源国设立了常设机构,那么该企业应当就与常设机构有实际联系的活动所取得的营业利润在常设机构所在国纳税。这个原则涉及定性和定量两个方面。定性方面意味着,如果有常设机构存在,常设机构所在国就可以对归属于该常设机构的营业利润征税。因此在定性方面,"常设机构"一语的定义和解释就直接关系到收入来源国对于缔约国另一方企业(非居民企业)的营业利润能否行使税收管辖权。定量方面意味着,在常设机构所在国有权征税的前提下,居民国企业的营业利润中哪些部分可以在常设机构所在国征税。因此,在定量方面,"常设机构的利润归属"是确定收入来源国享有的征税权范围。[2] 在定性方面,OECD 范本和 UN 范本的第 5 条已经对常设机构的概念做了较为明确具体的规定;在定量方面,2010 年 OECD 也发布了题为《常设机构利润归属》的研究报告。[3]

本章并不研究常设机构原则,尽管它至今仍十分重要。本章是在对常设机构原则一般性理解的基础上着重研究涉及常设机构的三角情形下

---

〔1〕 OECD 范本第 7 条第 1 款第一句和 UN 范本第 7 条第 1 款第一句。

〔2〕 朱炎生:《国际税收协定中常设机构原则研究》,法律出版社 2006 年版,第 4 页。

〔3〕 OECD, 2010 *Report on the Attribution of Profits to Permanent Establishment*, http://www.oecd.org/ctp/transferpricing/45689524.pdf.

税收协定的适用问题。但在展开本章内容之前,本书想澄清近年来人们对常设机构原则容易产生的两个误解。

第一个误解是,随着经济全球化的加速,跨国母子公司已经逐渐成为企业跨国经营的主体模式;除少数行业(如银行业和保险业)之外,越来越少的企业会保留大型常设机构;近年来大部分的常设机构都是小型实体,因此常设机构问题在实践中的重要性在下降。本书认为,也许这样的观点具有一定的道理,传统意义上的物理型常设机构的数量可能在减少,但是新型常设机构以及常设机构所产生的新问题却在不断增多,且日益复杂。举例来说,跨国公司兼并过程中,被兼并的企业在法律主体资格丧失之后很可能成为兼并企业的境外常设机构;另外贸易自由化和跨国物流行业的发展使得企业可以在几小时或几天之内直接将产品销售给世界各地的消费者。这大大减少了企业对分处各地的经销商和货仓的需求量,但是为企业缔结买卖合同的非独立地位缔约代理人的数量却在增加。[4] 而代理型常设机构的认定相较于传统的场所型常设机构则更为复杂。

第二个误解是,对常设机构所在国来说,如果能将常设机构认定为子公司,那么就意味着常设机构所在国对原本可归属于常设机构利润的征税权从原本对非居民公司的有限征税权转变为了对其居民公司的无限征税权,因此常设机构所在国更希望将常设机构认定为子公司。本书认为,晚近对常设机构利润归属的研究主要参照了跨国母子公司之间的《跨国公司转让定价指南》,加之常设机构问题的复杂性,因此国际税法学界不乏主张将常设机构视为子公司的观点。而对直接推动税收协定谈判进程的缔约国而言,似乎这样的观点更易于得到常设机构所在国的青睐。但事实上,晚近出现的一些案例已经清楚地表明,跨国公司也会利用子公司

---

〔4〕 Helmut Becker, *The Renaissance of the Permanent Establishments within the EC*, INTERTAX 4, 1991, pp. 202 – 203.

之名来行常设机构（主要是代理型常设机构）之实，从而逃避来源国的税收。[5] 利用子公司在来源国以母公司的名义缔结合同，所取得的利润无需经过子公司而直接归属于境外的母公司。母公司在来源国仅设有子公司而并未设有易于被税务机关发现的场所型常设机构，因此来源国税务机关往往对这类避税行为无法及时发现。也正因如此，晚近 OECD 才加紧对常设机构定义的研究以便对常设机构定义的解释能够适应当前经济环境的客观需要。因此，将常设机构认定为子公司与增加常设机构所在国的税收权益之间，实际上并没有必然的因果联系。

涉及常设机构的三角情形是在企业采取常设机构经营模式下，缔约国税务机关所面临的适用税收协定比较复杂的情况。本书将其分为两个部分来讨论：典型三角情形下税收协定的适用、"反向"典型三角情形下税收协定的适用。对中国在涉及常设机构三角情形下税收协定的适用问题会在这两部分中分别加以探讨。

第一节　典型三角情形下税收协定的适用

导论中已提到典型三角情形是指 R 国某居民企业通过一个设在 PE 国的常设机构从事营业活动，其某笔来源于 S 国的股息、利息或特许权使用费可归属于该常设机构的情况（如图 3 – 1 所示）。[6]

---

〔5〕 例如，2010 年法国最高行政法院判决的"Zimmer 案"，1997 年美国税务法院判决的"InverWorld 案"，2007 年印度新德里所得税上诉法庭判决的"Rolls Royce 案"和 2002 年意大利最高法院判决的"Philip Morris 案"。有关这四个案例的述评可参见 Luís Eduardo Schoueri & Oliver – Christoph Günther, *The Subsidiary as a Permanent Establishment*, Bulletin for International Taxation 2, 2011, pp. 69 – 74。

〔6〕 OECD Committee on Fiscal Affairs, "*Triangular cases*" *in Model Tax Convention: Four Related Studies*, OECD, para. 2, 1992.

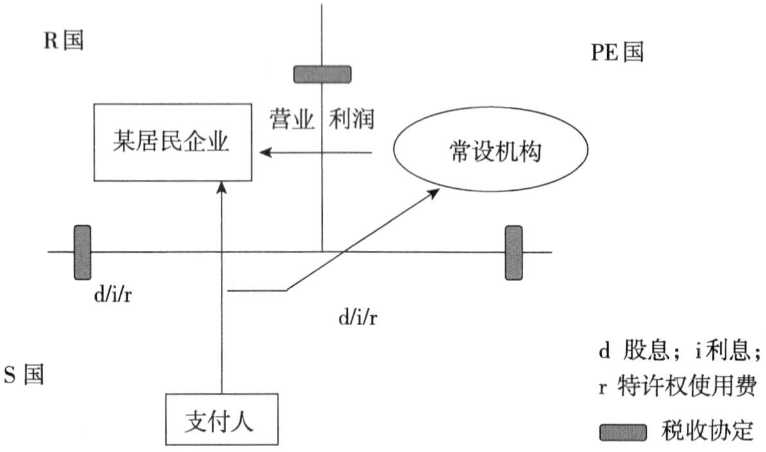

图 3－1　典型三角情形

这种三角情形由于其在实践中频发，且对银行业、保险业等以常设机构经营模式为主的行业影响巨大，因此被 OECD《三角情形》报告认为是三角情形中的典型代表。迄今为止国际税法学者研究最为深入的三角情形便是这种典型三角情形。本节的核心内容即是逐步剖析典型三角情形中税收协定适用的问题及其解决的方法。

另外，本节还将探讨“sub－PE 三角情形”。本书认为，“sub－PE 三角情形”就其所存在的税收协定适用的问题而言与典型三角情形十分类似，且解决方法也大体沿用“典型三角情形”中的一些建议，因此本节将“sub－PE 三角情形”作为“典型三角情形”的补充内容予以讨论。

一、典型三角情形下税收协定适用的难题

根据典型三角情形的定义，从国内法层面来看 S 国、PE 国、R 国对归属于常设机构的该笔所得均有征税权。

1. S 国作为股息、利息或特许权使用费支付人的居民国，通常将这种由其居民支付的消极所得[7]认定为来源于其境内的所得，从而对非居民受益所有人（R 国居民）来源于 S 国境内的该笔消极所得行使来源地税收

〔7〕 国际税法学界通常将股息、利息、特许权使用费和财产收益统称为消极所得（passive income），而将营业利润和劳务所得统称为积极所得（active income）。

管辖权。比如,依据我国《企业所得税法》第3条第3款,非居民企业在中国境内未设立机构、场所的,或者虽设立机构、场所但取得的所得与其所设机构、场所没有实际联系的,应当就其来源于中国境内的所得缴纳企业所得税。而依照《企业所得税法实施条例》第7条第4款和第5款,由中国居民企业支付给非居民企业的股息、利息和特许权使用费,一般应当属于来源于中国境内的所得。因此当中国作为典型三角情形下的S国时,中国将对该笔消极所得行使来源地税收管辖权。

2. 对于PE国而言,由于R国居民在PE国境内设有常设机构,并且R国居民来源于S国的上述消极所得实际上归属于该常设机构,因此该笔所得同时也构成了可归属于该常设机构的营业利润。PE国国内法通常规定PE国对这种归属于非居民企业设在其境内常设机构的营业利润行使来源地税收管辖权。比如,依照我国《企业所得税法》第3条第2款规定,非居民企业在中国境内设立机构、场所的,应当就其所设机构、场所取得的来源于中国境内的所得,以及发生在中国境外但与其所设机构、场所有实际联系的所得,缴纳企业所得税。鉴于我国《企业所得税法》上的"机构、场所"的范围很广,〔8〕与税收协定中常设机构概念相比,《企业所得税法》上的"机构、场所"的概念范围大大宽泛于税收协定中常设机构的适用范围,〔9〕因此依照《企业所得税法》的该款规定我国对归属于境内常设机构的营业利润(无论其是否发生于境外)均将实行来源地税收管辖权。

3. R国作为消极所得受益所有人的居民国,通常要对其居民来自全球的所得行使居民税收管辖权。比如,依据中国《企业所得税法》第3条第1款的规定,居民企业应当就其来源于中国境内、境外的所得缴纳企业

---

〔8〕 2007年《企业所得税法实施条例》第5条规定:企业所得税法第二条第三款所称机构、场所,是指在中国境内从事生产经营活动的机构、场所,包括:(一)管理机构、营业机构、办事机构;(二)工厂、农场、开采自然资源的场所;(三)提供劳务的场所;(四)从事建筑、安装、装配、修理、勘探等工程作业的场所;(五)其他从事生产经营活动的机构、场所。非居民企业委托营业代理人在中国境内从事生产经营活动的,包括委托单位或者个人经常代其签订合同,或者储存、交付货物等,该营业代理人视为非居民企业在中国境内设立的机构、场所。

〔9〕 有关"常设机构概念与中国企业所得税法中'机构、场所'概念的比较"可参见廖益新主编:《国际税法学》,高等教育出版社2008年版,第105~108页。

所得税。那么,当中国作为典型三角情形下的 R 国时,中国将对该笔消极所得行使居民税收管辖权。

由此可见,典型三角情形下 S、PE、R 三国对同一纳税人(R 国某居民)的同一笔所得(股息、利息或特许权使用费)在同一征税期限内征收同种性质的税收(所得税),构成了三国间的法律性重复征税。假定三国间均参照 OECD 范本缔结了税收协定,那么,税收协定的适用是否能够消除三国间的重复征税呢?下面本书分别从 PE 国、R 国和 S 国的角度提出三个国家适用税收协定消除重复征税的难题。

(一)从 ECJ "Saint - Gobain"案看 PE 国适用税收协定的难题

"Saint - Gobain"案[10]是由欧洲法院(European Court of Justice, ECJ)审理的案件。除税收协定外,本案主要适用了欧盟法律。在本案之前,典型三角情形下 PE 国主要是通过单边国内法的方式消除重复征税;但在本案之后,欧盟成员国之间开始考虑寻求税收协定和欧盟法律来进一步消除典型三角情形下的重复征税。因此,"Saint - Gobain"案在典型三角情形的司法实践中具有里程碑式的意义。对于欧盟成员国与非欧盟成员国之间,或者非欧盟成员国之间的交易来说,税收协定显然成为一条优于单边国内法措施和欧盟法律的国际法途径。鉴于本书主要探讨税收协定的适用,并不涉及欧盟法律,因此这里本书对本案仅探讨其所涉及的税收协定适用问题,至于本案所涉及的欧盟法律暂不涉及。

本案基本事实如下:1988 年,法国居民 Compagnie de Saint - Gobain SA(以下简称 SG 公司)在德国设有常设机构。并且 SG 公司通过该常设机构直接持有两家德国子公司(GER1 和 GER2)和一家美国公司的股份;间接持有三家外国子公司(意大利、奥地利和瑞士子公司)的股份。具体持股比例如图 3 - 2 所示。而上述子公司均按照持股比例向各自的母公司分配股息。德国常设机构与德国两家子公司与之间订有协议。根据该

---

[10] ECJ, Compagnie de Saint - Gobain, Zweigniederlassung Deutschland (German PE) v. Finanzamt Aachen - Innenstadt (German tax authorities), 21 Sep. 1999, C - 307/97, http://curia.europa.eu/juris/liste.jsf? language = en&jur = C,T,F&num = C - 307/97&td = ALL.

协议,它们在德国是作为税收上一个纳税实体的集团(Organschaft)。依照当时德国国内法有关集团的纳税规定,德国受控公司的利润和损失在一定条件下可以与德国控股实体合并,该控股实体包括德国公司和外国公司设在德国的常设机构。在本案中 SG 公司设在德国的常设机构与德国子公司(GER1、GER2)构成了德国国内法上集团,因此该常设机构在德国的应税所得包括意大利子公司、奥地利子公司和瑞士子公司分别向 GER1 和 GER2 所分配的股息。此外,该常设机构在德国的应税所得还包括美国子公司向其直接分配的股息。

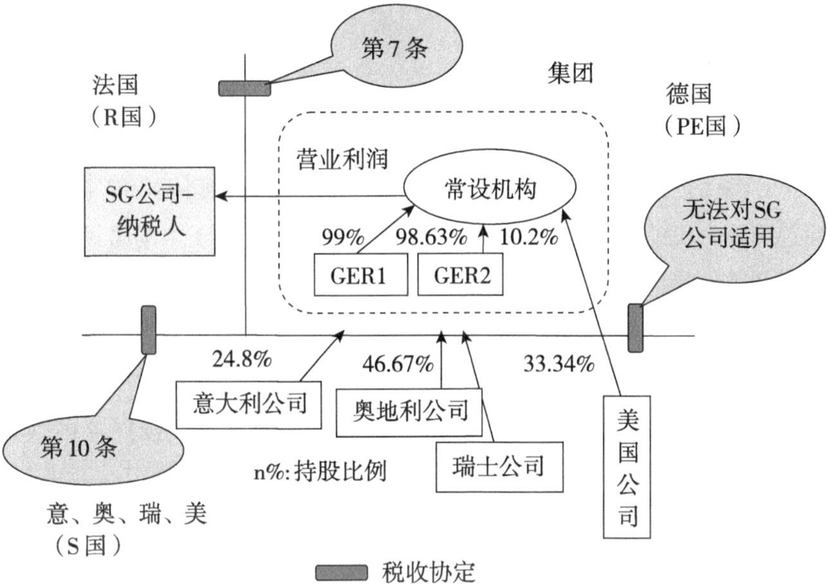

图 3-2 “Saint-Gobain”案

德国税务机关在对非居民 SG 公司可归属于设在德国常设机构的利润征税时认为,由于 SG 公司及其设在德国的常设机构并不是德国-美国税收协定和德国-瑞士税收协定上的居民,根据两协定第 1 条 SG 公司没有享受两协定优惠待遇的资格,因此德国税务机关对于 SG 公司通过该常设机构收取的来自美国子公司与瑞士子公司的股息所得拒绝给予两协定上的免税待遇。此外,德国税务机关依照德国国内法给予 SG 公司在四国(意、奥、瑞、美)缴纳的预提税直接抵免待遇,而非间接抵免待遇。因为依照德国国内法间接抵免只能给予在德国负有无限纳税义务的公司

(德国居民公司)。[11] 概言之,德国税务机关依照德国国内法作出的征税决定形成了外国公司设在德国的常设机构与德国居民公司在本国从事相同营业活动时(如来自德国境外的股息收入)所得税上的差别待遇。

当纳税人起诉至德国税务法庭时,德国税务法庭感到困惑。于是,德国税务法庭请求 ECJ 就德国国内法和税收协定与欧盟法律是否一致作出裁决,具体请求为:

1. 依照德国与美国缔结的税收协定(德国－美国协定)、德国与瑞士缔结的税收协定(德国－瑞士协定),德国拒绝给予非协定居民(SG 公司)协定上的免税待遇,从而造成了德国居民与非居民间的差别待遇,是否违反欧盟条约上的开业自由?

2. 德国依照国内法拒绝给予非本国的欧盟成员国居民(SG 公司)间接抵免是否违背欧盟法律?

3. 德国依照国内法拒绝给予非本国的欧盟成员国居民(SG 公司)免除德国财产税的待遇是否违背欧盟法律?(注:德国给予本国居民公司免除财产税的待遇)

欧洲法院审理结论认为,德国税务局对欧盟成员国居民 SG 公司来自欧盟成员国的股息拒绝给予间接抵免以及拒绝对 SG 公司免除德国财产税的做法,使得欧盟成员国居民在德国境内开设公司和开设常设机构进行同种经营形成差别待遇,因此违背欧盟法律的开业自由。至于 SG 公司通过德国常设机构取得的来源于非欧盟成员国(美国、瑞士)的股息,欧洲法院认为欧盟法律不应当影响欧盟成员国与非欧盟成员国间缔结的

---

〔11〕 抵免法,是指居民国按照居民纳税人的境内外所得或一般财产价值的全额为基数计算其应纳税额,但对居民纳税人已在来源地国缴纳的所得税或财产税额,允许从其居民国应纳税额中扣除。抵免法分为直接抵免和间接抵免。直接抵免法,就是居民国对同一个居民纳税人在来源地国缴纳的税额,允许用来直接抵免该居民个人或企业的总结构所应汇总缴纳居民国的相应税额的方法。直接抵免法是用来解决法律性重复征税的方法。而间接抵免法是适用于解决跨国母子公司之间股息分配存在的经济性重复征税的方法。间接抵免法的基本计算原理与直接抵免法是一致的,其复杂性主要在于先应从母公司收取的外国子公司支付的股息计算出这部分股息已承担的外国所得税税额,再将该外国所得税税额从母公司应向居民国缴纳的税额中扣除。免税法是指居民国一方对本国居民来源于来源地国的已向来源地国纳税了的跨国所得,在一定条件下放弃居民税收管辖权,允许不计入该居民纳税人的应税所得额内免予征税的方法。

税收协定的适用。[12]

欧洲法院的判决带来这样一个结果:欧盟成员国之间从欧盟法律框架内可以达到在一国境内的非居民企业(常设机构)与该国居民企业从事相同经营活动时在税收上的同等待遇;但是欧盟成员国与非欧盟成员国之间却无法从欧盟法律内得到这样的待遇。这种差异不但引起了非欧盟成员国的不满,即使是欧盟成员国也感到不安,因为它们除了与欧盟成员国之间的贸易往来之外还将面临大量与非欧盟成员国之间的贸易往来。在没有欧盟法律这层保护之后,典型三角情形下非居民企业与居民企业在 PE 国纳税上的差别待遇将寻求何种途径解决?

在"Sain - Gobain"案之前,这一问题大多是由 PE 国国内法以单边方式解决。即使这样的单边方法只能部分缓解这一问题,但国际社会并未对此有过多的质疑。然而"Sain - Gobain"案显然打破了这一微妙的平衡。在"Sain - Gobain"案之后,置于欧盟法律框架之外的各国急于寻求另一种国际法上的途径,使它们能够得到与"欧盟法律开业自由"相同的待遇,从而避免处于竞争上的劣势。而各国普遍缔结的税收协定无疑成为最佳的选择。

但是,从德国税务机关拒绝适用德国 - 美国协定、德国 - 瑞士协定便可以看出,对典型三角情形下的 PE 国而言,其困难在于无法援引 PE 国与 S 国缔结的税收协定(PE - S 协定)消除 PE、S 两国间的重复征税。PE 国对归属于其境内常设机构的所得依据其国内法一般具有征税权。而在税收协定层面上,依据 R - PE 协定第 7 条和第 21 条第 2 款,PE 国对这笔 R 国居民企业通过其境内常设机构取得的来源于第三国(甚至全球)的营业利润也具有优先征税权。[13] 但是,由于纳税人(SG 公司)并不是 PE - S

---

〔12〕 对于"Saint - Gobain"案及其所涉及的欧盟法律问题可参见 Adolfo J. Martín Jiménez, F. Alfredo García Prats & José M. Calderón Carrero, *Triangular Cases, Tax Treaties and EC Law: The Saint - Gobain Decision of the ECJ*, BULLETIN 6, 2001, pp. 241 - 253; René Offermanns & Carlo Romano, *Treaty Benefits for Permanent Establishments: The Saint - Gobain Case*, European Taxation 5, 2000, pp. 180 - 189。

〔13〕 Brian J. Arnold and Jacques Sasseville, *Source Rules for Taxing Business Profits under Tax Treaties*, in Brian J. Arnold, Jacques Sasseville & Eric M. Zolt eds., The Taxation of Business Profits under Tax Treaties, Toronto, Canadian Tax Foundation, 2003, p. 119.

协定上的居民，因此典型三角情形下PE国并没有PE－S协定上的义务来消除PE国和S国之间的重复征税。大部分学者认为，由于常设机构并非协定第4条规定的居民，因此根据协定第1条（协定适用的人的范围）常设机构不能够享受协定待遇。[14]《三角情形》报告也指出，消极所得归属于PE国的常设机构这一事实并不意味着R－S协定对S国不适用，也不意味着PE－S协定能够对S国适用。鉴于常设机构并不是PE国居民，PE－S协定对归属于常设机构的上述消极所得仍然无法适用。[15]同样，也是由于常设机构并不是PE－S协定意义上的居民或国民，常设机构也不能援引PE－S协定第25条第1款要求缔约国税务机关启动相互协商程序。

那么PE国是否有其他协定上的义务来消除PE国和S国之间的重复征税呢，如依据R国与PE国缔结的税收协定（R－PE协定）第24条第3款（常设机构的非歧视待遇）？或者是否可以授予常设机构享受协定待遇的资格，从而使得PE国能够履行PE－S协定上的消除重复征税义务呢？如果PE国有其他协定上的义务来消除PE国和S间的重复征税，那么PE国又应该在多大程度上履行这种消除重复征税义务？这便是典型三角情形下PE国适用税收协定的难题。

（二）从“荷兰特许权使用费案”看R国适用税收协定的难题

2002年2月8日荷兰最高法院做出了一项关于典型三角情形的判决（以下简称“荷兰特许权使用费案”）。[16]本案基本事实如下：荷兰居民X

---

〔14〕 Klaus Vogel, *Klaus Vogel on Double Taxation Conventions: A Commentary to the OECD –, UN – and US Model Conventions for the Avoidance of Double Taxation on Income and Capital With Particular Reference to German Treaty Practice*, 3rd edition, London, Kluwer Law International, 1997, p. 64; John Avery Jones & Catherine Bobbett, *Triangular Treaty Problems: A Summary of The Discussion in Seminar E At The IFA Congress in London*, BULLETIN 1, p. 17 (1999).

〔15〕 OECD Committee on Fiscal Affairs, "Triangular cases", *in Model Tax Convention: Four Related Studies*, OECD, para. 11, 1992.

〔16〕 Netherlands – Case Number: 36.155, Undisclosed Taxpayer Company v. NL Tax Authorities, Hoge Raad (Supreme Court), published in BNB 2002/184, English Version "Netherlands – Case 36.155, 8 February 2002 (Summary)", IBFD Database.

公司设在瑞士的常设机构主要负责 X 公司商标、专有技术和专利的开发。X 公司从这些知识产权和专有技术的许可使用中取得的特许权使用费有 10% 归属于 X 公司的荷兰总部,另 90% 归属于开发这些知识产权和专有技术的瑞士常设机构。1995 年,X 公司取得一笔来源于日本的特许权使用费(1,220,466 荷兰盾[17])(如图 3－3 所示)。日本税务机关按照 1970 年荷兰与日本缔结的税收协定(以下简称荷兰－日本协定)第 13 条第 2 款[18]对该笔特许权使用费全额征收了 10% 的预提税(122,047 荷兰盾)。

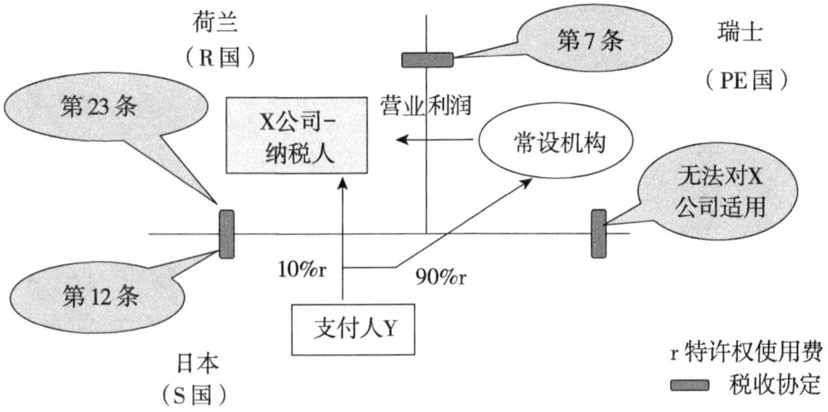

图 3－3　“荷兰特许权使用费案”

荷兰税务机关认为,只有归属于荷兰总部 10% 的特许权使用费在日本所对应缴纳的预提税才能享受 1970 年荷兰－日本协定上的抵免待遇;而另 90% 的特许权使用费由于归属于瑞士常设机构,因此不能适用荷兰－日本协定进行消除重复征税。

纳税人 X 公司对荷兰税务机关这样的征税决定不服,于是起诉至荷兰法院。纳税人认为:依照 1951 年荷兰与瑞士缔结的税收协定(以下简称荷兰－瑞士协定),荷兰应当给予 X 公司归属于瑞士常设机构的全部营业利润免税待遇;而依照 1970 年荷兰－日本协定,荷兰应就来自日本

[17] 荷兰盾(Dutch gulden),用符号/或 fl 来表示,于 13 世纪开始流通的荷兰货币,至 2002 年被欧元所取代。资料摘自维基百科。

[18] 1970 年荷兰－日本协定第 13 条第 2 款参照了 OECD 范本第 12 条第 2 款。

的全部特许权使用费（而非仅10%的特许权使用费）给予抵免的待遇。显然，这样的主张对纳税人十分有利。归属于瑞士常设机构90%的特许权使用费同时构成荷兰－瑞士协定上的营业利润和荷兰－日本协定上的特许权使用费，因此这样的主张可以使其获得双重消除重复征税待遇，即除了从荷兰－瑞士协定上获得荷兰的免税待遇外，还可以依据荷兰－日本协定从荷兰拿到非常可观的超额抵免额。

可见本案的争议焦点在于：荷兰作为X公司的居民国，依照1970年荷兰－日本协定（R－S协定）第24条，[19]荷兰是否应当对X公司就归属于其瑞士常设机构的特许权使用费在日本缴纳的预提税提供荷兰－日本协定上的抵免？本案凸显出了R国在典型三角情形下适用税收协定的难题，即R国如何协调其所面临的R－PE协定和R－S协定上的双重消除重复征税义务。

需要说明的是，本书探讨典型三角情形下R国应如何协调双重消除重复征税义务的主要目的是防止纳税人滥用税收协定，而不是为了消除重复征税。其一，R国所面临的双重消除重复征税义务是源于R国同时受两个税收协定的拘束，[20]并非源于纳税人滥用税收协定。只是纳税人会常常滥用R国的双重消除重复征税义务进行税收套利。因此，从因果关系上看，首先是税收协定导致R国双重消除重复征税义务，其次是R国的双重消除重复征税义务再被纳税人滥用。其二，R国的双重消除征税义务大体上并不能够解决典型三角情形下的重复征税。只有当R国在R－S协定和R－PE协定上均实行抵免法，且抵免限额足以涵盖PE、S两国征税额时（这往往需要R国实行非常高的所得税税率才能达到），R国履行双重消除重复征税义务才能够解决典型三角情形下的重复征税问题；而在其他情况下，R国的双重消除重复征税义务并不能够解决PE、S两国间的重复征税。典型三角情形下的重复征税问题主要依赖PE国消除重复征税才能解决。本书利用图3－3中的例子证明这一观点。

---

〔19〕 与2008年OECD范本第23条相同。

〔20〕 Kees van Raad, *The 1992 OECD Model Treaty: Triangular Cases*, European Taxation 9, 1993, pp. 298－301.

假设典型三角情形下 X 公司的全球所得仅有来源于 S 国但可归属于 PE 国常设机构的利息 50，那么这笔所得同时构成了 R－PE 协定上的营业利润和 R－S 协定上的利息。当 R 国在 R－PE 协定和 R－S 协定上分别采用不同的消除重复征税方法——抵免法（credit method）或者免税法（exemption method），典型三角情形下重复征税问题的解决情况如表 3－1 所示：

表 3－1　R 国双重消除重复征税义务的演示

不同消除重复征税的方法		所得税税负情况					
		全球所得 50	S 国所得税（CIT 20%）（R－S 协定 WHT 10%）	PE 国所得税（CIT 30%）	R 国所得税（CIT 50%）	全球所得税税负	是否存在重复征税
无消除重复征税方法		50	10	15	25	50	是
PE 国无消除重复征税方法	R－PE 协定：E R－S 协定：E	50	5	15	0	20	是
	R－PE 协定：C R－S 协定：C	50	5	15	25－5－15＝5	25	否
	R－PE 协定：E R－S 协定：C	50	5	15	0	20	是
	R－PE 协定：C R－S 协定：E	50	5	15	0	20	是
PE 国适用免税法	R－PE 协定：E R－S 协定：E	50	5	0	0	5	否
	R－PE 协定：C R－S 协定：C	50	5	0	25－5＝20	25	否
	R－PE 协定：E R－S 协定：C	50	5	0	0	5	否
	R－PE 协定：C R－S 协定：E	50	5	0	0	5	否

续表

不同消除重复征税的方法		所得税税负情况					
		全球所得50	S国所得税（CIT 20%）（R－S协定WHT 10%）	PE国所得税（CIT 30%）	R国所得税（CIT 50%）	全球所得税税负	是否存在重复征税
不同消除重复征税的方法		所得税税负情况					
PE国适用抵免法	R－PE协定:E R－S协定:E	50	5	15－5＝10	0	15	否
	R－PE协定:C R－S协定:C	50	5	15－5＝10	25－5－10＝10	25	否
	R－PE协定:E R－S协定:C	50	5	15－5＝10	0	15	否
	R－PE协定:C R－S协定:E	50	5	15－5＝10	0	15	否

注:本表中,CIT指企业所得税税率;WHT指预提税税率;E指免税法;C指抵免法。

从以上数据分析可以看出,典型三角情形下当PE国不给予消除重复征税时,只有当R国在两协定(R－S协定和R－PE协定)上均承担抵免义务,且其就该笔所得对PE国和S国的抵免限额足够高时(高于PE国和S国对该笔消极所得的实际征税总额),R国的双重消除重复征税义务才可能彻底解决典型三角情形下的重复征税。但如果R国的抵免限额不足以涵盖PE国和S国的实际征税总额,那么R国事实上并不可能对PE国和S国的征税总额在当期全额抵免,PE国与S国间的重复征税无法全部消除。而当R国在任何一个协定上承担免税义务时,由于R国对该笔所得并不计入X公司的应税所得额中,R国履行双重消除重复征税义务的结果就是对该笔所得免税,此时PE国与S国间的重复征税同样无法消除。

因此,典型三角情形下消除重复征税问题的难点在于PE国是否给予消除重复征税,而不是R国如何履行R－S协定和R－PE协定上的双重消除重复征税义务。但是R国的双重消除重复征税义务却常常被跨国纳税人滥用。上述“荷兰特许权使用费案”中，纳税人就试图曲解 R 国（荷兰）的双重消除重复征税义务来实现税收套利，要求 R 国（荷兰）对已经依照 R－PE 协定（荷兰－瑞士协定）免税的所得继续履行 R－S 协定（荷兰－日本协定）上的抵免义务。本书将在本节第三目探讨如何防止纳税人滥用典型三角情形下 R 国的双重消除重复征税义务进行税收套利的行为。

（三）从“泰国利息案”看 S 国适用税收协定的难题

2006 年 2 月 23 日，泰国最高法院做出一项判决（以下简称“泰国利息案”），[21] 明确了 S 国在典型三角情形下应当如何适用税收协定。本案部分事实如下：泰国 Hana 半导体有限公司向 X 银行设在新加坡的常设机构申请了一笔贷款，1998 年 Hana 公司就该笔贷款向该新加坡常设机构支付利息（如图 3－4 所示）。本案争议的焦点是：泰国对纳税人 X 银行的利息所得是否应当适用 1975 年泰国与新加坡缔结的税收协定（以下简称泰国－新加坡协定）第 11 条第 2 款的限制预提税税率？[22]

---

〔21〕 Thailand - Case Number：1056/2549，Hana Semiconductor Co. Ltd.（the Taxpayer）v. Thai Revenue Department（the Tax Authorities），English Version“Thailand - Case 1056/2549（2006），23 February 2006（Summary）”，IBFD Database.

〔22〕 本案的全部事实是：泰国 Hana 半导体有限公司向 X 银行设在新加坡的常设机构申请了一笔贷款，用于向其子公司 A 进行融资，Hana 公司需要向该新加坡常设机构支付利息；A 公司获得该笔融资之后又以免息贷款的形式向另一子公司 B 进行融资；此外，Hana 公司欲进军美国市场，因此其花费了 300 万美元从美国一家销售公司购买了客户数据库（如客户姓名、地址、消费需求与期限等）。本案共涉及 3 个焦点问题：其一，泰国是否应当按照 1975 年泰国－新加坡协定第 11 条第 2 款的预提税税率对 Hana 公司支付给新加坡常设机构的利息进行征税；其二，Hana 公司的利息支出是否能够依照泰国国内法［Revenue Code Section 65ter（13）］进行税前扣除；其三，Hana 公司支付给美国销售公司用以购买客户数据库的费用是否构成 1996 年泰国－美国税收协定第 12 条第 3 款特许权使用费。本案仅第一个问题涉及典型三角情形。

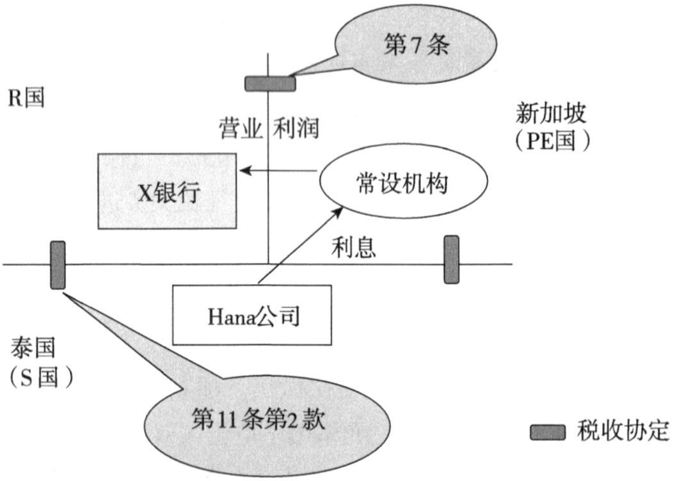

图3-4 “泰国利息案”

对此,泰国税务机关和泰国最高法院一致认为,Hana公司支付给新加坡常设机构的利息不能适用泰国-新加坡协定第11条第2款的预提税税率。X银行及其常设机构并不能构成泰国-新加坡协定意义上的居民,因此本案中泰国-新加坡协定并不适用。Hana公司应仅受S-R协定有关利息预提税税率的限制。

诚然,纳税人X银行是S-R协定上的居民,而非S-PE协定上的居民,因此S国仅履行S-R协定上的义务似乎无可厚非,但是典型三角情形下重复征税问题的解决将对S国的协定义务造成影响。比如,在下文将要提到的建议授予常设机构享受协定待遇资格的方法中,S国将会随之面临S-PE和S-R协定的双重限制;又如,下文将要提到的OECD建议的方案虽然对S国的协定义务没有影响,但S国适用S-R协定所征收的预提税也极有可能无法在PE国全部抵免;另外一些国家的缔约实践甚至建议S国放弃履行S-R协定上的义务,转而履行S-PE协定上的义务。在国家间税收权益的分配游戏中,S国这个看似咬了第一口苹果的来源国,也并非没有适用协定的困难。况且三角情形下的重复征税问题需要三个国家配合才能最终解决。

综上所述,典型三角情形下税收协定适用的难题可概括为:其一,对PE国而言,PE国是否有协定义务消除PE国与S国之间的重复征税,以及 PE 国应在多大程度上消除重复征税;其二,对 R 国而言,R 国对同一笔所得同时面临的 R – PE 协定和 R – S 协定上的双重消除重复征税义务极容易滋生税收套利行为,对此应当如何防范;其三,对 S 国而言,S 国仅有义务适用 S – R 协定而非 S – PE 协定,但是典型三角情形的各种解决方案大多需要 S 国的配合才能完成,那么要求 S 国履行甚至仅履行 S – PE 协定义务是否可行?〔23〕

从目前国际上流行的针对典型三角情形的解决方法来看,有些方法侧重于解决典型三角情形下的重复征税问题,那么这些方法势必要在 PE 国如何消除重复征税上面做文章。由于双重征税问题的普遍性,这些方法也就常常要求对协定范本及其注释进行修订或解释。而另一些方法则侧重于防范典型三角情形下的滥用税收协定问题,由于滥用税收协定的个案性,这些方法往往体现在个别国家的个别税收协定之中。鉴于本书是以研究三角情形下的消除重复征税问题为主线,以滥用税收协定为补充,本书对目前国际上流行的解决典型三角情形的这两类方法进行阐释和分析。

二、税收协定消除典型三角情形下重复征税的方法

经本书查证,到目前为止适用税收协定消除典型三角情形下重复征税的方法主要有以下几种:其一,授予常设机构享受协定待遇的资格,从而启动 PE – S 协定;其二,适用 R – PE 协定第 24 条第 3 款常设机构非歧视原则,要求 PE 国履行消除重复征税义务;其三,还有学者认为在综合性的多边税收协定中加入针对三角情形的特别条款,不但可以解决典型三角情形下的重复征税,其他税收协定难以解决的三角情形也可以得到解

〔23〕 这里有两点需要交代清楚的是,鉴于 OECD 范本第 12 条将特许权使用费的征税权分配给了居民国独占征收,从而排除了来源国(S 国)的征税权,因此在 OECD 范本框架下,涉及特许权使用费的典型三角情形适用税收协定自然可以消除重复征税。但由于现实中采纳 UN 范本特许权使用费分配规则(税收分享原则)的国家占多数,参照 UN 范本缔结的特许权使用费条款依然会面临本章的典型三角情形下的问题。

决。[24] 但本书在第一章中已经提到，多边税收协定并不能取代税收协定，税收协定依然是目前消除国际重复征税最重要的国际法渊源，因此本书在此仅探讨前两种方法。

(一)授予常设机构享受协定待遇的资格

如前所述，典型三角情形下的重复征税难以消除的重要原因是 PE－S 协定无法适用。鉴于 X 公司并不是 PE－S 协定意义上的人，PE－S 协定对 X 公司来源于 S 国但归属于其设在 PE 国常设机构的消极所得并不适用。相比之下，如果 X 公司在 PE 国设立的并非常设机构而是子公司，该子公司与常设机构进行同样的经营活动并同样取得来源于 S 国的消极所得，那么由于子公司系 PE－S 协定上 PE 国的居民，依据 PE－S 协定第 23 条 PE 国应当对子公司就该笔消极所得在 S 国缴纳的预提税履行消除重复征税义务。由此，人们想到如果能够让常设机构获得与子公司相同的协定待遇，那么典型三角情形下三个国家适用税收协定的难题便均可迎刃而解。

1. 全面授予常设机构享受协定待遇的资格

有观点认为，一方面大量的相互协商程序所涉及的争议问题均是源于常设机构没有享受税收协定待遇的资格，另一方面许多国家的国内法对常设机构和居民的税收待遇也十分相似，因此常设机构或固定的营业场所应当被视为其所在缔约国对外缔结的税收协定意义上的居民，OECD 范本第 4 条也应当相应地扩大范围。[25] 当然，该观点并不是针对三角情形提出的建议，而是从修订 OECD 范本的角度认为常设机构应当与子公司一样获得税收协定上的同等待遇。另有一些学者则更为明确地指出，在税收协定层面上解决典型三角情形最合适的方法就是能够让各国境内

[24] Helmut Loukota, *Multilateral Tax Treaty Versus Bilateral Treaty Network* and Josef Schuch, *The Methods for Elimination of Double Taxation in a Multi－lateral Tax Treaty*, in Michael Lang et al. eds., Multilateral Tax Treaties: New Developments in International Tax Law, London, Kluwer Law International Ltd., 1997, pp. 92, 143.

[25] Albert J. Rädler, "*Tax Treaties and The Internal Market*", *annexed in Commission of European Communities, Report of the Committee of Independent Experts on Company Taxation*, Luxembourg, Office for Official Publ. of the European Communities, 1992, p. 373.

的常设机构受到税收协定的保护。[26] 由于常设机构不具有享受协定待遇的资格，典型三角情形下的股息、利息或特许权使用费应当适用 R – S 协定。但是 R – PE 协定却将对该笔所得（R – PE 协定上的营业利润）的独占征税权（如果 R 国实行免税法）或优先征税权（如果 R 国实行抵免法）分配给了 PE 国。这将导致在限制来源地征税权的问题上错误地适用协定。此外，PE 国也将面临没有协定义务消除重复征税的局面。解决的办法就是将税收协定的优惠扩大至常设机构，将常设机构视为其所在国的居民一样对待。[27]

概言之，全面授予常设机构享受协定待遇的资格就是要通过修改 OECD 范本第 4 条使常设机构成为协定意义上的居民，从而使常设机构获得与子公司相同的协定待遇。一些国家之所以主张这样的观点，理由主要是欧盟法律《罗马条约》第 52 条规定的“设业自由原则”与 ECJ 有关“设业自由原则”的判决均强调了欧洲共同体范围内分支机构与子公司在从事相同经营活动的条件下应当获得相同的税收待遇。因此，欧洲共同体国家的企业在欧洲共同体国家设立的分支机构应当与该企业在欧洲共同体国家设立的子公司在相同情况下获得同样的税收抵免或免税。[28]

从效果上看，全面赋予常设机构享受协定待遇的资格确实能够彻底解决典型三角情形下的重复征税问题。由于常设机构成为协定意义上的居民，PE – S 协定对归属于常设机构的该笔所得可以适用，所以 PE 国应当依照 PE – S 协定第 23 条消除其与 S 国之间的重复征税。但是，现实中这种方法却并不为大多数国家和学者所接受。因为这种方法所带来的问题甚至比它所解决的三角情形还要复杂。OECD 的大多数成员国反对这

---

〔26〕 Klaus Vogel, *Klaus Vogel on Double Taxation Conventions: A Commentary to the OECD –, UN – and US Model Conventions for the Avoidance of Double Taxation on Income and Capital With Particular Reference to German Treaty Practice*, *3*rd edition, London, Kluwer Law International, 1997, p. 102.

〔27〕 See Brian J. Arnold & Jacques Sasseville, *Source Rules for Taxing Business Profits under Tax Treaties*, in Brian J. Arnold. Jacques Sasseville & Eric M. Zolt eds., The Taxation of Business Profits under Tax Treaties, Toronto, Canadian Tax Foundation, p. 129 (2003).

〔28〕 See OECD Committee on Fiscal Affairs, "*Triangular cases*" *in Model Tax Convention: Four Related Studies*, OECD, 1992, para. 33.

种解决方法,认为其严重地背离了税收协定范本的基础原则和缔约实践。[29] 本书基于以下四方面的理由亦不赞同这种全面授予常设机构享受税收协定待遇的资格的建议。

(1)将常设机构认定为税收协定上的居民既不具有国内法基础,也违反税收协定不能为缔约国创设或扩大征税权的基本适用规则。税收协定意义上的"居民"身份实际上并不是税收协定首先赋予的,而是缔约国国内法首先赋予的。OECD 范本第 4 条第 1 款对协定意义上的缔约国一方居民用语做出了定义。该定义援引了缔约国国内法有关居民概念的内容。也就是说,只有在缔约国国内法上负有无限纳税义务的人才有可能成为税收协定意义上的居民。这也充分体现了税收协定并不能赋予缔约国国内法上原本没有的征税权,税收协定只是国家间征税权的协调规则。

然而,常设机构一般来说在各国国内法上并不构成负有无限纳税义务的居民,而只是负有有限纳税义务的非居民。将常设机构的概念强行写进 OECD 范本居民的定义,显然违反了税收协定不能为缔约国创设或扩大征税权的基本适用规则。现实中,也不可能有哪个国家在国内法尚未赋予其对境内常设机构行使居民税收管辖权的条件下而接受对 OECD 范本居民定义这样的修改。

(2)将常设机构认定为税收协定上的居民违背税收协定引入常设机构概念的初衷。这也将使税收协定对营业利润所确立的常设机构原则丧失作用。常设机构仅仅是企业(公司或个人)的延伸,常设机构本身并不具备独立的法人资格。税收协定中常设机构的概念的作用在于,确定缔约国一方对缔约国另一方企业利润的征税权。按照 OECD 范本第 7 条规定,缔约国一方不得对缔约国另一方企业的营业利润征税,除非该企业通过其设在缔约国一方的常设机构进行营业。[30] 协定中常设机构的上述作用无论在双边情形还是在三角情形下并没有什么不同。换言之,常设机构是税收协定限制来源国对营业利润征税权的门槛条件。如果常设机

---

〔29〕 See OECD Committee on Fiscal Affairs, "*Triangular cases*" *in Model Tax Convention*: *Four Related Studies*, OECD, 1992, para. 46.

〔30〕 OECD Model Tax Convention on Income and on Capital, 1977 – 2017, Commentary on Article 5, para. 1.

构成为协定意义上的居民，常设机构所在国也就成了协定上的居民国，那么常设机构原本用来限制来源国对营业利润征税权的初衷便没有意义。这将实质性地破坏 OECD 范本第 7 条订立的基础，OECD 范本将不得不为第 7 条营业利润课税重新设计出能够足以替代常设机构原则的新的征税权分配规则。

(3)常设机构依据 PE－S 协定还是依据 R－PE 协定认定？将常设机构认定为协定意义上的居民，其目的就是要启动 PE－S 协定，从而要求典型三角情形下的 PE 国履行 PE－S 协定上的消除重复征税义务。若如此，常设机构似乎应当按照 PE－S 协定第 5 条来确定。但是，PE 国对归属于常设机构利润的征税权却还要受到 R－PE 协定第 7 条(营业利润)的限制，因此常设机构也可以依据 R－PE 协定第 5 条来确定。当 PE－S 协定和 R－PE 协定对常设机构的定义范围有所不同时，则会产生常设机构确定的困难。

(4)虽然可归属于常设机构的利润与常设机构的定义是晚近国际税法领域的热点问题，但是 OECD 从未建议在协定范本中将常设机构升格为子公司。首先，“常设机构与子公司应当享受相同的协定待遇”的观点在欧盟法律框架下有一定的合法性与合理性。欧洲四大自由作为欧盟法律的基本原则，其中的设业自由确实支持了常设机构与子公司在相同情况下享受同等税收待遇的观点。但是，设业自由的适用范围只限于欧盟国家，并不能扩展至非欧盟国家，因此不能仅以欧盟法律的基本原则要求税收协定中的基本定义做出修改。其次，OECD 于 2010 年发布的《可归属于常设机构的利润报告》的确参照了 1995 年《跨国公司转让定价指南》，但是《可归属于常设机构的利润报告》中也明确强调：常设机构不同于子公司，其在法律上与经济上均不能独立于其所属企业；鉴于常设机构没有独立的法律地位，因此常设机构与其所属企业或企业其他部分之间的内部交易(dealings)仅是“类推地”(by analogy)适用 1995 年《跨国公司转让定价指南》中的公平交易原则。[31] 最后，OECD 于 2011 年 10 月 12 日发布的《OECD 范本第 5 条的解释和适用问题讨论稿》针对在现代

〔31〕 OECD, 2010 Report on The Attribution of Profits to Permanent Establishment, Part Ⅰ, paras. 9, 33.

商业环境中应当如何解释目前的常设机构定义进行了详细的讨论(具体讨论了常设机构解释中的25个疑难问题),以期对OECD范本第5条注释进行修订。[32] 但该讨论稿旨在解释OECD范本第5条常设机构的定义,并非要改变常设机构的定义,更不是要改变常设机构在税收协定中的地位。[33]

2. 在有限的范围内授予常设机构享受协定待遇的资格

鉴于上述理由,本书极不赞同将常设机构认定为协定上的居民,从而全面授予常设机构享受协定待遇资格的观点。但有趣的是,有人提出了在有限的范围内授予常设机构享受协定待遇的资格,这种观点又是否合理呢?

(1)一种理论上的方案

有学者针对典型三角情形(和Sub-PE三角情形)提出了在有限的范围内授予常设机构享受协定待遇的资格的具体方案,即在2008年OECD范本基础上修改下列条款。[34]

首先,修改OECD范本第3条第1款第a项和第4条第1款。OECD范本第1条规定:"本协定适用于缔约国一方或同时为缔约国双方居民的人。"若要授予常设机构享受协定待遇的资格,就必须使常设机构成为协定上的"人"和"居民"。因此,该方案首先建议在OECD范本基础上对协定的"人"和"居民"条款做如下修改:

第3条 一般定义

1. 除上下文另有解释的以外,在本协定中:

(a)"人"一语包括个人、公司、常设机构和其他团体;

---

〔32〕 OECD, Interpretation and Application of Article 5 (Permanent Establishment) of the OECD Model Tax Convention, http://www.oecd.org/tax/taxtreaties/48836726.pdf. 对该文献的述评可参见 Jan de Goede, Daljit Kaur, Bart Kosters & Andreas Perdelwitz, *Interpretation and Application of Article 5 (Permanent Establishment) of the OECD Model Tax Convention: Response from IBFD Research Staff*, Bulletin for International Taxation 6, pp. 313 - 318 (2012)。

〔33〕 Richard Vann, *IFA/OECD Seminar in Boston: Now You See It, Now You Don't - The Elusive Concept of Permanent Establishment*, Bulletin for International Taxation 9, p. 66 (2012).

〔34〕 Singyuan Yong, *Triangular Treaty Cases: Putting Permanent Establishments in Their Proper Place*, Bulletin for International Taxation 3, 2010, pp. 152 - 164.

第 4 条　居民

1. 在本协定中,“缔约国一方居民”一语是指按照该缔约国法律,由于住所、居所、管理机构所在地,或者其他类似性质的标准,在该缔约国负有纳税义务的人,也包括该缔约国本身、其所属行政区或地方当局。但是,这一用语不包括仅由于来源于该缔约国的所得或位于该缔约国的财产而在该缔约国负有纳税义务的人。这一用语在下列情况下应包含第 5 条所定义的常设机构,即当常设机构所在的缔约国一方可以对归属于该常设机构的所得征税,其中可归属于该常设机构的所得包括发生于并非常设机构所属企业所在国家的所得。

值得一提的是,这项修改一方面试图使得协定上的常设机构获得协定意义上的居民身份,而另一方面又不得不顾虑现实中各国国内法普遍没有授予常设机构国内法上居民身份的事实。方案提出者的初衷是:仅在 PE 国依照其国内法能够对归属于其境内常设机构的所得行使无限征税权时,才将常设机构视为协定上的居民;如果 PE 国对可归属于该常设机构的所得还要受到其他协定(如 R – PE 协定)的限制,那么该常设机构就丧失在其他协定(R – PE 协定)上的居民身份。根据该项修订,典型三角情形下 PE 国境内的常设机构仅构成 PE – S 协定上的居民,而不构成 R – PE协定上的居民。此项修改并不影响常设机构与其所属企业的关系,它们在法律上仍然是一个实体。[35]

其次,修改 OECD 范本第 10 条、第 11 条和第 12 条。为了使 R – S 协定对该笔消极所得的限制作用降至最低,则需要继续修改 OECD 范本第 10 条、第 11 条和第 12 条。下面的修改将使得 S 国对上述消极所得的征税权不受 R – S 协定第 10 条、第 11 条和第 12 条的限制,而仅受 PE – S 协定第 10 条、第 11 条和第 12 条的限制。

第 10 条　股息

4. 如果股息受益所有人是缔约国一方居民,则在以下情形下不适用第 1 款和第 2 款的规定:

(a) 在支付股息的公司是其居民的缔约国另一方,通过设在该缔约国

---

〔35〕 Singyuan Yong, *Triangular Treaty Cases: Putting Permanent Establishments in Their Proper Place*, Bulletin for International Taxation 3, 2010, pp. 159 – 160.

另一方的常设机构进行营业，并且据以支付股息的股份与该常设机构有实际联系。在这种情况下，应适用第7条的规定；

(b)通过并不位于缔约国任何一方的常设机构进行营业，且据以支付股息的股份与该常设机构有实际联系，并且该常设机构所在国对归属于该常设机构的股息所得可以征税，在这种情况下，该股息所得可以在支付股息的公司是其居民的缔约国另一方征税。

同时修订第10条注释，使"受益所有人"的范围可以涵盖"常设机构"。第11条和UN范本第12条做相同修订。根据该项方案，在典型三角情形中，依据R－S协定第10条第4款第b项，S国国内法不受R－S协定第10条第1款和第2款的限制；但是根据PE－S协定第3条第1款第a项、第4条第1款，S国国内法将受到PE－S协定第10条第1款和第2款的限制。

最后，修改OECD范本第23条A第2款和第23条B第1款。依照该项方案，常设机构构成了PE－S协定上的居民，因此典型三角情形下的PE国有义务履行PE－S协定第23条的消除重复征税义务。然而，尽管常设机构构成协定意义上的人，但是R国居民仍然是该笔所得法律上的收款人和经济上的受益所有人，R国居民与PE国常设机构也仍然是法律上的同一实体，R国仍然将面临R－PE协定和R－S协定上第23条的消除重复征税义务。为了解决这一问题，该方案建议继续对OECD范本第23条做如下修改。

第23条A　免税法

2. 缔约国一方居民取得的各项所得，按照第10条(第4款第b项除外)和第11条(第4款第b项除外)的规定可以在缔约国另一方征税时，首先提及的国家应允许从该居民的所得纳税额中扣除相当于在缔约国另一方所缴纳税款的金额。但该项所得扣除应不超过扣除前对来自缔约国另一方的该项所得计算的税额。

第23条B　抵免法

1. 缔约国一方居民所取得的所得或拥有的财产，按照本协定的规定可以在缔约国另一方征税时，首先提及的国家应允许：

(a)从该居民的所得征税额中扣除相当于在缔约国另一方缴纳的所

得税的金额；

(b)从该居民的财产所征税额中扣除相当于在缔约国另一方缴纳的财产税的金额。

但该项扣除，在任何情况下不应超过扣除前对可以在缔约国另一方征税的那部分所得或财产计算的所得税额或财产税额(抵免限额——作者注)。缔约国一方依据其国内法或其他相关法律*应当给予的扣除或免税义务均应当一并考虑在抵免限额内。

本书认为，这项提案虽然试图将授予常设机构享受协定待遇的资格仅限定在PE - S协定范围之内，也具有一定的合理性，但此方案仅为了解决典型三角情形下的重复征税问题而对如此多的范本条款进行修订——从居民定义到消极所得征税权的分配规则再到消除重复征税条款——这在实践中是难以被缔约国所接受的。即使有个别国家愿意采纳这样的方法，但如果R - S协定和PE - S协定不同时参照此方法修订，那么此方案也是徒劳的。

(2)法国与意大利的缔约实践

有一种缔约实践值得本书在此着重提出。1989年法国与意大利缔结的税收协定(以下简称法国 - 意大利协定，即典型三角情形下的PE - S协定)修改了非歧视条款，从而要求典型三角情形下的PE国消除重复征税。1989年法国 - 意大利协定[36]第25条(非歧视)第2款(相当于OECD范本第24条第3款)在沿用了OECD范本第24条第3款作为第a项内容的基础上增加了第b项内容：

(b)发生于缔约国一方并支付给位于缔约国另一方常设机构的股息、利息或特许权使用费，并且据以取得该所得的财产或权利与该常设机构的经营活动有实质性联系，那么该所得可以依照本协定第10条第2款第b项、第11条第2款以及第12条第2款在缔约国一方征税。该常设机

---

* 其他相关法律如税收协定。——作者注

[36] Convention Between the Government of the French Republic and the Government of the Italian Republic for the Avoidance of Double Taxation with respect to Taxes on Income and on Capital and for the Prevention of Fiscal Evasion and Fraud, which was concluded on 5th October 1989 and entry into force on 1st May 1992.

构所在的缔约国另一方应当按照本协定第24条第1款第a项或者第2款消除重复征税。本款不论常设机构所属的企业管理地在何处均应适用。[37]

可见,1989年法国-意大利协定的该款内容仅将常设机构享受协定待遇的资格限制在了有限范围内(典型三角情形)。该款要求典型三角情形下的S国履行S-PE协定第10条、第11条和第12条项下的限制预提税义务,且PE国需要履行PE-S协定上的消除重复征税义务。该款并没有通过修改协定第1条或第4条全面赋予常设机构享受协定待遇的资格。

法国-意大利协定(PE-S协定)所设立的在有限的范围内赋予常设机构享受协定待遇资格的方法,可以大体上解决典型三角情形下PE、S两国间的重复征税问题。只是这样的问题依然存在,该款虽然使得S国可以履行PE-S协定第10条、第11条和第12条的限制国内预提税义务,但是鉴于R国居民X公司是R-S协定适用的人,S国还必须履行R-S协定对该笔消极所得的预提税限制义务。当R-S协定对消极所得的预提税税率低于PE-S协定的预提税税率时,S国由于需要同时履行两个协定的义务,最终适用了约束较为严格的R-S协定的预提税税率。虽然PE国可能更愿意对S国征收的较少的预提税履行消除重复征税义务,但是这也将造成PE国的常设机构比其居民公司在进行相同营业活动时获得更为优惠的协定待遇的情况。

但总体上看来,本书认为1989年法国-意大利协定提供的这种仅修订OECD范本第24条第3款来解决典型三角情形下重复征税的做法是一种合理、可行的方案。这既能够大体上解决典型三角情形下的重复征税问题,也避免了全面授予常设机构享受协定待遇资格的弊端。

(二)OECD建议的方法

2010年OECD范本在第10条注释(第19段)、第11条注释(第12段)、第12条注释(第5段)、第23条注释(第10段)和第24条注释(第

---

〔37〕 其中第10条第2款第b项参照了OECD范本第10条第2款第b项;第11条第2款参照了OECD范本第11条第2款;第12条第2款参照了UN范本第12条第2款;第24条第1款第a项或者第2款参照OECD范本第23条并结合两国国内法制定。

69 段至第 72 段）中均有提及典型三角情形，但是这些注释内容在 1963 年 OECD 范本及其注释中并不存在。那么它们是如何被写进 2010 年 OECD 范本注释中的呢？

1977 年，OECD 在对 1963 年范本及其注释进行修订时对以下关于典型三角情形的问题进行了讨论：其一，范本非歧视条款的适用范围；其二，位于 PE 国的常设机构是否有资格就来自 S 国的所得享受抵免，甚至免税待遇；其三，如果常设机构有资格就来自 S 国的所得享受抵免，那么 PE 国应在多大程度上给予常设机构抵免；其四，PE 国履行上述消除重复征税义务需要哪些前提条件；其五，如何防止税收协定被滥用。[38] OECD 成员国就这五方面的问题进行激烈的讨论之后一致认为，典型三角情形过于复杂，解决的方法也不宜模式化，因此不赞同通过修订 OECD 范本或注释解决这一问题；而是建议各国在各自的税收协定中规定解决方法或由缔约国相互协商解决。[39] 因此，1977 年 OECD 在对 1963 年范本及其注释的修订过程中对典型三角情形虽有讨论，但遗憾的是最终并没有形成具体的解决方案。OECD 对典型三角情形的搁置态度一直持续到 1992 年《三角情形》报告的发布。

OECD 于 1992 年发布的《三角情形》报告是在尊重大多数成员国意见的基础上提出的一套协调各方利益的方案。同时此报告的建议也被完全采纳到 1992 年 OECD 范本注释的修订中[40]，并且这些修订一直保留至 2017 年 OECD 范本注释。概言之，《三角情形》报告建议的解决典型三角情形下重复征税的方法，一方面通过适用 R－PE 协定第 24 条第 3 款，要求 PE 国对 S 国征收的预提税给予抵免待遇，从而解决典型三角情形下的重复征税问题；另一方面建议 PE 国给予抵免的额度按照 S 国（依照 R－S 协定）实际征收的预提税为基础，但以 PE－S 协定对该笔所得规

---

[38] OECD Committee on Fiscal Affairs, "*Triangular cases*" *in Model Tax Convention: Four Related Studies*, OECD, 1992, para. 26.

[39] OECD Committee on Fiscal Affairs, "*Triangular cases*" *in Model Tax Convention: Four Related Studies*, OECD, 1992, para. 27.

[40] 根据《三角情形》报告的建议，1992 年 OECD 范本修订了第 10 条注释第 19 段、第 11 条注释第 9 段、第 12 条注释第 5 段、第 23 条注释第 10 段和第 24 条注释第 51 段至第 54 段的内容。

定的预提税税率为限。

OECD 范本第 24 条(非歧视待遇)第 3 款规定:"缔约国一方企业在缔约国另一方设立的常设机构在该缔约国另一方的税收负担,不应高于进行相同活动的缔约国另一方企业。本规定不应被理解为,缔约国一方由于公民地位或家庭负担原因给予本国居民在税收上的任何个人的扣除、优惠和减税,也必须给予缔约国另一方居民。"〔41〕《三角情形》报告建议,在解决典型三角情形下的重复征税问题时,应当对该条款做如下注释。

其一,如果适用 R – PE 协定,那么只有当 PE 国有义务给予常设机构与 PE 国企业从事相同经营活动时相同的协定待遇,典型三角情形下的重复征税才能够消除。因此"PE 国常设机构与 PE 国企业在从事相同经营活动时享有相同的税收待遇"必须清楚地规定在 R – PE 协定中。一种可行的方法就是援引 R – PE 协定第 24 条第 3 款,据此 R 国企业在 PE 国设立的常设机构来自第三方的所得在 PE 国享受的抵免待遇,应当与 PE 国居民进行相同活动所得到的税收抵免待遇相同。〔42〕

其二,PE 国给予来源于第三方但归属于其境内常设机构的所得抵免的额度,应当依照 PE – S 协定确定,即不能超过与该常设机构从事相同经营活动的 PE 国居民在 PE 国所能抵免的预提税税额。当 R – S 协定与 PE – S 协定的预提税税率不同时,可以采用下列方法确定 PE 国的抵免限额:(1)当R – S 协定预提税税率低于 PE – S 协定预提税税率时,PE 国只能按照 R – S 协定税率抵免,以防止 PE 国给予的抵免额超过 S 国的实际征税额;(2)而当 R – S 协定预提税税率高于 PE – S 协定预提税税率时,PE 国却不能抵免 S 国实际征收的全部预提税税额(作者注:PE 国仅能抵免按照 PE – S 协定预提税税率在 S 国所对应缴纳的预提税税额)。因此,一部分的重复征税依然存在,除非这部分重复征税能够被 R 国消除。〔43〕

---

〔41〕 该款(常设机构非歧视待遇)自 1963 年 OECD 范本订立起,直至 2010 年 OECD 范本其内容均没有任何变化。1992 年 OECD 范本将该款内容作为第 24 条第 3 款,而此前的 OECD 范本将其作为第 24 条第 4 款。

〔42〕 See OECD Committee on Fiscal Affairs, "*Triangular cases*" *in Model Tax Convention*: *Four Related Studies*, OECD, 1992, para. 47.

〔43〕 See OECD Committee on Fiscal Affairs, "*Triangular cases*" *in Model Tax Convention*: *Four Related Studies*, OECD, 1992, paras. 48 – 49.

其三,要求 PE 国对 S 国所征的全部或部分预提税税额给予抵免。这一方法应当通过修订 1963 年范本第 24 条第 4 款注释来实现。但是,一些国家可能会认为仅修改范本注释中的内容并不足以使该方法合法化,因此建议范本第 24 条也应当做相应的修改,明确规定为消除三角情形下的重复征税而增加上面的方法。[44]

1992 年《三角情形》报告建议的方法存在这样的问题:一是其只建议 PE 国给予抵免,而不包括免税。如果 PE 国国内法和 PE－S 协定上均实行免税法,那么虽有《三角情形》报告,典型三角情形下仍然可能出现 PE 国常设机构比 PE 国居民在相同的情况下承担更重税负的情况。二是 OECD 范本第 24 条第 3 款并没有明确阻止常设机构在从事相同经营活动的条件下可以获得比 PE 国居民更为优惠的税收待遇(本书称为"超居民税收待遇"),因此《三角情形》报告建议 PE 国抵免的范围并不符合范本第 24 条第 3 款的规定。三是当 R－S 协定预提税税率高于 PE－S 协定对应的预提税税率时,X 公司在 S 国实际缴纳的预提税并不能够全部在 PE 国得到抵免,PE、S 两国间仍然有一部分的重复征税无法消除。对此,有学者建议修改 R－S 协定,要求 S 国在典型三角情形下应当参照 PE 国居民从事相同活动所享受的税收待遇征税,即 S 国不适用 R－S 协定而仅适用 S－PE 协定。对归属于常设机构的消极所得征税,R 国同时也无须履行 R－S 协定上的消除重复征税义务,但当 PE 国对该笔所得免税时,S 国则仍然要适用 R－S 协定以防止纳税人的税收套利行为。[45] 四是虽然《三角情形》报告建议修订 OECD 范本第 24 条,从而进一步明确该条款能够解决典型三角情形下的重复征税问题,但是这项建议最终并没有被 OECD 范本所采纳,《三角情形》报告的建议仅写进了 OECD 范本第 24 条注释当中。这使得一些国家认为,鉴于该报告的建议并没有被 OECD 范本所采纳,因此要求 PE 国在典型三角情形下消除重复征税是对范本第 24 条隐含意义的一种没有拘束力的解释。如果 PE 国国内法上没

---

〔44〕 OECD Committee on Fiscal Affairs, "*Triangular cases*" *in Model Tax Convention*: *Four Related Studies*, OECD, 1992, para. 50.

〔45〕 Gang Zhai, *Triangular Cases Involving Income Attributable to Pes*, Tax Notes International 3, 2009, pp. 1122－1123.

有类似的规定,那么 PE 国实际上很难愿意在税收协定第 24 条没有明确规定的情况下给予其境内常设机构来源于第三方的消极所得抵免。五是该报告没有对如何防止典型三角情形下的滥用税收协定问题做出具体的建议。

针对以上质疑,本书认为《三角情形》报告所建议的"OECD 方法"具有合法性与合理性,并且是目前解决典型三角情形下重复征税问题和国际逃避税问题的基础。

第一,《三角情形》报告之所以仅建议 PE 国给予抵免而没有建议免税,是因为大部分国家对消极所得均实行抵免。[46]

第二,OECD 范本第 24 条第 3 款确实容易让人误解,因为很长时间以来该款及其注释均没有明确否定"超居民税收待遇"。但是 2008 年 OECD 范本及其注释大规模地修订了 OECD 范本第 24 条注释,[47] 其中明确阐明了:"第 24 条无意图为外国国民、非居民、其他国家的企业或者由非居民拥有或控制的国内企业,提供一种比本国国民、居民或者由居民拥有或控制的国内企业更好的税收待遇。"[48]

第三,《三角情形》报告之所以建议 PE 国抵免的范围"以 S 国依照 R－S协定实际征收的预提税为基础,但却要以 PE－S 协定对该笔所得规定的预提税税率为限",一方面是防止常设机构获得比 PE 国居民在相同情况下更为优惠的"超居民税收待遇",从而滋生税收套利行为;另一方面这样的规定也容易被大多数国家接受,是各国谈判妥协后的折中方案。

第四,"OECD 方法"没有明确写进第 24 条第 3 款确实是"OECD 方法"的遗憾之处,但试图采纳"OECD 方法"的国家可以在谈签新的或修订现有的税收协定时参照此方法。

---

[46] 依照 OECD 范本第23A 条第2 款,即使是实行免税法的国家,其对居民取得的来自境外的股息或利息也可以实行抵免。缔约国一方居民取得的各项所得,按照第 10 条和第 11 条的规定可以在缔约国另一方征税时,首先提及的国家应允许从该居民的所得纳税额中扣除相当于在缔约国另一方所缴纳税款的金额。但该项扣除不应超过扣除前对来自缔约国另一方的该项所得计算的税额。

[47] Silke Bruns, *Taxation and Non－Discrimination: Clarification and Reconsideration by the OECD*, European Taxation 9, 2008, pp. 484－492.

[48] OECD Model Tax Convention on Income and on Capital, 2010, Commentary on Article 24, para. 3.

此外,《三角情形》报告已经认识到典型三角情形在特定条件下有可能鼓励滥用税收协定,只是没有提出具体的应对措施。本书接下来在认可"OECD 方法"的基础上,对近年来一些国家反对滥用典型三角情形下税收协定的措施进行梳理。

三、旨在防止滥用典型三角情形下税收协定的方法

一些国家之所以强烈反对 PE 国适用 PE－S 协定消除重复征税的一个重要原因是担心这样做会鼓励税收套利行为。例如,这样会鼓励本国企业将常设机构设立在境外那些实行免税法的国家,从而获得最为有利的税收待遇。[49] 但本书认为,解决典型三角情形下的重复征税问题不能投鼠忌器,因噎废食。我们一方面在寻找消除典型三角情形下重复征税的方法,另一方面也应该对滥用典型三角情形下税收协定的行为进行规制。鉴于本书是以解决三角情形下的重复征税问题为主线,以滥用税收协定问题为补充,因此仅就缔约实践中一些防止滥用典型三角情形下税收协定的方法做简要的分析。

(一)S 国适用针对第三方常设机构的反滥用协定规则

虽然 OECD 范本和 UN 范本尚没有发布一项典型三角情形下滥用税收协定的应对规则,但是 20 世纪 90 年代开始,一些国家间缔结的税收协定已经开始探索相应的解决方案。在充分吸收国家实践经验和"BEPS 行动计划"第 6 项报告第 52 段建议的基础上,《BEPS 多边公约》第 10 条亦引入了"针对位于第三方管辖区的常设机构的反滥用规定"。

1.《美国－荷兰协定议定书》和《英国－德国协定议定书》

1992 年 12 月 18 日,美国与荷兰重新缔结了新的税收协定(以下简称美国－荷兰协定),[50] 并于 1993 年 10 月 13 日签署了新税收协定的议定

---

〔49〕 OECD Committee on Fiscal Affairs, "*Triangular cases*" *in Model Tax Convention: Four Related Studies*, OECD, 1992, para. 39.

〔50〕 Convention Between the United States of America and the Kingdom of the Netherlands for the Avoidance of Double Taxation and the Prevention of Fiscal Evasion with Respect to Taxes on Income, which was concluded on 18 Dec. 1992 and entry into force on 31 Dec. 1993.

书（以下简称《美国－荷兰协定议定书》）。[51]《美国－荷兰协定议定书》第1条和第2条分别针对1992年美国－荷兰协定中的利息和特许权使用费条款在典型三角情形下的适用提出了新的规则。仅以利息为例，《美国－荷兰协定议定书》第1条规定在本协定第12条（利息）加入第8款内容：

8. 虽有第1款规定，[52]发生于缔约国一方并由缔约国另一方企业受益所有的利息，如果该利息归属于缔约国另一方企业设在第三方的常设机构，那么在下列两种情况下，该利息可以在首先提及的缔约国一方征税，但该缔约国一方所征税款不应超过利息总额的15%：

（1）1998年1月1日之前发生于缔约国一方并由缔约国另一方企业受益所有的利息，如果可归属于常设机构的利润在缔约国另一方和常设机构所在的第三方所负担的综合税率（aggregate rate of tax）低于缔约国另一方所适用的普通公司税率（general rate of company tax）的50%；或者，

（2）1998年1月1日之后发生于缔约国一方并由缔约国另一方企业受益所有的利息，如果可归属于常设机构的利润在缔约国另一方和常设机构所在的第三方所负担的综合税率低于缔约国另一方所适用的普通公司税率的60%（作者注：协定利息条款的例外条件）；

然而，如果利息的取得与由常设机构在第三方税收管辖区内进行营业或积极的贸易活动有联系或依附于这样的活动，那么本款不应当适用。为个人账户开展投资、管理投资或简单的控制投资活动除外，除非这些活动是由银行或注册证券商所从事的银行或证券活动（作者注：例外的例外条件）。[53]

---

[51] Protocol Amending the Convention Between the United States of America and the Kingdom of the Netherlands for the Avoidance of Double Taxation and the Prevention of Fiscal Evasion with Respect to Taxes on Income, which was concluded on 13 Oct. 1993 and entry into force on 31 Dec. 1993.

[52] 1992年《美国－荷兰新税收协定》第12条第1款规定："发生于缔约国一方并由缔约国另一方居民受益所有的利息，应仅在该缔约国另一方征税。"

[53] 1993年《美国－荷兰协定议定书》第2条对协定第13条特许权使用费的修订与上述条款基本一致，仅是"例外的例外条件"有所不同，即"然而，如果收取的特许权使用费是为使用或有权使用常设机构自身研制或开发（produced or developed）的无形资产所支付的对价，那么本款不应当适用"。

1993年《美国－荷兰协定议定书》的这两条（第1条和第2条）内容实际上是为缔约国（美国）不履行美国－荷兰协定中的利息和特许权使用费条款的限制预提税义务提供了合法的例外。在三个条件同时满足时，这项例外便可以适用：

其一，居民国（R国）一方企业在第三方（PE国）设有常设机构；

其二，发生于来源国（S国）的利息或特许权使用费归属于该企业设在第三方的常设机构；

其三，该笔利息或特许权使用费在居民国和第三方实际承担的所得税率[（R国征税总额＋PE国征税总额）/所得额]低于居民国公司法定所得税率的50%或60%。

实际上，《美国－荷兰协定议定书》第1条和第2条主要针对的是这样一种税收套利行为。例如，荷兰的居民公司X在避税地（比如荷属安的列斯群岛）设立常设机构，并通过该常设机构向美国居民提供贷款或无形资产的使用许可，美国居民因此支付给X公司的利息或特许权使用费被荷兰税务机关认定为可归属于X公司位于荷属安的列斯群岛的常设机构。在这样的安排下，上述款项在荷兰－美国税收协定（利息或特许权使用费）和荷兰－荷属安的列斯群岛税收安排（营业利润）下的定性产生了差异，而两个税收协定（安排）同时适用的结果是该笔所得可能在三个国家（或地区）均不缴纳所得税。首先，鉴于荷兰国内法对本国居民来源于境外的营业利润一般采用免税法，因此荷兰对该笔所得不征税。其次，依据1994年《美国－荷兰税收协定》，美国对支付给X公司的利息或特许权使用费不征所得税。[54] 最后，荷属安的列斯群岛虽然征收公司所得税，但对利息或特许权使用费这类金融活动所得在一定条件下提供免税待遇。这类利用第三方常设机构套取税收协定利益的行为通常有两个前提条件：其一，居民国（如荷兰）和所得来源国（如美国）国内法对营业利润采用不同的方法消除重复征税（通常是免税法或抵免法）；其二，同一笔所得在居民国分别与来源国和常设机构所在国签订的两个税收协定上的定性不同（通常在前者是消极所得，在后者是营业利润）。

---

〔54〕 1994年《美国－荷兰税收协定》第12条（利息）和第13条（特许权使用费）。

如果 X 公司直接向美国居民提供贷款或无形资产的许可使用，那么依据美国－荷兰协定第 12 条第 1 款和第 13 条第 1 款，该利息和特许权使用费均由荷兰独占征税，而当时荷兰的公司税税率一般为 35%（美国的公司税税率为 30%）。[55]

美国对这一现象不能容忍，因为这违反了美国国内法对税收协定利益限制条款（limitation on treaty benefits）的规定，即任何人的任何所得均不能通过美国对外缔结的税收协定享受明显低于（significantly lower）协定另一缔约国居民来自该另一缔约国境内的相同性质的所得在该缔约国法律下所应负担的税收。[56] 荷兰的居民公司利用设在避税地的常设机构取得来自美国的利息和特许权使用费，依照 1992 年美国－荷兰税收协定在美国享受免税待遇，在常设机构所在地缴纳极低的甚至零所得税，而在荷兰由于其从消极所得转变为了常设机构的营业利润而同样得到免税。该荷兰居民公司通过美国－荷兰税收协定所享受的优惠明显低于荷兰居民公司在荷兰境内从事同样的经营活动取得来自其境内或直接来自美国的利息或特许权使用费所应缴纳的 35% 的所得税税负。因此，美国要求在《美国－荷兰协定议定书》中加入上述条款，从而防止荷兰居民滥用该协定。

也许有人认为，鉴于税收协定结构上的互惠性（reciprocal），《美国－荷兰协定议定书》第 1 条和第 2 条同样也可以对美国居民来源于荷兰的利息和特许权使用费适用。但实际上，由于美国对本国居民来源于境外的所得实行抵免法，所以美国居民如果利用同样的经营模式向荷兰居民提供贷款或许可无形资产的使用，并无法获得同样的低税待遇。因此，本款规定对美国居民而言形同虚设。它是美国针对免税法国家提出的，且仅由美国单方面受益的反滥用税收协定的措施；也是美国国内法直接影响其税收协定的典型例证。[57]

---

〔55〕 Philip H. , *Spector. Triangular Problem, Settled in US – Netherlands Treaty Protocol*, BULLETIN 12, 1993, p. 698.

〔56〕 Section 894(c), Internal Revenue Code(IRC), 1994.

〔57〕 对《美国－荷兰协定议定书》第 1 条和第 2 条的述评可参见 Yves Bonnard, *The "Triangular Case" in the New U. S. – Netherlands Tax Treaty: Mechanisms and Tax Planning*, Denver Journal of International Law and Policy fall, 1994, p. 7。

无独有偶,2010 年 3 月 30 日,英国与德国重新签署了税收协定(以下简称英国 - 德国协定)〔58〕及其议定书(以下简称《英国 - 德国协定议定书》)〔59〕。鉴于英国对其居民来自境外的所得实行抵免法,而德国一般实行免税法,因此上述利用典型三角情形滥用税收协定的行为在英国 - 德国协定下同样存在。因此《英国 - 德国协定议定书》第 3 条针对英国 - 德国协定中的股息、利息和特许权使用费条款采纳了与美国 - 荷兰协定议定书第 1 条和第 2 条基本一致的内容。〔60〕

细微的差别之处仅在于:其一,《英国 - 德国协定议定书》的该款除适用于利息和特许权使用费之外,还适用于股息条款;其二,《英国 - 德国协定议定书》明确规定该款是针对德国企业来源于英国但归属于其设在第三方常设机构的消极所得,而没有使用缔约国一方和缔约国另一方这样形式上的互惠用语;其三,《英国 - 德国协定议定书》该款所选择的滥用税收协定的参照标准是该德国企业未在第三方设有常设机构的情况下对同样所得应向德国缴纳税收的 60%,而后将典型三角情形下该所得在德国

---

〔58〕 Convention between the United Kingdom of Great Britain and Northern Ireland and the Federal Republic of Germany for the Avoidance of Double Taxation and the Prevention of Fiscal Evasion with respect to Taxes on Income and on Capital, which was signed on 30th March 2010 in London and entry into force on 30. Dec. 2010.

〔59〕 Protocol to the Convention between the United Kingdom of Great Britain and Northern Ireland and the Federal Republic of Germany for the Avoidance of Double Taxation and the Prevention of Fiscal Evasion with respect to Taxes on Income and on Capital, which was signed on 30th March 2010 in London and entry into force on 30. Dec. 2010, http://www.hmrc.gov.uk/taxtreaties/in - force/germany.pdf.

〔60〕 2010 年《英国 - 德国协定议定书》第 3 条规定:德国企业取得的来自于英国的股息、利息和特许权使用费所得,并且该所得归属于该德国企业设在第三方税收管辖区的常设机构,那么如果该所得在德国和常设机构所在的第三方实际纳税总额(combined tax)低于该德国企业未在第三方设有常设机构的情况下对同样所得应向德国缴纳税收的 60%(作者注:例外条件),则本协定对该所得本应适用的其他税收优惠条款则不再适用。但该所得依照本款(在英国)所应当缴纳的(预提税)税款不应超过所得总额的 15%(虽有本款规定,本款适用的所得必须符合英国国内法的相关规定)。

然而,在下列情况下本款不应适用:(1)收取的特许权使用费是为使用或有权使用常设机构自身研制或开发(produced or developed)的无形资产所支付的对价;(2)该笔来自英国的所得与常设机构在第三方税收管辖区内进行营业或积极的贸易活动有联系或依附于这样的活动(为个人账户开展投资、管理投资或简单的控制投资活动除外,除非这些活动是由银行或注册证券商所从事的银行或证券活动)。

和第三方负担的税收总额与上述参照标准作比较。[61] 事实上，由于英国对德国居民来源于其境内的股息、利息和特许权使用费一般均免税（由居民国独占征税），这一参照标准与上述 1993 年《美国 – 荷兰协定议定书》中选择的居民国（荷兰）相应的公司税率为参照标准并没有本质差别。本书认为，《英国 – 德国协定议定书》第 3 条与《美国 – 荷兰协定议定书》第 1 条和第 2 条实际上如出一辙。它们均是从 S 国适用协定的角度来防止典型三角情形下滥用税收协定的行为。

2.《2016 美国范本》和《BEPS 多边公约》

2016 年 2 月 17 日，美国财政部发布了新修订的《美国所得税协定范本》（以下简称《2016 美国范本》）。[62] 这是继 1981 年第一个美国范本发布以来，美国财政部对美国范本的第三次修订（前两次修订分别在 1996 年和 2006 年）。作为美国与其他国家（或地区）谈签税收协定的模版，美国范本不仅影响着美国未来将要缔结的新税收协定，也影响着美国对目前已缔结（68 个）税收协定的修订和解释。[63]

针对利用第三方常设机构侵蚀美国税基的行为，《2016 美国范本》对现有美国税收协定的第三方常设机构反滥用协定规则略做修订，[64] 将其纳入第 1 条第 8 款。《2016 美国范本》新增第 1 条第 8 款规定，若缔约国一方（居民国）企业有来自缔约国另一方（来源国）的所得，且缔约国一方将所得认定为可归属于该企业位于第三方的常设机构，那么若该所得在缔约国一方和第三方合并负担的有效税率较低，[65] 则缔约国另一方可以拒绝给予该缔约国一方企业主张的本协定利益。但是，缔约国任何一方

[61] Friedhelm Jacob, Steve Edge & Max Mittasch, *The Germany – United Kingdom Income and Capital Tax Treaty (2010) – An Analysis*, Bulletin for International Taxation 8, 2011, p. 427.

[62] 2016 United States Model Income Tax Convention, https://www.treasury.gov/resource-center/tax-policy/treaties/Documents/Treaty-US%20Model-2016.pdf.

[63] 朱晓丹：《〈2016 美国所得税协定范本〉——侧重保护来源国税基》，载《国际税收》2016 年第 8 期。

[64] 相较于美国现有税收协定（如美荷协定）的低税常设机构条款，《2016 美国范本》低税常设机构条款更为严格。例如，没有积极营业的例外，意味着即使所得与常设机构在第三方从事积极的营业活动有联系，也不能排除本条的适用。

[65] 同时低于 15% 和缔约国一方公司税一般法定税率的 60%。或者常设机构所在的第三国与申请给予本协定利益的缔约方之间没有缔结全面性的税收协定，也将被视为符合低税常设机构。

依据本条否定协定利益,不应妨碍另一方依照本协定给予特定所得协定利益。缔约国一方税务机关依据本条给予或否定协定利益的决定,应在与缔约国另一方税务机关协商后作出。

可见,《2016 美国范本》第三方常设机构反滥用协定规则适用的条件是同时满足下列两个条件:

(1)居民国所得税实际征税额 + 常设机构所在地所得税实际征税额 < 居民国对同类所得法定征税额的 60%;

(2)居民国所得税实际征税额 + 常设机构所在地所得税实际征税额 < 实际应税所得 ×15%。

《BEPS 多边公约》第 10 条也引入了"针对位于第三方管辖区的常设机构的反滥用规定",从规则设计上主要借鉴了《2016 美国范本》第 1 条第 8 款的内容,但适用条件略有差别。《BEPS 多边公约》第 10 条第 1 款至第 4 款规定了拒绝给予税收协定待遇的条件,即某个在缔约管辖区一方(R 国)免税的常设机构所在的第三方管辖区(PE 国)对该项所得实际征收的税额低于假设常设机构位于缔约管辖区一方(R 国)的情况下,该缔约管辖区一方对其就该所得征税的 60%。

《BEPS 多边公约》第 10 条规定第三方常设机构反滥用协定规则适用的条件是同时满足下列两个条件:

(1)居民国所得税实际征税额 =0;

(2)常设机构所在地所得税实际征税额 < 居民国对同类所得法定征税额的 60%。

从第三方常设机构的反滥用协定规则的发展来看,从 1993 年《美国 - 荷兰协定议定书》到《2016 美国范本》,再到《BEPS 多边公约》,该项规则适用的条件虽然有所差异,但立法技术一脉相承。相较之下,《BEPS 多边公约》第 10 条适用的范围更窄,只适用于在缔约管辖区一方(R 国)免税的常设机构。此外,《BEPS 多边公约》第 10 条还面临与现行税收协定兼容(第 10 条第 4 款兼容性条款)[66] 和允许缔约方整体不适用第 10 条的问题(第 10 条第 5 款保留)。鉴于为符合最低标准并不要求纳入一

---

〔66〕 有关《BEPS 多边公约》与现行税收协定的兼容性问题研究请参见廖益新:《多边法律工具与双边税收协定》,载《国际税收》2017 年第 6 期。

项针对位于第三方管辖区的常设机构的规定,《BEPS 多边公约》第 10 条第 5 款允许公约缔约方选择整体不适用第 10 条。[67] 例如,中国国际税务总局在 2017 年 6 月 7 日签署《BEPS 多边公约》时向 OECD 提交的通知清单显示我国对《BEPS 多边公约》第 10 条提出了保留。

(二)R 国按照所得归属分别履行协定义务

如前所述,典型三角情形下 R 国将面临 R - PE 协定和 R - S 协定上的双重消除重复征税义务。鉴于 R 国的双重消除重复征税义务极易滋生纳税人滥用税收协定的行为,有些国家并不愿意履行典型三角情形下的双重消除重复征税义务。典型的例子便是荷兰最高法院在 2002 年和 2007 年作出的两个判决。这两个判决均提出荷兰要按照所得归属分别履行协定上的消除重复征税义务。

在前文(参照本节第一目)提到的 2002 年"荷兰特许权使用费案"中,荷兰最高法院最终支持了荷兰税务局的观点,驳回了纳税人的诉讼请求。该法院认为,只有归属于 X 公司位于荷兰境内总部的 10% 特许权使用费有义务在荷兰实际纳税,这部分所得对应缴纳的境外所得税税额才属于 1970 年荷兰 - 日本协定第 24 条抵免义务的范围;其余的 90% 特许权使用费由于归属于 X 公司设在瑞士的常设机构,不应依照 1970 年荷兰 - 日本协定在荷兰纳税,而应当适用 1951 年荷兰 - 瑞士协定在荷兰纳税。

2007 年 5 月 11 日,荷兰最高法院又做出了另一项判决(以下简称

---

〔67〕 OECD 发布,国家税务总局译制:《实施税收协定相关措施以防止税基侵蚀和利润转移的多边公约》的解释性声明(中文译本),第 43 页。

“荷兰利息案”)。[68] 这项判决沿袭了荷兰最高法院在2002年“荷兰特许权使用费案”中适用税收协定的精神。最高法院明确指出,由于来源于巴西和意大利的两笔利息所得全部归属于荷兰公司设在比利时的常设机构,荷兰只有义务履行1970年荷兰与比利时缔结的税收协定(荷兰-比利时协定)对营业利润的免税义务,荷兰没有义务对该笔所得在意大利实际缴纳和在巴西视同缴纳的预提税给予抵免。

从荷兰最高法院上述两个判决可以看出,荷兰按照所得归属来减轻R国的双重消除重复征税义务,即在典型三角情形下,由于所得归属于常设机构,R国仅履行R-PE协定上的消除重复征税义务,从而防止纳税人滥用税收协定。

四、典型三角情形的补充——Sub-PE三角情形

作为典型三角情形的补充,还有一种涉及Sub-PE的三角情形。这种三角情形发生的背景与典型三角情形十分相似。它是指:R国居民X公司通过其设在PE^1国和PE^2国的常设机构进行营业活动;并且PE^2国的常设机构在功能上从属于PE^1国的常设机构。我们常常将位于PE^1国的

---

〔68〕 2007年“荷兰利息案”的基本事实如下:荷兰居民X公司在比利时设有常设机构,并且通过该常设机构持有对巴西和意大利两家公司的债权。1996年,X公司基于上述债权取得了来自巴西和意大利两家公司支付的利息,而这两笔利息依照1970年荷兰-比利时协定均系可归属于缔约国另一方(比利时)常设机构的利润。巴西作为其中一笔利息的来源地国依照国内法应当对非居民X公司的利息所得征收预提税,但是1990年巴西-荷兰税收协定不允许巴西对利息征收预提税,从而限制了巴西国内法上的征税权。但是,巴西在协定预提税上的让步并不是无条件的,协定同时要求荷兰在消除重复征税时按照假定X公司已在巴西就利息全额缴纳了20%的预提所得税来履行税收饶让抵免(tax sparing credit)义务。而意大利作为另一笔利息所得的来源地,同样按照国内法和1990年意大利-荷兰税收协定对利息全额征收了10%的预提税。

本案的争议焦点是:荷兰居民X公司在其常设机构利润已经享受荷兰-比利时协定(R-PE协定)上相应的免税待遇之后,是否还有权就其在意大利实际缴纳和在巴西视同缴纳的预提税享受荷兰-意大利协定和荷兰-巴西协定(R-S协定)上相应的抵免待遇。See Netherlands - Case Number: 42.385, Undisclosed Taxpayer Company v. NL Tax Authorities, Hoge Raad(Supreme Court), published in BNB 2007/230, English Version “Netherlands - Case 42.385, 11 May 2007 (Summary)”, IBFD Database, July 19, 2013。本案英文述评亦可参见 Frank P. G. Pötgens, *The Netherlands Supreme Court Again Excludes Credit of Withholding Tax in a Triangular Case*, European Taxation 4, 2008, pp. 210-215.

常设机构称为“母常设机构”(head – permanent establishment),而将位于 PE² 国的常设机构称为“子常设机构”(sub – permanent establishment)(如图 3 – 5 所示)。

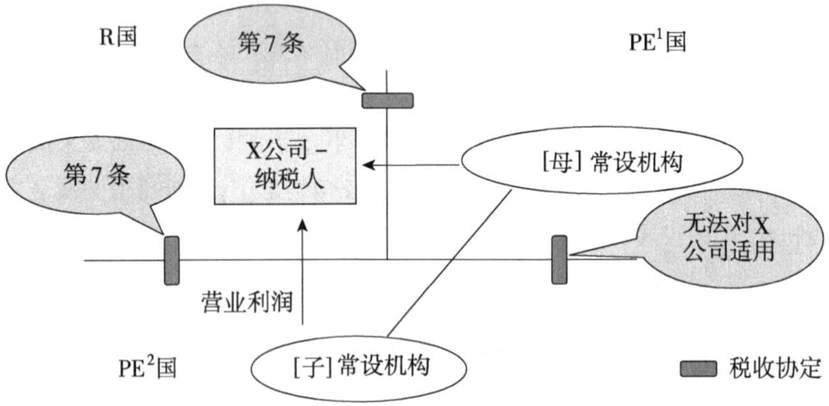

图 3 – 5　Sub – PE 三角情形

Sub – PE 三角情形在实践中比较常见的例子是,R 国居民(合伙人)在 PE¹ 国设立了合伙企业,该合伙企业承揽了一项位于 PE² 国的建筑工程,此工程预计 13 个月完工。PE¹ 国国内法将合伙企业视为“税收虚体”,因此该合伙企业不构成 PE¹ 国缔结的税收协定上的居民,而可能构成 PE¹ 国缔结的税收协定上的常设机构。PE² 国的建筑工程由于持续时间超过 12 个月,同样构成了 PE² 国缔结的税收协定上的常设机构。

2003 年(7 月 6 日至 10 日),在奥地利鲁斯特举办的第三届国际税法夏季会议上,这种“Sub – PE 三角情形”曾作为热点话题之一。[69] 有学者指出,Sub – PE 三角情形与典型三角情形的唯一区别在于:R 国在前者的双重消除重复征税义务仅源自 R – PE¹ 协定和 R – PE² 协定的第 7 条和第 23 条;而 R 国在后者的双重消除重复征税义务更为复杂,其源自 R – PE 协定第 7 条和第 23 条以及 R – S 协定的第 10 条、第 11 条、第 12 条和第

〔69〕 *Triangular Situation*: *Partnership with Sub – Permanent Establishment in Third Countries*, in SWI, Wien, Linde, pp. 14 – 16(2004). [SWI = Steuer und Wirtschaft International (Tax and Business Review; periodical, Austria)]

23 条。[70] 本书在一定程度上认可这样的观点，因此上述典型三角情形关于 R 国和 PE 国的适用税收协定的方法同样可以适用于 Sub - PE 三角情形中的 R 国和两个 PE 国。但是除此之外，本书认为 Sub - PE 三角情形还存在一些有别于典型三角情形的特殊问题。

其一，母、子常设机构的概念。实际上 OECD 范本及其注释并没有“子”常设机构的概念，更没有区分母、子常设机构。我们所谓的子常设机构是指某些常设机构在功能上或经济上从属于同一总机构的另一常设机构的情况。但实际上母、子常设机构的法律地位在 OECD 范本中并没有什么不同。[71] 只是近年来，OECD 倾向于对归属于常设机构的利润采用独立企业与公平交易原则，[72] 即将常设机构与总机构之间以及同属于同一企业的两个常设机构之间的内部交易视为两个独立企业之间的独立交易，类推适用关联企业之间的公平交易原则来确定常设机构的利润归属。这才将属于同一企业的两个常设机构在功能或经济上的差异性问题推到了聚光灯下。

其二，依据哪个协定确定“子”常设机构。既然 OECD 范本及其注释中并没有母、子常设机构的概念，仅有常设机构的概念，那么认定“子”常设机构究竟是应当依据 R - PE^2 协定还是应当依据 PE^1 - PE^2 协定呢？从合理性上来看，鉴于“子”常设机构在功能上从属于“母”常设机构，那么似乎应当按照 PE^1 - PE^2 协定来认定“子”常设机构是否存在。但是，从合法性上来看，由于常设机构并非税收协定上的居民，PE^1 - PE^2 协定并不能对常设机构适用，也无法对非协定居民 X 公司适用，因此适用 R - PE^2 协定认定“子”常设机构是否存在更符合税收协定的文义。

五、中国在典型三角情形下如何适用税收协定

中国税收协定大多参照了 OECD 范本，但是除 OECD 范本之外，中

---

〔70〕 Singyuan Yong, *Triangular Treaty Cases: Putting Permanent Establishments in Their Proper Place*, Bulletin for International Taxation 3, 2010, pp. 154 - 155.

〔71〕 Alexander Stieglitz, *The Sub - Permanent Establishment in a Third State*, chaptered in Franz Philipp Sutter & Ulf Zehetner, ed., Triangular Tax Cases, Vienna, Linde, 2004, p. 125.

〔72〕 E. g. OECD, 2010 Report on the Attribution of Profits to Permanent Establishment, http://www.oecd.org/ctp/transferpricing/45689524.pdf.

国税收协定的一些条款也参照了 UN 范本(比如“特许权使用费”和“其他所得”),并且也有一些不同于两范本的条款存在。因此,本书需要在我国国内法和税收协定的框架下来验证,上述的何种方法适合我国。

(一)我国应如何适用税收协定消除重复征税

我国居民企业需就来源于境内外的全部所得依《企业所得税法》履行纳税义务,其境外所得的类型与境内所得的类型基本一致。在计征时,《企业所得税法》采纳的是境内外所得汇总缴纳、再限额抵免的方法。换言之,我国《企业所得税法》上的单边消除重复征税措施采纳的是抵免法。[73] 为了与我国国内法保持一致,中国税收协定的消除重复征税条款也均采纳了 OECD 范本第 23B 条所建议的抵免法的规定。那么,采用抵免法的中国在典型三角情形下应当如何适用税收协定消除重复征税呢?鉴于前文已提到,解决典型三角情形下重复征税难题的关键在于 PE 国而非 R 国,因此本书在此仅着重分析我国作为 PE 国时的抵免义务。

1. 中国作为 PE 国应当给予的抵免限额

当中国作为典型三角情形下的 PE 国时,一方面,我国国内法规定了作为 PE 国的单边消除重复征税措施。我国《企业所得税法》第 23 条和《关于企业境外所得税收抵免有关问题的通知》(财税〔2009〕125 号,以下简称《抵免通知》)第 3 条第 3 款规定,允许在中国境内设立机构、场所的非居民企业来源于境外的所得比照居民企业同样进行抵免。另一方面,我国与新加坡以及大多数国家签订的税收协定(PE – R 协定)均采纳了两范本第 24 条第 3 款的规定,即非居民企业(缔约国一方企业)设在中国的常设机构的税收负担,不应高于在中国进行同样活动的中国居民企业的税收负担。因此,无论从我国国内法还是税收协定的角度,我国作为 PE 国时给予非居民企业通过境内常设机构取得的来源于第三国(S 国)

---

〔73〕 我国《企业所得税法》第 23 条规定:“企业取得的下列所得已在境外缴纳的所得税税额,可以从其当期应纳税额中抵免,抵免限额为该项所得依照本法规定计算的应纳税额;超过抵免限额的部分,可以在以后五个年度内,用每年度抵免限额抵免当年应抵税额后的余额进行抵补:(一)居民企业来源于中国境外的应税所得;(二)非居民企业在中国境内设立机构、场所,取得发生在中国境外但与该机构、场所有实际联系的应税所得。”

的消极所得抵免救济都是无可争议的。但是,值得讨论的是我国作为 PE 国时应该在多大程度上给予上述抵免?

2010 年《中新协定解释》[74]第 23 条第 2 款对 2007 年中国与新加坡缔结的税收协定(以下简称中国－新加坡协定)第 24 条第 3 款做了明确的解释:中国对非居民企业设在本国的常设机构征税不应比本国进行同样活动的企业更重,这样的同等待遇主要体现在税率、费用扣除、计提折旧、亏损结转、财产收益以及税收抵免等方面。由此可以看出,中国作为 PE 国履行税收协定和国内税法上抵免义务的关键,在于要保证非居民企业在抵免时享受不低于居民企业在本国从事同样活动所享受的抵免待遇。

本书认为:"保证非居民企业在抵免时享受不低于居民企业在本国(中国)从事同样活动所享受的抵免待遇"可以采纳《三角情形》报告中建议的抵免范围来具体执行。按照《三角情形》报告的建议,当 R－S 协定和 PE－S 协定的预提税税率不同时,PE 国应当仅抵免较低预提税税率所对应缴纳的那部分 S 国预提税(参见本章第一节第二目)。换言之,当 R－S 协定和 PE－S 协定的消极所得预提税税率不同时,X 公司在 S 国依照 R－S 协定实际缴纳的消极所得预提税中只有符合两协定中较低税率部分的税额可以得到 PE 国的抵免。

2."仅抵免较低预提税税率所对应缴纳的 S 国预提税"具有合法性

虽然《三角情形》报告建议的这种方法已被两范本注释采纳,[75]并且这种方法也最大限度地协调了 PE 国必须承担 R－PE 协定中无差别待遇义务与 PE 国就此义务无法依照 R－PE 协定从 S 国得到互惠的税收补偿之间的矛盾,但是这种方法显然也可能造成 PE 国的非居民企业通过其

---

[74] 《〈中华人民共和国政府和新加坡共和国政府关于对所得避免双重征税和防止偷漏税的协定〉及议定书条文解释》(国税发〔2010〕75 号文)。该文同时规定,我国对外所签协定有关条款规定与中新协定条款规定内容一致的,中新协定条文解释规定同样适用其他协定相同条款的解释及执行。

[75] OECD Model Tax Convention on Income and on Capital, 1992, Commentary on Article 24(3), paras. 51－54; United Nations Model Double Taxation Convention between Developed and Developing Countries, 2001, Commentary on Article 24(3), paras. 51－54. 这四段注释的编码在 2010 年 OECD 范本和 2011 年 UN 范本第 24 条注释中均修改为了第 69 段至第 72 段,但内容未变动。

境内常设机构所取得的来源于S国的消极所得与PE国居民企业在其本国从事相同活动取得的来源于S国的利息所得在PE国进行抵免时的差别待遇。当中国作为PE国抵免时,这种差别待遇是否违反我国税收协定和国内法上抵免义务的规定呢?两范本及其注释均并没有给出答案。而本书认为此方法并不违反我国税收协定和国内法上的抵免义务,以下仅以消极所得中的利息所得为例说明这一观点,股息和特许权使用费同理可证。

(1)当PE-S协定利息预提税税率低于R-S协定利息预提税税率时,按照两范本注释建议的方法,中国作为PE国对非居民企业(X公司)来源于S国的利息进行抵免时仅能适用较低的PE-S协定利息预提税税率计算可抵免的境外所得税税额。这使得非居民企业来源于S国的利息所得与在中国从事相同活动的居民企业在计算可抵免境外所得税税额时能够适用相同的协定税率,因此符合我国税收协定和国内法上有关抵免义务的无差别待遇之规定。但是,X公司按照较高的R-S协定利息预提税税率在S国已经实际缴纳的税额却不能全部作为我国(PE国)的可抵免境外所得税税额。这是否与我国国内法中“已在境外缴纳的所得税税额”可以给予抵免的规定不符呢?〔76〕

本书认为,《抵免通知》第4条从量化角度解释了“已在境外缴纳的所得税税额”,即可抵免境外所得税税额不包括按照税收协定规定不应征收的境外所得税税款。S国对X公司实际征收的利息预提税是依照R-S协定征收,而不是依照PE-S协定征收。作为PE国的中国仅是PE-S协定的缔约国,并不是R-S协定的缔约国。因此,对于超过中国与S国间协定义务的税负属于按照该协定不应征收的境外所得税,中国对此不给予抵免并不违反国内法中“已在境外缴纳的所得税税额”可以给予抵免的规定。

(2)当PE-S协定利息预提税税率高于R-S协定利息预提税税率

〔76〕 我国《企业所得税法》第23条规定,居民企业来源于中国境外的应税所得已在境外缴纳的所得税税额,可以从其当期应纳税额中抵免。《企业所得税法实施条例》第77条规定,企业所得税法第23条所称已在境外缴纳的所得税税额,是指企业来源于中国境外的所得依照中国境外税收法律以及相关规定应当缴纳并已经实际缴纳的企业所得税性质的税款。

时，按照两范本注释建议的方法，中国作为 PE 国对非居民企业（X 公司）来源于 S 国的利息进行抵免时适用较低的 R－S 协定利息预提税税率计算可抵免的境外所得税税额。但是，这事实上却造成了中国对非居民企业与从事同样活动的居民企业在计算“已在境外缴纳的所得税税额”时，对前者适用 R－S 协定税率，而对后者适用 PE－S 协定税率的差别待遇。这种事实上的差别待遇是否违背我国税收协定（R－PE 协定）第 24 条第 3 款，即非居民企业（X 公司）在中国常设机构的税收负担不应高于中国对本国进行同样活动的居民企业之规定呢？

本书认为：其一，这种所谓的差别待遇是两个税收协定（PE－S 协定和 R－S 协定）利息预提税税率不同导致的，并不是作为 PE 国的中国国内法的适用导致的；其二，如果教条地追求 R－PE 协定上的无差别待遇，而将 S 国本没有实际征收的税额也计算在中国的抵免范围中，无疑是单方面牺牲中国的税收主权。这既违背税收协定合理分配国家间征税权的宗旨，也难以为包括中国在内的大部分国家所接受。况且本书认为这种实践中的差别待遇会随着 R 国消除双重征税义务的履行而适当转嫁给 R 国，三国共同解决典型三角情形下的重复征税才是切实可行的合理方法。

3. 中国作为 S 国应当如何适用税收协定

鉴于“授予常设机构享受协定待遇的资格”的建议目前只在理论探讨层面，OECD 范本及其注释以及大多数国家的缔约实践并不赞同这一观点，因此一般来说 S 国没有法律义务适用 S－PE 协定对典型三角情形下的消极所得征税。本书认为中国作为 S 国，若无协定特别规定，[77] 应当严格按照 S－R 协定对来源于其境内的消极所得征税。这既符合税收协定适用的基本规则，也符合《三角情形》报告所建议的 PE 国的抵免范围，即以 S 国依照 R－S 协定实际征收的预提税为基础，但却要以PE－S协定对该笔所得规定的预提税税率为限。

此外，我国国内相关规则也认同了典型三角情形下 S 国应当适用 S－R 协定的利息条款。比如，2007 年国家税务总局发布的《关于中墨两

[77] 特别规定如 1991 年中国与巴西缔结的税收协定第 11 条第 8 款规定：“发生于缔约国一方而支付给位于第三国的缔约国另一方企业的常设机构的利息，不应适用第二款所规定的限制税率。”

国政府税收协定及其议定书若干条文解释的通知》(以下简称《中墨协定解释》)第3条第1款第二句规定:如果利息支付给第三国居民设在墨西哥的常设机构或固定基地,则应适用中国与该第三国之间的税收协定,不适用于中墨税收协定。《中新协定解释》也有类似规定。《中新协定解释》第4条第1款第4.2项规定,新加坡居民企业设在第三国的常设机构是该居民企业的组成部分,与该居民企业属同一法律实体,不属于第三国居民,其从中国取得的所得适用本协定(中新税收协定)的规定。再如,国家税务总局在2010年发布的《关于境外分行取得来源于境内利息所得扣缴企业所得税问题的通知》[78](以下简称《境外银行通知》)第1条规定,税收协定(如R-S协定)列名的免税外国金融机构设在第三国(如PE国)的非法人分支机构与其总机构属于同一法人,除税收协定中明确规定只有列名金融机构的总机构可以享受免税待遇情况外,该分支机构取得的利息可以享受中国与其总机构所在国签订的税收协定(如R-S协定)中规定的免税待遇。

(二)我国应如何适用税收协定防止国际逃避税

本书认为,在典型三角情形下,中国税收协定的利息条款可能滋生税收套利行为。

按照中国国内法的相关规定,非居民企业来源于中国境内的利息所得,按照所得毛额征收10%的企业所得说。[79] 中国对外签署的107个税收协定中有18个协定利息条款的限制税率低于10%,且大陆与台湾地区签署的税收协议利息条款的限制税率为7%(见表3-2)。这些明显低于中国国内法利息所得税税率的税收协定,为纳税人滥用税收协定提供了制度上的可能性。

---

[78] 国家税务总局《关于境外分行取得来源于境内利息所得扣缴企业所得税问题的通知》(国税函〔2010〕266号)。

[79] 参见我国《企业所得税法实施条例》第91条第1款。

表 3－2　中国税收协定利息条款税率低于 10%的情况

序号	缔约方	签订年份	条款依据	利息限制税率
1	罗马尼亚	2016	第 11 条第 2 款	3%
2	科威特	1989	第 11 条第 2 款	5%
3	俄罗斯	2014	第 11 条第 2 款	5%
4	阿联酋	1993	第 11 条第 2 款	7%
5	阿尔及利亚	2006	第 11 条第 2 款	7%
6	埃塞俄比亚	2009	第 11 条第 2 款	7%
7	牙买加	1996	第 11 条第 2 款	7.5%
8	尼日利亚	2002	第 11 条第 2 款	7.5%
9	捷克	2009	第 11 条第 2 款	7.5%
10	博茨瓦纳	2012	第 11 条第 2 款	7.5%
11	津巴布韦	2015	第 11 条第 2 款	7.5%
12	古巴	2001	第 11 条第 2 款	7.5%
13	塔吉克斯坦	2008	第 11 条第 2 款	8%
14	以色列	1995	第 11 条第 2 款	(1)对银行或金融机构取得的利息，为利息总额的 7%；(2)在所有其他情况下，为利息总额的 10%
15	老挝	1999	第 11 条第 2 款	(1)在老挝：利息总额的 5%；(2)在中国：利息总额的 10%
16	委内瑞拉	2001	第 11 条第 2 款	(1)如果是银行机构，不应超过利息总额的 5%；(2)其他情况下，不应超过利息总额的 10%
17	新加坡	2007	第 11 条第 2 款	(1)在该项利息是由银行或金融机构取得的情况下，不应超过利息总额的 7%；(2)在其他情况下，不应超过利息总额的 10%

续表

序号	缔约方	签订年份	条款依据	利息限制税率
18	智利	2015	第11条第2款	(1)不应超过因银行、保险公司和其他金融机构提供的贷款而取得的利息总额的4%。“其他金融机构”一语是指其他主要通过在金融市场进行债务融资或吸收有息存款,利用这些资金提供金融业务来获取利润的企业; (2)在其他情况下,不应超过利息总额的10%

与两范本利息条款不同的是,中国对外缔结的大部分税收协定,内地与香港特区、澳门特区签署的税收安排和大陆与台湾地区签署的税收协议的利息条款均在两范本第11条第2款之后增加了一款例外,即“虽有第二款的规定,发生在缔约国一方而为缔约国另一方政府、行政区、地方当局、中央银行或者完全为其政府所有的金融机构取得的利息;或者为该缔约国另一方居民取得的利息,其债权是由该缔约国另一方政府、行政区、地方当局、中央银行或者完全为其政府所有的金融机构间接提供资金的,应在该缔约国一方免税”。[80] 本书将其称为“利息来源国免税条款”。这款主要适用于利息的受益所有人系缔约国政府、行政区、地方当局、中央银行或者完全为其政府所有的金融机构。[81] 此外,《境外银行通知》规定了我国税收协定列名的免税外国金融机构设在第三国的非法人分支机构与其总机构属于同一法人,除税收协定中明确规定只有列名金融机构的总机构可以享受免税待遇情况外,该分支机构取得的利息可以享受中

〔80〕 在中国对外缔结的107个税收协定中,仅有7个协定的利息条款没有该款例外,它们是中国分别与澳大利亚(1988年)、南斯拉夫(1988年,目前仅适用于波黑)、塞浦路斯(1990年)、西班牙(1990年)、斯洛文尼亚(1995年)、以色列(1995年)、智利(2015年)缔结的税收协定。

〔81〕 在中国,这通常是指:“1.中华人民共和国政府和任何地方当局;2.国家开发银行;3.中国农业发展银行;4.中国进出口银行;5.全国社会保障基金理事会;6.中国出口信用保险公司;以及7.缔约国双方主管当局随时可同意的,由中国政府完全拥有的任何机构。”参见2007年中国－新加坡协定第11条第3款。

国与其总机构所在国签订的税收协定中规定的免税待遇。

因此,我国税收协定上的"利息来源国免税条款"极容易被某外国(通常是实行免税法的国家)政府拥有的金融机构利用,其可以在低税地设立常设机构,用以取得来源于中国的利息所得。这种税收套利安排类似于上述《美国－荷兰协定议定书》中美国所关注的利用典型三角情形的税收套利行为。中国应如何应对这种利用典型三角情形的税收套利行为呢？本书认为,其一,中国税收协定可以引入"第三方常设机构的反滥用协定规则";其二,中国作为R国可以借鉴荷兰经验,以利润归属来协调典型三角情形下R国的双重消除重复征税义务。

1. 在税收协定中引入"第三方常设机构的反滥用协定规则"

针对典型三角情形下滥用税收协定的行为,中国税收协定(安排或协议)仅有16个税收协定订立的反避税条款可以在一定程度上打击此类行为。其中有13个税收协定是在股息、利息或特许权使用费条款中订立了针对消极所得的一般反避税规则;[82] 1个税收协定是在居民条款中订立了针对消极所得的一般反避税规则;[83] 2个税收协定引入了利益限制条款。[84] 具体说来,13个税收协定分别在股息、利息和特许权使用费条款中订立了这样的一般反避税规则:如果据以支付股息的股份或其他权利的产生或分配,是由任何人以取得本条利益为主要目的而安排的,则本条(股息条款)规定不适用;如果据以支付利息的债权的产生或分配,是由任何人以取得本条利益为主要目的而安排的,则本条(利息条款)规定不适用;如果据以支付特许权使用费的权利的产生或分配,是由任何人以取得

〔82〕 2002年中国－尼日利亚税收协定第10条第5款、第11条第7款和第12条第6款;2007年中国－新加坡协定、2009年中国－比利时税收协定、2010年中国－芬兰税收协、2010年中国－马耳他税收协定和2012年中国－博茨瓦纳税收协定第10条第6款、第11条第8款和第12条第7款;2011年中国－英国税收协定、2013年中国－法国税收协定和2013年中国－瑞士税收协定第10条第7款、第11条第8款和第12条第7款;2013年中国－荷兰税收协定第10条第7款、第11条第9款和第12条第7款;2016年中国－罗马尼亚税收协定第10条第8款、第11条第8款、第12条第7款;2015年中国－津巴布韦税收协定第10条第6款、第11条第8款、第12条第8款;2014年中国－俄罗斯税收协定(议定书)第10条第6款、第11条第5款、第12条第7款。

〔83〕 1988年中国－澳大利亚税收协定第4条第5款。

〔84〕 2018年中国－刚果(布)税收协定第26条(享受协定优惠的资格判定)、2018年中国－阿根廷税收协定第28条(享受协定优惠的资格判定)。

本条利益为主要目的而安排的，则本条（特许权使用费条款）规定不适用。此外，1988 年中国 - 澳大利亚税收协定是在居民条款中规定了针对消极所得的一般反避税规则。1988 年中国 - 澳大利亚协定第 4 条第 5 款规定："如果一个公司主要为了根据本协定享受优惠的目的而成为缔约国一方的居民，则该公司不应享受第十条（股息）、第十一条（利息）和第十二条（特许权使用费）的优惠。"

中国个别税收协定订立的针对消极所得的一般反避税条款虽然可以在一定程度上打击典型三角情形下的税收套利行为，但是一方面订立该条款的协定数量较少，另一方面该条款作为一般反避税条款适用弹性较大，缺少对典型三角情形下滥用税收协定行为具有操作性的适用标准。

本书建议，中国税收协定可以引入"第三方常设机构的反滥用协定规则"。鉴于中国政府已经签署《BEPS 多边公约》（尚未生效），《BEPS 多边公约》第 10 条与"涵盖税收协定"（中国税收协定）如何兼容将成为中国政府急需解决的问题。本书认为，《BEPS 多边公约》第 10 条不宜与全部中国税收协定相兼容。如前文所述，利用第三方常设机构套取税收协定利益的行为通常有两个前提条件：其一，同一笔所得在居民国与来源国和常设机构所在国分别签订的两个税收协定上的定性不同（通常在前者是消极所得，在后者是营业利润）；其二，居民国和所得来源国国内法对营业利润采用不同的方法消除重复征税（如居民国采用免税法，来源国采用抵免法）。

本书认为：鉴于中国国内税法对居民纳税人来源于境外的营业利润采用抵免法，在与那些对营业利润采用免税法的国家（或地区）进行经贸交往的过程中，中国所得税税基可能遭受典型三角情形下滥用税收协定行为的侵蚀。因此，其一，中国不适合对《BEPS 多边公约》第 10 条提出整体保留；其二，中国税收协定引入"第三方常设机构的反滥用协定规则"的范围可以仅限于那些对营业利润采用免税法的国家（或地区），从而提高本款的兼容性。

2. 中国作为 R 国可按照所得归属协调双重消除重复征税义务

典型三角情形下由于 R - S 协定和 R - PE 协定同时适用，R 国将面临双重消除重复征税义务。R 国的双重消除重复征税义务却常常被纳税人滥用。本书认为中国可以借鉴荷兰判例中按照所得归属来确定协定上的消除重复征税义务的方法，来防止纳税人滥用税收协定。具体来说：

（1）如果中国居民 X 公司来源于 S 国的利息（股息和特许权使用费同理）全部归属于 PE 国境内的常设机构，那么尽管 S 国实际适用 R－S 协定利息条款对该笔所得征税，但是中国不必承担 R－S 协定的抵免义务，应仅承担 R－PE 协定中的抵免义务。如果 X 公司来源于 S 国的利息所得部分归属于该常设机构，部分归属于中国境内的 X 公司营业机构，那么中国应仅对归属于其境内营业机构的部分所得（利息所得）承担 R－S 协定的抵免义务；而对归属于该常设机构的部分所得（营业利润）应承担 R－PE 协定的抵免义务。

（2）此方法适合我国分国（地区）抵免制度的实施。《抵免通知》第 2 条规定了我国抵免是分国（地区）计算境外所得税税额。[85] 此方法实际上已将中国居民 X 公司的同一笔利息所得拆分为两笔所得，按照归属于谁来分别计算相应所得的应纳税所得额和可抵免的境外所得税税额，从而解决了典型三角情形下就这同一笔所得在中国抵免的分国（地区）计算问题。

（3）在确认利润归属时应当注意，我国实行的抵免法不允许境外损失与境内利润合并。《抵免通知》第 3 条规定了如何计算中国居民企业的境外应纳税所得额（境外税前所得），并明确体现了居民企业设在境外分支机构所负担的损失不得与境内总机构和他国（地区）分支机构的利润合并。[86]

---

〔85〕《抵免通知》第 2 条规定：企业应按照企业所得税法及其实施条例、税收协定以及本通知的规定，准确计算下列当期与抵免境外所得税有关的项目后，确定当期实际可抵免分国（地区）别的境外所得税税额和抵免限额。

〔86〕《抵免通知》第 3 条第 5 款规定：在汇总计算境外应纳税所得额时，企业在境外同一国家（地区）设立不具有独立纳税地位的分支机构，按照企业所得税法及实施条例的有关规定计算的亏损，不得抵减其境内或他国（地区）的应纳税所得额，但可以用同一国家（地区）其他项目或以后年度的所得按规定弥补。

第二节 “反向”典型三角情形下税收协定的适用

当典型三角情形中支付所得的流向相反，则可能形成“反向”典型三角情形。本书探讨的“反向”(reverse)典型三角情形是指：S 国居民企业 X 在 PE 国设有常设机构，X 向 R 国居民 Y 支付的股息、利息或特许权使用费所依据的股权、债权或相关知识产权与该常设机构有联系，并由该常设机构实际负担股息、利息或特许权使用费。

“反向”典型三角情形涉及税收协定在三角情形下适用的一个特殊问题——双重来源地问题。与典型三角情形将股息、利息和特许权使用费三种消极所得一并讨论的研究体例不同，在“反向”典型三角情形中本书必须将股息与另两种消极所得(利息、特许权使用费)分开来讨论。虽然它们在“反向”典型三角情形中的核心问题均是双重来源地，但它们在税收协定适用问题上却有着较大差异。比如 OECD 范本第 11 条(利息)第 5 款和 UN 范本第 12 条(特许权使用费)第 5 款在两范本的股息条款中并不存在。此外，鉴于利息与特许权使用费在“反向”典型三角情形下所涉及的问题基本一致，本书仅以利息为例进行探讨，对特许权使用费所涉及的“反向”典型三角情形则不再赘述。本节共分四部分内容：第一、二部分探讨涉及利息的“反向”典型三角情形下税收协定适用的难题以及解决的方法(特许权使用费同理)；第三部分探讨涉及股息的“反向”典型三角情形；第四部分探讨中国在“反向”典型三角情形下税收协定的适用问题。

一、“反向”典型三角情形下税收协定适用的难题

“反向”典型三角情形下税收协定适用的核心问题就是如何处理对同一笔利息(或特许权使用费)的双重来源地问题，因此本书先对所得的来源地略作说明。税收协定层面上的双重利息来源地问题根源仍然在于各国国内法上对利息来源地认定的差异。

来源地定义对一国国内法上居民很重要，对一国的居民来说，居民需

要就来源于境内外的全球所得向居民国纳税，而其中仅有来源于境外的所得才可以在居民国申请抵免或免税待遇。来源地定义对一国国内法上的非居民则更为重要。对一国的非居民来自全球的所得课税极大地超越了一个国家征税的能力，同时也违反了广泛认同的国际管辖权标准。[87]一国仅有权对其国内法上的非居民来源于其境内的所得征税，而不能像对居民那样对其全球所得征税。这是一国能够对非居民课税的前提。然而各国国内法上对所得来源地的认定差异很大。有些国家的国内法认为某种所得位于该国境内即构成来源于该国的所得（如利息由位于其境内的企业支付或位于其境内的常设机构负担）；而另一些国家的国内法则认为，某种所得由该国的非居民控制，即构成来源于该国的所得（如可归属于其境内常设机构的营业利润）。OECD 范本兼采了这两种方式，范本并不能统一来源地的定义。[88]

虽然我们经常用“居民国”和“来源国”这样的用语来表述国际税收法律关系的主体，但是两范本却仅有居民的定义，而没有来源地国或来源地的定义。不仅如此，两范本中也几乎不使用来源地这一用语。[89] OECD 范本只能在具体所得的征税权分配规则中确定某种所得在协定意义上的来源地。那么，利息来源地的认定在各国国内法和税收协定上究竟会出现什么样的问题呢？

（一）从“比利时利息案”说起

2000 年 4 月 27 日，比利时根特上诉法院做出一项针对“反向”典型

---

〔87〕［美］鲁文·S. 阿维－约纳：《国际法视角下的跨国征税——国际税收体系分析》，熊伟译，法律出版社 2008 年版，第 38 页。

〔88〕Christian Jakobsons, *Payment of Interest by a Permanent Establishment to a Third State Recipient*, chaptered in Franz Philipp Sutter & Ulf Zehetner, ed., Triangular Tax Cases, Vienna, Linde, 2004, pp. 81 – 82.

〔89〕两范本中仅有三处使用了 sources 用语，其中第 4 条第 1 款和第 20 条中的 sources 指来源地，而第 6 条第 2 款中的 sources 指水资源，与来源地无关。

三角情形的判决(以下简称“比利时利息案”)。[90] 虽然比利时税务机关和根特上诉法院在审理利息来源地问题上没有适用税收协定,而是适用比利时国内法,但是由于比利时国内法与 OECD 范本在利息来源地问题上的规定基本一致,因此本案对“反向”典型三角情形有着重要的实践意义。

本案的基本事实是,“Handelsmaatschappij De Mient BV”(以下简称 HDM 公司)是荷兰的居民公司。1986 年和 1987 年,HDM 公司在比利时从事房地产经营活动并且计划收购位于比利时境内的几处房产。为了解决这次收购的资金问题,HDM 公司向一家列支敦士登 Y 公司借款融资,而这笔借款产生的利息通过 HDM 公司在荷兰的账户支付给 Y 公司(如图 3-6 所示)。

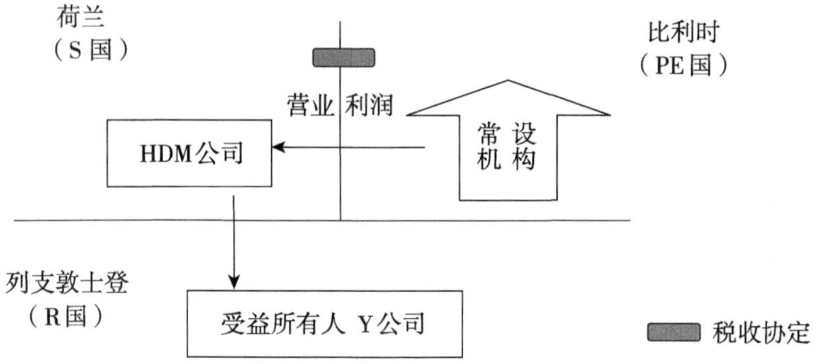

图 3-6 “比利时利息案”

本案的争议焦点是利息的来源地问题。由于当时列支敦士登与比利时没有签订税收协定[91],比利时税务机关对受益所有人 Y 公司的该笔利息所得只能适用比利时国内法来征税。那么依据比利时国内法,Y 公

[90] Belgium – Case Number:2000/83, Handelsmaatschappij De Mient BV v. Gewestelijke Directeur van de Administratie der directe belastingen(Belgium tax authorities), Decision published in Tijdschrift voor Fiscaal Recht, No. 186, p. 727(Dutch), English Version“Belgium – 27 April 2000 (Summary)” IBFD Database.

[91] 截至 2012 年 12 月,列支敦士登与荷兰、比利时也没有签订《对所得和财产防止重复征税的协定》,但列支敦士登于 2009 年 11 月 10 日分别与荷兰和比利时签订了《税务信息交换协定》。

司收取的该笔利息所得究竟是来源于荷兰还是来源于比利时呢?

比利时相关国内法的规定与 OECD 范本第 11 条第 2 款和第 5 款基本一致,[92] 即规定:非居民受益所有人的利息所得如果是来源于比利时境内,那么该利息应当在比利时缴纳预提税;如果非居民支付人在比利时设有常设机构,并且由常设机构负担利息的支出,那么应当认定为该利息来源于比利时境内。

比利时税务机关认为,依照 1970 年荷兰 - 比利时协定第 5 条和第 7 条第 3 款,[93] HDM 公司在比利时拥有的房产构成了其在比利时的常设机构;并且从 HDM 公司与常设机构的合并报表(consolidated books)可以看出,无论利息是由谁的账户支付,该笔利息事实上均是由比利时常设机构实际负担的。因此,比利时税务局认为依据国内法该笔利息是来源于比利时境内的所得,要在比利时缴纳预提税。

相反地,纳税人 Y 公司则认为鉴于该笔利息由 HDM 公司在荷兰的账户支付,其并非由比利时常设机构负担,该笔利息应被认定为来源于荷兰的所得,比利时对非居民(Y 公司)来源于比利时境外(荷兰)的所得没有征税权。

(二)“反向”典型三角情形下税收协定适用的难题

“比利时利息案”是“反向”典型三角情形的代表性判例。尽管本案主要适用比利时国内法而没有适用税收协定来认定利息的来源地问题,但是由于比利时国内法与 OECD 范本第 11 条第 2 款和第 5 款基本一致,本案所涉及的比利时国内法适用问题实际上与“反向”典型三角情形下税收协定的适用问题如出一辙。具体来说,当 S 国居民 X 公司在 PE 国设有常设机构,X 公司向 R 国居民 Y 支付利息,但利息由该常设机构实际负担时(如图 3 - 7 所示),适用三国国内法和税收协定将会面临如下问题。

---

〔92〕 Article 164 and Article 140, Belgian Income Tax Code, 1964. 前者与 OECD 范本第 11 条第 2 款相似,后者与 OECD 范本第 11 条第 5 款相似。

〔93〕 与 2008 年 OECD 范本第 5 条和第 7 条第 3 款一致。

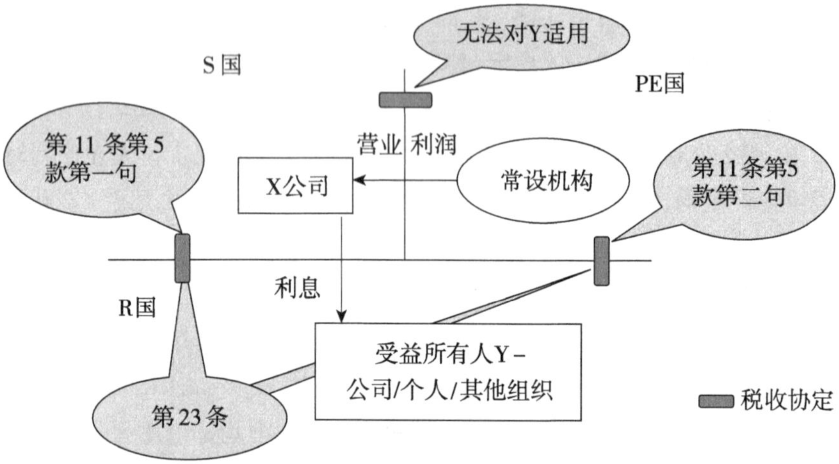

图3－7 “反向”典型三角情形

1. 国内税收管辖权冲突导致双重利息来源地问题

(1)对于PE国而言,由于S国居民在PE国境内设有常设机构,并且由S国居民支付的该笔利息所得实际上由该常设机构负担,那么大多数国家的国内法通常会将这种由其境内常设机构负担的利息作为来源于其境内的利息所得,从而对非居民受益所有人Y来源于PE国境内的该笔利息所得行使来源地税收管辖权。比如,我国相关法律规定,负担利息所得的机构、场所在中国境内,那么取得该利息的非居民企业应当就该利息所得向中国缴纳企业所得税。[94]

所谓的该笔利息实际上由该常设机构负担通常是指,该项利息贷款与该利息支付人(S国居民)在缔约国另一方(PE国)拥有的常设机构有明显的经济联系。比如是应常设机构的需要而签订贷款合同,且支付的利息由该常设机构承担。[95] 从税收征管的角度上看,相对于利息支付人的居民国(R国)而言,PE国对来源于其境内的该笔利息所得时常难以监管。因此,一些国家的国内法明确地将利息的扣除与征收预提税联系起来,规定只有在常设机构所在国(PE国)对非居民(该常设机构所属企

[94] 参见我国《企业所得税法》第3条第3款和《企业所得税法实施条例》第7条第5款。

[95] OECD Model Tax Convention on Income and on Capital, 2010, Commentary on Article 11, para. 26.

业)支付给另一非居民(利息的受益所有人)的利息征收了预提税的情况下,这笔与常设机构有实际联系的利息支出才能在计算可归属于常设机构的营业利润中列支扣除,从而避免双重利息来源地对 PE 国国内税基的侵蚀。[96] 美国国内法也规定,美国境内分支机构支付给非居民的利息,并且该利息在美国缴纳了预提税,那么该利息构成来源于美国的所得。[97]

(2)S 国作为利息支付人的居民国,通常将这种由其居民支付的利息认定为来源于其境内的所得,从而对非居民受益所有人 Y 来源于 S 国境内的该笔利息所得行使来源地税收管辖权。实践中的"反向"典型三角情形下,鉴于 PE 国通常都会对由其境内常设机构实际负担的利息所得行使来源地税收管辖权,因此只有在利息支付人居民国(R 国)的国内法认为即使是由位于其境外的常设机构负担的利息也仍然属于来源于 R 国的利息所得时才会发生双重利息来源地问题。比如,美国、意大利、澳大利亚、加拿大、荷兰和瑞士作为利息支付人的居民国时,其国内法均会导致上述双重来源地问题。[98]

本书认为中国国内法同样也有可能导致双重来源地问题。例如,我国 2007 年《企业所得税法实施条例》第 7 条第 5 款规定:"利息所得、租金所得、特许权使用费所得,按照负担、支付所得的企业或者机构、场所所在地确定,或者按照负担、支付所得的个人的住所地确定。"那么,对于由位于中国境内的企业支付,但由位于中国境外的机构、场所负担的利息或特许权使用费,依照上述规定中国显然可以作为非居民受益所有人取得的利息或特许权使用费所得的来源地。此外,在一些国家双重利息来源地的问题则更加严重,因为这些国家将税收协定的来源地转化为其国内法

[96] 比如,阿根廷、澳大利亚、墨西哥、新加坡和英国就是这种将利息扣除与征收预提税联系起来的国家。See Brian J. Arnold, *General Report*, in Cahiers de Droit Fiscal International-Deductibility of Interest and Other Financing Charges in Computing Income, Springer Vol. 79a, 1994, p. 518.

[97] Internal Revenue Code(IRC) § 884(f)(i)(A), 1994.

[98] Brian J. Arnold, *General Report*, in Cahiers de Droit Fiscal International – Deductibility of Interest and Other Financing Charges in Computing Income, Springer Vol. 79a, 1994, p. 518.

上的来源地,从而扩大了国内法上的来源地范围,如法国、日本和澳大利亚。[99]

(3)R 国作为利息受益所有人的居民国,通常要对其居民来自全球的所得行使居民税收管辖权。比如,依据我国《企业所得税法》第 3 条第 1 款,居民企业应当就其来源于中国境内、境外的所得缴纳企业所得税。因此当中国作为 R 国时将对"反向"典型三角情形下的该笔消极所得行使居民税收管辖权。

由此可见,根据各自国内法 PE、S、R 三国对同一纳税人(Y)的同一笔利息所得在同一征税期限内征收同种性质的税收(所得税),形成了法律性重复征税。其中,PE、S 两国法律性重复征税是源于两国对利息所得来源地认定的差异。如果依然假定三国间均参照 OECD 范本缔结了税收协定,税收协定的适用是否能够消除"反向"典型三角情形下的三国重复征税呢?

2. 依照 OECD 范本缔结的税收协定无法解决双重利息来源地问题

《中墨协定解释》第 3 条第 1 款第一句规定,根据该条(第 11 条利息)第 7 款和议定书第 3 条,[100] 外国居民设在中国境内的常设机构或固定基地向墨西哥居民支付的利息,应适用中国 - 墨西哥协定,中国享有对该利

---

[99] 《法国税法典》规定,除国内所得税法规定之外,依照税收协定可以在法国征税的所得也应当在法国缴纳公司所得税或个人所得税(作者注:国内法来源地 + 税收协定来源地)。而日本的《公司税法》和澳大利亚的一些税收协定(如 1982 年澳大利亚 - 挪威协定)则规定,如果税收协定与国内法对所得来源地的认定不同,那么应以税收协定确定的来源地作为该所得的来源地(作者注:税收协定来源地优先于国内法来源地)。因此,在这些国家就会出现这样的情形:当国内法认为非居民的某笔所得来源于境外时,由于相关税收协定认为该所得来源于境内,那么这些国家最终依然可以对非居民的该笔所得征税。See John F. Avery Jones, *Tax Treaty Problems Relating to Source*, European Taxation 3, 1998, p. 79.

[100] 2005 年中国与墨西哥缔结的税收协定(中国 - 墨西哥协定)第 11 条第 7 款参照了 OECD 范本第 11 条第 5 款。2005 年中国 - 墨西哥税收协定议定书第 3 条规定:"为了第十一条第七款第二句和第十二条第五款第二句的规定之目的,如果贷款或特许权使用费是企业总机构发生的,并且其数额与位于不同国家的几个常设机构或固定基地有关,则该利息或特许权使用费,视情况而定,应认为是发生在常设机构或固定基地所在的缔约国,但仅限于由该常设机构或固定基地负担的利息或特许权使用费。"相关文件信息可参考 http://www.chinatax.gov.cn/n810341/n810770/c1153781/content.html, Jan. 30, 2021。

息的征税权。本书认为,《中墨协定解释》第 3 条第 1 款第一句的规定只是对中国 – 墨西哥协定(R – PE 协定)第 11 条第 7 款(OECD 范本第 11 条第 5 款)所确立的利息双重来源地优先规则的重复与强调,并不能实质性地解决"反向"典型三角情形下的重复征税问题。在"反向"典型三角情形中,受益所有人 Y 系 R 国国内法上的居民,因此依照 R – S 协定和 R – PE协定的第 1 条和第 4 条,两协定对 Y 的该笔利息所得均可以适用,同理 PE – S 协定对受益所有人 Y 取得的该笔消极所得却不能适用。

OECD 范本第 11 条第 5 款规定:"如果支付利息的人为缔约国一方居民,应认为该利息发生于该缔约国。然而,如果支付利息的人不论是否为缔约国一方居民,在缔约国一方设有常设机构,支付该利息的债务与该常设机构有联系,并由其负担利息,上述利息应认为发生于该常设机构所在缔约国。"该款规定了利息来源地的优先适用规则,即实际负担利息的常设机构所在的缔约国优先于支付人为其居民的缔约国。但是,在"反向"典型三角情形下,这一优先适用规则难以发挥作用。

依照 R – S 协定第 11 条第 5 款第一句:如果支付利息的人为缔约国一方(S 国)居民,应认为该利息发生于该缔约国(S 国)。因此 S 国构成 R – S 协定上的利息来源地。但 R – S 协定第 11 条第 5 款第二句却因为常设机构并没有设在缔约国任何一方而不能适用。相应地,依照 R – PE 协定第 11 条第 5 款第二句:如果支付利息的人不论是否为缔约国一方(PE 国)居民,在缔约国一方(PE 国)设有常设机构,支付该利息的债务与该常设机构有联系,并由其负担利息,上述利息应认为发生于该常设机构所在缔约国(PE 国)。因此,PE 国构成 R – PE 协定上的利息来源地。但 R – PE 协定第 11 条第 5 款第一句同样也因为支付利息的人不是缔约国任何一方居民而不能适用。

可以看出,R – S 协定第 11 条第 5 款第一句和 R – PE 协定第 11 条第 5 款第二句的适用并没有解决"反向"典型三角情形下利息的双重来源地问题,S、PE 两国间的重复征税问题依然存在。虽然 OECD 范本第 11 条第 5 款规定了利息来源地的优先适用规则,但是由于税收协定的双边性,OECD 范本第 11 条第 5 款无法处理 R – S 协定第 11 条第 5 款第一句和 R – PE协定第 11 条第 5 款第二句之间的优先适用关系。

3. 典型三角情形与“反向”典型三角情形所涉问题的异同

“反向”典型三角情形与典型三角情形相同的是：其一，“反向”典型三角情形涉及的所得类型也为消极所得；其二，协定适用的难题也是如何消除 PE、S 两国间的重复征税；其三，R 国也将面临 R－S 协定和 R－PE 协定上的双重消除重复征税义务，即如果 R 国实行免税法，或者 R 国虽然实行抵免法，但抵免额度不足以涵盖 S、PE 两国所征的预提税总额，那么 S 国与 PE 国间的重复征税则无法全部消除。

但是，两者也有着本质的区别：“反向”典型三角情形触及了税收协定适用过程中的一个特殊问题——股息、利息或特许权使用费的双重来源地问题（dual source），它的解决方法侧重于如何确定唯一来源地，从而排除另一来源地税收管辖权；而典型三角情形一般并不存在对同一类型所得的双重来源地问题，它的解决方法侧重于如何让 PE 国参与履行消除重复征税义务，而不是排除任一缔约国的税收管辖权。

此外，早在 1963 年，OECD 范本注释中就已经建议了对“反向”典型三角情形的解决方法，只是随着 1992 年《三角情形》报告明确了典型三角情形的定义之后，这种早在 1963 年 OECD 范本注释中就存在的三角情形才被学者称为“反向”典型三角情形（“Reverse” typical triangular cases）。[101]

需要说明的是，涉及特许权使用费的“反向”典型三角情形在 OECD 范本下其实并不存在上述难题。鉴于 OECD 范本第 12 条将特许权使用费的征税权分配给了 R 国独占征收，因此依据 R－S 协定和 R－PE 协定第 12 条第 1 款，“反向”典型三角情形既不会出现重复征税，也不会出现双重来源地问题，最终由 R 国对特许权使用费独占征税即可。但实际上，OECD 范本所倡导的由居民国对特许权使用费独占征税的征税权分配规则并没有受到税收协定缔约实践的青睐。近半数的 OECD 成员方在缔结税收协定时并没有采纳 OECD 范本特许权使用费条款所建议的税收独占

〔101〕 Michele Gusmeroli, *Triangular Cases and the Interest and Royalties Directive: Untying the Gordian Knot? – Part 1*, European Taxation 1, p. 5 (2005); Michele Gusmeroli, *Triangular cases and the Interest and Royalties Directive: Untying the Gordian Knot? – Part 3*, European Taxation 3, p. 88 (2005).

原则,而是采纳了 UN 范本特许权使用费条款所建议的税收分享原则。[102] 而大部分的非 OECD 成员方缔结的税收协定也同样参照 UN 范本特许权使用费条款所建议的税收分享原则。UN 范本第 12 条特许权使用费条款在设计上与 OECD 范本第 11 条利息条款基本一致,同样存在来源地优先适用规则(UN 范本第 12 条第 5 款)。参照 UN 范本缔结的特许权使用费条款所面临的"反向"典型三角情形下的适用问题与本节提及的利息所得是一致的,因此本书不再对涉及特许权使用费的"反向"典型三角情形下税收协定的适用问题赘述。

二、消除"反向"典型三角情形下重复征税的方法

前面提到各国国内法对利息来源地认定的差异是导致"反向"典型三角情形下重复征税的根源。同时也提到 OECD 范本第 11 条第 5 款从税收协定的角度规定了利息来源地的优先适用规则,即实际负担利息的常设机构所在的缔约国优先于支付人为其居民的缔约国。那么,OECD 范本注释是如何解释"支付"和"支付该利息的债务与该常设机构有联系,并由其负担利息"这两个利息来源地认定标准的呢?

其一,第 11 条第 5 款(第一句)明确了利息来源国是利息支付人为其居民的缔约国这一原则。其中"支付"一语的含义很广,支付的概念是指按照合同或习惯要求的方式,履行将资金交由债权人支配的义务。[103]

其二,第 11 条第 5 款(第二句)同时也规定了一个例外情形,即该项利息贷款与该利息支付人在缔约国另一方拥有的常设机构有明显的经济联系。如果是应常设机构的需要而签订贷款合同,且支付的利息由该常设机构承担,本款认为利息的来源地应是常设机构所在的缔约国,不管该

[102] 截至 2017 年,在 OECD 的 31 个成员国中对 OECD 范本第 12 条第 1 款(居民国独占征税)在不同程度上提出保留的国家有 16 个,分别是:美国、拉脱维亚、希腊、捷克共和国、加拿大、澳大利亚、智利、韩国、墨西哥、新西兰、波兰、葡萄牙、斯洛伐克共和国、斯洛文尼亚、土耳其和意大利。这些国家均保留对来源于本国的特许权使用费征税的权利。See OECD Model Tax Convention on Income and on Capital,2017,Commentary on Article 12,paras. 32 – 37.

[103] OECD Model Tax Convention on Income and on Capital, 2010, Commentary on Article 11, para. 5.

机构的所有者为何国居民,即使其居住在第三国。[104] 如果产生该项利息的贷款与常设机构没有经济联系,则该机构所在国不能被认为是利息来源国,从而无权对该项利息征税,甚至不能对与常设机构重要性比例相称的"税收配额"进行征税。任何背离第5款第一句所述原则的做法,只有在贷款和与常设机构的经济联系足够清晰的情形下,才具有正当性。[105]

但是,第11条第5款对下述被其排除的情形却没有提出解决方案,即利息支付人和受益所有人均为缔约国居民,但贷款是为支付人设在第三国的常设机构的需要而借入,并由该常设机构负担利息的情况。[106] OECD范本决定不对此种情形作出规定。因此,支付人为其居民的缔约国无须为使用贷款并承担利息的常设机构所在的第三国的利益而放弃其源泉课税权。否则,如果第三国不对常设机构所承担的利息进行源泉课税,那么就会出现企图通过在上述第三国设立常设机构的方法,避免在利息支付国的源泉课税的情况。对于那些不担心并希望处理上述问题的国家而言,他们可以通过双边协定,同意采纳以下这样两种方法或通过缔结多边协定解决此问题。[107] 概言之,OECD范本注释(第11条注释第29段和第30段)建议的以下两种方法都是为了解决利息的双重来源地冲突,结果均是排除了"反向"典型三角情形下利息支付人居民国(S国)国

[104] OECD Model Tax Convention on Income and on Capital, 2010, Commentary on Article 11, para. 26.

[105] 范本注释进而举例说明何为"贷款和与常设机构的经济联系足够清晰":(1)常设机构的管理部门按该常设机构的具体要求签订贷款合同,将借入款项作为该机构的债务,并由其直接将利息支付给债权人。(2)企业总机构为设在另一国的常设机构单独使用的贷款签订合同并代付利息,但所付利息最终由该常设机构承担。(3)该贷款合同是由企业总机构签订的,所贷资金用于设在不同国家境内的数个常设机构使用。上述(1)、(2)情形符合第5款第二句所述的条件,常设机构所在国可视为利息发生国。然而(3)情形超出第5款规定的范围,因为该款文字规定排除了同一笔贷款可有多个来源地的情形。而且,这种做法将会导致管理上相当大的复杂性,并使债权人无法事先计算出该利息所要承担的税收。当然,缔约国双方可根据意愿将第5款的适用范围限制在(1)情形或者扩大到(3)情形。参见 OECD Model Tax Convention on Income and on Capital, 2010, Commentary on Article 11, para. 27。

[106] OECD Model Tax Convention on Income and on Capital, 2010, Commentary on Article 11, para. 28.

[107] OECD Model Tax Convention on Income and on Capital, 2010, Commentary on Article 11, para. 29.

内法上的征税权。

（一）将 S－PE 协定第 11 条第 5 款作为来源地冲突协调规则

针对支付人居民国（S 国）和使用贷款并承担利息的常设机构所在的第三国（PE 国）对所涉利息均主张源泉征税权的问题，早在 1963 年 OECD 范本注释中，就明确提出了第一种解决方法，即在 S 国与 PE 国缔结的税收协定中订立与 OECD 范本第 11 条第 5 款一致的内容，则双重征税的风险能够被完全消除。[108] 因为根据 S－PE 协定第 11 条第 5 款，实际负担利息的常设机构所在的缔约国一方（PE 国）能够优先于支付人为其居民的缔约国另一方（S 国），成为协定意义上利息的唯一来源地。换言之，该方法建议将 OECD 范本第 11 条第5 款作为"反向"典型三角情形下利息来源地冲突的协调规则。

但是，这种方法却存在一个严重的缺陷——背离了税收协定第 1 条（协定适用的人）。收取利息的受益所有人 Y 并非 S－PE 协定第 1 条规定的人的范围，因此适用 S－PE 协定第 11 条第 5 款对并非本协定的居民收取的利息进行调整，严重违反了税收协定的适用规则。实践中，S 国一般也不会甘愿接受这种背离税收协定第 1 条的方法来排除其国内法对利息的来源地税收管辖权。同时，S 国也会担心这种方法被纳税人滥用。如果 PE 国国内法对由其境内常设机构负担的利息免税，而 R 国对居民来自境外的所得又实行免税法，那么这种方法将导致纳税人的该笔利息所得在三国均缴纳零所得税的局面。

2005 年 OECD 范本在第 11 条注释中删除了适用 S－PE 协定第 11 条第 5 款解决双重来源地冲突的内容，但是依然建议："支付人居民国和使用贷款并承担利息的常设机构所在的第三国均对所涉利息主张源泉征税权，上述两国（S 国和 PE 国）在适当的时候，也包括受益人的居民国，应该共同采取协调措施，以避免因上述征税主张而导致的双重征税，必要时

[108] OECD Model Tax Convention on Income and on Capital, 1963, Commentary on Article 11, paras. 30－31.

应启动(第25条第3款设计的)相互协商程序。”[109]可见,2005年OECD范本注释将这种明显违背范本第1条的解决方法删除,但却也为S国和PE国通过协商解决双重来源地问题留下了余地。

总之,将S-PE协定第11条第5款作为来源地冲突协调规则的方法,其有效的前提是:S、PE两国参照OECD范本缔结了税收协定,并且S国接受对并非协定居民的受益所有人收取的利息适用本协定(S-PE协定)第11条第5款来确定协定意义上的利息来源地。

(二)将R-S协定第11条第5款第二句修改为“澳大利亚条款”

虽然1963年OECD范本注释针对利息的双重来源地冲突仅提供了一种解决方法,但1977年OECD范本注释便新增了第二种解决方法,[110]并且这种解决方法一直延续到2010年OECD范本注释中。这种方法建议受益所有人居民国(R国)和支付人居民国(S国)以下述方式表述(R-S协定)第11条第5款第二句:“然而,若利息支付人,不论其是否为缔约国一方居民,在其居民国以外的国家设有与其支付利息的债务有联系的常设机构,且该利息由该常设机构承担,那么该利息应认为发生在该常设机构所在国。”[111]如果R-S协定第11条第5款第二句按照此建议订立,则S国不能适用R-S协定第11条,而应当适用R-S协定第7条或者第21条。若该笔所得构成R-S协定上的营业利润,那么根据R-S协定第7条第1款,该所得应仅在R国征税。若该笔所得构成R-S协定上的“其他所得”,那么鉴于OECD范本第21条将“其他所得”的征税权

---

[109] OECD Model Tax Convention on Income and on Capital, 2005, Commentary on Article 11, para. 29.

[110] OECD Model Tax Convention on Income and on Capital, 1977, Commentary on Article 11, para. 28.

[111] OECD Model Tax Convention on Income and on Capital, 2010, Commentary on Article 11, para. 30.

分配给了居民国独占征收，该所得同样应仅在 R 国征税。[112] R－S 协定的适用最终排除了 S 国对该笔所得的征税权。

在 R－S 协定第 11 条引入该款的目的并不是要赋予非协定缔约国（PE 国）来源地税收管辖权，事实上税收协定也不能赋予一国其国内法上原本并不存在的征税权（消极原则）。该款的目的在于排除缔约国一方（S 国）对利息的来源地税收管辖权，从而解决“反向”典型三角情形下的双重来源地冲突，最终消除重复征税。与第一种方法相比，这种方法没有违背税收协定（R－S 协定）第 1 条的规定，但是与 OECD 范本标准的（standard）征税权分配规则（第 6 条至第 21 条）不同的是，这种方法显然将并非 R－S 协定缔约国的第三方（PE 国）作为了 R－S 协定上利息的来源地。此外，第一种方法中 S 国对纳税人滥用税收协定的担忧在此方法中依然存在，即如果 PE 国不对利息征税，且 R 国实行免税法，那么纳税人将实现对该笔利息的三重不征税。因此，这种方法虽然能够比较有效地解决“反向”典型三角情形下的双重来源地冲突问题，但其在实践中有效的前提是，存在愿意采纳这种方法的税收协定。有趣的是，澳大利亚对外缔结的大部分税收协定都包含这一条款。[113] 因此，国际税法学者们更习惯将这种 OECD 范本注释所建议第 11 条第 5 款第二句称为“澳大利亚

---

[112] 这一结论在 UN 范本第 21 条下同样成立。UN 范本与 OECD 范本在第 21 条上的区别在于，UN 范本第 21 条在 OECD 范本第 21 条的两款内容之上，增加了第 3 款内容，从而将“本协定上述各条未作规定的所得”（其他所得）以来源地不同加以区分：来源于缔约国另一方的其他所得可以由缔约国另一方优先征税；而来源于第三国的其他所得才由居民国独占征税权。因此，即使 R－S 协定第 21 条系参照 UN 范本缔结，由于这种方法确定了 PE 国（第三国）为利息的来源国，R－S 协定第 21 条依然会将其他所得的征税权分配给所得居民国独占征收。

[113] 例如，1976 年澳大利亚－荷兰协定（第 11 条第 5 款，第 12 条第 5 款）；1980 年澳大利亚－加拿大协定（第 11 条第 5 款，第 12 条第 5 款）；1982 年澳大利亚－意大利协定（第 11 条第 6 款，第 12 条第 5 款）；1986 年澳大利亚－奥地利税收协定（第 11 条第 5 款，第 12 条第 5 款）；1991 年澳大利亚－印度税收协定（第 11 条第 5 款，第 12 条第 5 款）；1992 年澳大利亚－西班牙协定（第 11 条第 5 款，第 12 条第 5 款）；2006 年澳大利亚－芬兰（第 11 条第 7 款，第 12 条第 5 款）；2006 年澳大利亚－挪威协定（第 11 条第 7 款，第 12 条第 5 款）。1982 年的澳大利亚－美国税收协定（第 11 条第 7 款和第 12 条第 6 款），但是 2001 年澳大利亚－美国协定议定书将第 11 条第 7 款修改为 OECD 范本模式，而第 12 条第 6 款仍然保留 Australian clause 模式。但是，1988 年中国－澳大利亚税收协定的利息与特许权使用费条款均没有采纳“澳大利亚条款”，而是参照了 OECD 范本与 UN 范本缔结。

条款”(Australian Clause)。[114]

总而言之,OECD 范本注释建议的这两种方法均是将“反向”典型三角情形下利息的双重来源地认定为常设机构所在地。从理论上看,将负担该笔利息的常设机构所在地认定为利息来源地是合理的。因为借款人(X 公司)将所借资本用于常设机构的经营,借款人这样做的目的也是通过常设机构的营业活动最终获得足以支付所借款项利息的利润回报。[115] 但从实践的角度看,贷款人应当更希望将借款人居民国认定为利息的来源国。这样可以使贷款人在贷款合同签订时就能够预见到其将来取得的利息在来源地国的税负情况。而贷款人一般却无法预见借款人会将所借款项使用在何处。OECD 范本注释也认为,利息来源地的认定如果导致管理上相当大的复杂性,并使债权人无法事先计算出该利息所要承担的税收,那么这样的利息来源地便是不合理的。[116] 因此,本书认为应当将贷款人在签订合同时是否能够预见到应得利息与借款人的常设机构存在实际联系作为判断税收协定上利息来源地的重要依据。此外,面对 S 国所担心的滥用税收协定问题缔约国也可以协商按照这样的方法来解决,即只有在 PE 国实际对利息征税的情况下,S 国才放弃来源地税收管辖权,以此避免纳税人滥用税收协定。

(三)利息的列支扣除问题

既然 OECD 范本注释建议的两种方法均是要求 S 国放弃对利息的来源地税收管辖权,那么作为利息支付人的 S 国居民企业在向 S 国申报缴纳所得税时,是否还能够将其支付的利息列支扣除呢?

“利息”通常指货币借用的报酬,这种报酬属于“来自流动资产的所

[114] Macro Lombardi, *Triangular Situations: A Case of Double Source Taxation of Interest and Royalties*, BULLETIN 4, p. 180 (1997); Christian Jakobsons, *Payment of Interest by a Permanent Establishment to a Third State Recipient*, chaptered in Franz Philipp Sutter & Ulf Zehetner, ed., Triangular Tax Cases, Vienna, Linde, 2004, pp. 88 – 90.

[115] Christian Jakobsons, *Payment of Interest by a Permanent Establishment to a Third State Recipient*, chaptered in Franz Philipp Sutter & Ulf Zehetner, ed., Triangular Tax Cases, Vienna, Linde, 2004, p. 91.

[116] OECD Model Tax Convention on Income and on Capital, 2010, Commentary on Article 11, para. 27.

得”种类范围。与股息不同,利息不会遭受经济性双重征税,即它不会既在债务人层面又在债权人层面被课税。对利息的课税通常由利息收取人缴纳。[117] 对利息支付人普遍采用的源泉扣缴的税收可构成利息收取人就其全部所得或利润的应缴税额的提前缴付。[118] OECD 范本第 24 条第 4 款的规定也在一定程度上防止了对利息的经济性重复征税。该款规定,缔约国一方企业支付给缔约国另一方居民的利息、特许权使用费和其他款项,在确定该企业应纳税利润时,应与在相同条件下支付给首先提及的国家的居民一样扣除。本款实际上旨在消除一种特殊的差别待遇,即有些国家对纳税人支付给居民的利息、特许权使用费和其他支付款项无限制地允许扣除,但是对于支付给非居民的上述这些款项的扣除却是有条件甚至是禁止的。[119] 因此,“反向”典型三角情形下,按照 S – R 协定第 24 条第 4 款的规定,S 国一般也要允许其居民 X 公司对其支付给非居民 Y 的利息在计算 X 公司利润时列支扣除。

然而,某些国家规定,除非利息收取人也是本国居民或该利息应在本国纳税,否则支付的利息不能在计算支付人的税收时列支。[120] 这在双边情形下并没有什么问题,因为 OECD 范本第 11 条第 1 款和第 2 款规定了居民国与来源国对利息的税收分享原则,保证了来源国(支付人居民国)可以对利息征收预提税,只是限定其源泉扣缴的预提税税率不得超过一定比例。但是,在“反向”典型三角情形下 OECD 建议的两种解决方法均会出现这样的问题,当 S 国被排除了对利息的来源地税收管辖权后,即意味着 S 国对该笔利息放弃了在债权人(Y)层面的课税权,那么此时 S 国是否还有义务继续放弃其在债务人(X 公司)层面的课税权呢,即 S 国在对其居民企业 X 来自全球的所得征税时,是否还应当将其常设机构负担

[117] OECD Model Tax Convention on Income and on Capital, 2010, Commentary on Article 11, para. 1.

[118] OECD Model Tax Convention on Income and on Capital, 2010, Commentary on Article 11, para. 2.

[119] OECD Model Tax Convention on Income and on Capital, 2010, Commentary on Article 24, para. 73.

[120] OECD Model Tax Convention on Income and on Capital, 2010, Commentary on Article 11, para. 4.

的利息列支扣除？一方面，既然 S 国放弃了对利息在债权人层面的征税权，那么其就不应当再放弃对该笔利息在债务人层面（作为债务人营业利润）的征税权，因此 S 国不应当允许债务人在计算营业利润时将利息列支扣除。另一方面，如果 S 国不允许债务人在计算营业利润时将利息列支扣除，那么既可能违反 S－R 协定第 24 条第 4 款的规定，也可能滋生三角情形下利息的经济性重复征税问题。因此，有学者将三角情形形象地比作古希腊神话中的戈尔迪之结（Gordian Knot），[121] 是否能够解开税收协定适用中的戈尔迪之结，最终还要取决于缔约国双方的协商一致。

三、"反向"典型三角情形下的股息

涉及股息的"反向"典型三角情形是指：S 国居民 X 公司在 PE 国设有常设机构，X 公司向 R 国居民 Y 支付的股息所依据的股权与该常设机构有联系，并由该常设机构实际负担股息（如图 3－8 所示）。

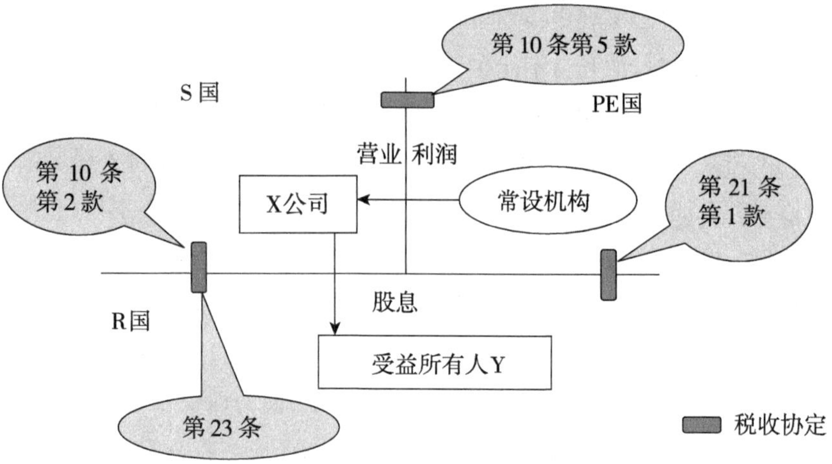

图 3－8　涉及股息的"反向"典型三角情形

[121] 戈尔迪之结一般作为使用非常规方法解决不可解问题的一种隐喻。相传戈尔迪是古希腊神话传说中小亚细亚弗里吉亚的国王，他在自己以前用过的一辆牛车上打了个分辨不出头尾的复杂结子，并把它放在宙斯的神庙里。神示说能解开此结的人将能统治亚洲。这就是被人们广为传说的"戈尔迪死结"。然而，多少个世纪过去了，无数聪明智慧的人面对"戈尔迪死结"都无可奈何，直到亚历山大远征波斯时，有人请他看了看这个古老的"戈尔迪死结"。经过一番尝试后，亚历山大挥剑将此死结劈成两半，"戈尔迪死结"也就这样被破解了。

与利息或特许权使用费相同的是,"反向"典型三角情形下的股息也将面临双重来源地冲突问题。国际社会一般认为,如果常设机构已经在来源国就利润缴纳了所得税,那么在其将税后利润汇回给其所属企业时,不应该再对常设机构的该笔利润进行征税。但是某些国家(PE 国)不仅对其居民公司支付的股息征税,对非居民公司来源于其境内利润的分配也要征税。[122] 比如,美国、加拿大、土耳其国内法均规定了分支机构利润税(branch profits tax)。[123] 阿根廷、哈萨克斯坦、摩洛哥、俄罗斯、突尼斯等国家的国内法上也存在上述的分支机构利润税。[124] 这些国家就其境内的常设机构汇回给其所属企业的利润,向该非居民企业征收类似于股息上的预提税。这些国家认为,此时常设机构的汇出利润和子公司汇回给母公司的股息有类似之处,分支机构利润税可以实现在其境内通过分支机构和通过子公司进行商业活动时税收待遇的大致平等。可见,"反向"典型三角情形下股息也可能面临 S、PE 两国国内法上的来源地税收管辖权冲突。

但是,与利息和特许权使用费不同的是,OECD 范本第 10 条第 5 款作为一项来源地消极冲突规则,可以解决"反向"典型三角情形下股息的重复征税问题。如果 S - PE 协定参照 OECD 范本缔结,那么依照 S - PE 协定第 10 条第 5 款规定:缔约国一方(S 国)居民公司(X 公司)从缔约国另一方(PE 国)取得利润或所得,该缔约国另一方(PE 国)不得对该公司支付的股息征收任何税收(但支付给该缔约国另一方居民的股息或者据以支付股息的股份与设在缔约国另一方的常设机构有实际联系的除外),也不得对该公司未分配的利润征收任何税收,即使支付的股息或未分配的利润全部或部分是发生于该缔约国另一方的利润或所得。OECD 范本第 10 条第 5 款否定了对股息境外征税的做法,即缔约国不能仅因为用于分配的利润来源于本国境内(如通过那里的常设机构来实现)而对非居民

[122] OECD Model Tax Convention on Income and on Capital, 2010, Commentary on Article 10, para. 33.

[123] 陈红彦:《跨国股息征税问题研究》,科学出版社 2010 年版,第 77 ~ 78 页。

[124] OECD Model Tax Convention on Income and on Capital, 2010, Non - OECD Economies' Positions on The OECD Model Tax Confvention, Position on Article 10 (Dividends) and Its Commenntary, para. 11.

公司所分配的股息征税。当然,当公司利润来源国对支付给本国居民股东或境内常设机构的股息征税时,则不存在境外征税问题。[125] 但显然,"反向"典型三角情形下股息并非支付给了公司利润来源国(PE 国)的本国居民,而是支付给了第三国(R 国)居民。因此,S－PE 协定第 10 条第 5 款排除了 PE 国对 S 国居民公司(X 公司)支付给 R 国居民(Y)的股息征税的权利。[126] 除了 R－S 协定之外,Y 同时还构成 R－PE 协定上的居民,依据 R－PE 协定第 7 条第 1 款或第 21 条第 1 款,该笔"营业利润"或"其他所得"应仅由居民国(R 国)独占征税,从而排除了 PE 国征税权,因此最终由 S、R 两国适用 S－R 协定对该笔股息所得消除重复征税即可。[127]

如果说 OECD 范本第 11 条第 5 款是利息双重来源地的积极冲突规则,那么第 10 条第 5 款就是股息双重来源地的消极冲突规则。并且与第 11 条第 5 款不同的是,OECD 范本第 10 条第 5 款本身就是 OECD 范本第 1 条的合理例外,即"该缔约国另一方(PE 国)不得对该公司支付的股息征收任何税收"本身就包括了公司向第三国支付股息的情形。因此,S－PE 协定第 11 条第 5 款由于受本协定第 1 条限制而产生在"反向"典型三角情形下适用的难题,在 S－PE 协定第 10 条第 5 款的适用过程中并不

---

[125] OECD Model Tax Convention on Income and on Capital, 2010, Commentary on Article 10, para. 34.

[126] 根据国际税法的一般性理论,常设机构作为非居民公司在来源国境内从事营业活动的专门机构,来源国有权按照独立企业的原则,对可归属于其的利润部分征税,无论这部分利润是源于来源国境内,还是源于该常设机构的总公司所在国,抑或是来自第三国。这是国际社会的基本共识。然而,如果常设机构已经在来源国缴纳了利润所得税,在其将税后利润汇回给其总公司时,国际社会一般认为,此时不应该再对常设机构进行征税。虽然一些国家的国内法或税收协定仍然保留"分支机构利润税",但是从当前的国际实践的主流来看,无论是国内立法还是国际税收协定,对这种对非居民分配或未分配利润征税的做法都持不赞成的态度。OECD 范本和 UN 范本第 10 条第 5 款即是采纳了国际税收实践中各国的主流观点,排除对非居民分配或未分配利润征税的权利。有关"对常设机构分配利润或者未分配利润征税的国际协调"可参见陈红彦:《跨国股息征税问题研究》,科学出版社 2010 年版,第 75～83 页。

[127] 即使是参照 UN 范本缔结的税收协定,结论依然相同。虽然参照 UN 范本第 21 条第 3 款缔结的 R－PE 协定将其他所得的征税权分配给了缔约国中的来源地一方(PE 国)优先征税,但是 UN 范本第 10 条第 5 款与 OECD 范本第 10 条第 5 款一致,S－PE 协定第 10 条第 5 款同样排除了 PE 国对股息的征税权,因此 PE 国必须同时履行 PE－S 协定和 PE－R 协定上的义务,从而放弃对股息(其他所得)的征税权。

存在。

四、中国在“反向”典型三角情形下适用税收协定的相关问题

如前所述，“反向”典型三角情形下，中国国内法同样会导致双重利息(或特许权使用费)来源地冲突。如果中国税收协定的股息、利息和特许权使用费条款与OECD范本或UN范本一致，那么上述OECD范本注释所建议的“澳大利亚条款”以及两范本第10条第5款自然可以成为中国解决此问题的重要参考。本书立足于我国国内法和税收协定着重分析以下两个问题：其一，中国国内法的消极所得来源地规则是否存在弊端？其二，我国个别协定的股息条款并不能消除“反向”典型三角情形下的重复征税。

(一)中国国内法的消极所得来源地规则是否存在弊端

消极所得来源地规则本是一国国内法问题，各国根据自身财税制度自主规定消极所得的来源地，因此实际上没有绝对统一或合理的来源地规则。但是，协调各国征税权的税收协定出现后，协定上消极所得的来源地规则势必会影响国内法上消极所得来源地规则的适用。本书在此探讨的问题是，在税收协定适用过程中，中国国内法上的消极所得来源地规则是否存在不合理之处？本书的基本观点认为，我国《企业所得税法》上的消极所得来源地规则是合理的，但是《个人所得税法》上的消极所得来源地规则却存在弊端。我国国内法对股息、利息和特许权使用费的来源地规则与两范本上相应的来源地规则并不完全一致(详见表3-3)。

表3-3　中国国内法和中国税收协定有关消极所得来源地规则

<table>
<tr><th>规则</th><th>股息来源地</th><th>利息来源地</th><th>特许权使用费来源地</th></tr>
<tr><td>个人所得税法</td><td colspan="2">不论支付地点是否在中国境内，从中国境内企业、事业单位、其他组织以及居民个人取得的利息、股息、红利所得，为来源于中国境内的所得[1]</td><td>不论支付地点是否在中国境内，许可各种特许权在中国境内使用而取得的所得，为来源于中国境内的所得[2]</td></tr>
</table>

续表

规则	股息来源地		利息来源地	特许权使用费来源地
企业所得税法	股息、红利等权益性投资所得，按照分配所得的企业所在地确定所得来源地[③]		利息所得、租金所得、特许权使用费所得，按照负担、支付所得的企业或者机构、场所所在地确定，或者按照负担、支付所得的个人的住所地确定所得来源地[④]	
两范本的规定	OECD/UN（第10条第1款） 支付人为其居民公司的缔约国	OECD/UN（第10条第5款） 否定股息境外征税	OECD/UN（第11条第5款） （1）支付人为其居民的缔约国 （2）负担利息的常设机构或固定基地[⑤]所在的缔约国； 两者冲突时，2优先于1	UN范本（第12条第5款[⑥]） （1）支付人为其居民的缔约国 （2）负担特许权使用费的常设机构或固定基地所在的缔约国；两者冲突时，2优先于1
中国双重征税协定	全部协定参照两范本第10条第1款	全部协定参照两范本第10条第5款	全部协定参照两范本第11条第5款	全部协定参照UN范本第11条第5款
例外	无例外	个别协定保留缔约国征收分支机构利润税的权利[⑦]	支付给第三国常设机构的利息不适用本条第2款限制税率 （仅1991中国－巴西协定[⑧]）	增加了使用地作为来源地 （仅1984中国－美国协定[⑨]）

注：①《个人所得税法实施条例》（2018年国务院令第707号第四次修订）第3条第5款。

②《个人所得税法实施条例》（2018年国务院令第707号第四次修订）第3条第3款。

③《企业所得税法实施条例》第7条第4款。

④《企业所得税法实施条例》第7条第5款。

⑤"固定基地"原本是OECD范本和UN范本在第14条独立劳务所得条款中使用的术语，但是2000年OECD范本删除了独立劳务所得条款（第14条），将其划归到营业利润条款（第7条）中一并调整，因此原本第14条中的固定基地概念亦随之并入到常设机构概念之中，没有再单独存在的必要。而UN范本由于仍然保留第14条独立劳务所得条款，固定基地一语仍然使用。因此，2000年和之后的OECD范本第11条取消了固定基地和独立劳务所得的用语，仅保留了常设机构和营业利润的用语。

⑥2001年和2011年的UN范本第12条第5款均规定："如果支付特许权使用费的人是缔约国一方居民，应认为该特许权使用费发生在该缔约国。然而，当支付特许权使用费的人

不论是否为缔约国一方居民，在缔约国一方设有常设机构或者固定基地，支付该特许权使用费的义务与该常设机构或者固定基地有联系，并由其负担这种特许权使用费，上述特许权使用费应认为发生于该常设机构或者固定基地所在缔约国。"

⑦例如，1984 年中国－美国税收协定第 9 条第 2 款规定："……本款规定，不应影响对该公司支付股息前的利润所征收的公司利润税。"

⑧ 1991 年中国与巴西缔结的双重征税协定（中国－巴西协定）第 11 条第 8 款规定："发生于缔约国一方而支付给位于第三国的缔约国另一方企业的常设机构的利息，不应适用第二款所规定的限制税率。"

⑨1984 年中国与美国缔结的双重征税协定（中国－美国协定）第 12 条第 5 款第 2 项规定："如果根据第（一）项，特许权使用费不发生于缔约国双方的任何一方，但该特许权使用费与在缔约国双方的一方使用或有权使用该权利或财产有关，上述特许权使用费应认为发生于该缔约国。"

1.《企业所得税法》中消极所得的来源地规则与两范本大体一致

在《企业所得税法》上，我国对股息、利息和特许权使用费的来源地规则与两范本大体一致。我国参照两范本缔结的税收协定在消极所得的来源地上对我国《企业所得税法》基本起到了维持作用。但是在"反向"典型三角情形下，对由位于中国境内的企业支付，但由该企业设在中国境外的机构、场所负担的利息或特许权使用费，依照我国《企业所得税法》的规定（按照负担、支付所得的企业或者机构、场所所在地确定来源地），中国显然可以作为非居民受益所有人取得的利息或特许权使用费所得的来源地。因此我国国内法并不能单边消除"反向"典型三角情形下的重复征税。第二节中提到了"反向"典型三角情形下国内法引起的双重来源地冲突，以及税收协定难以解决双重利息或特许权使用费来源地冲突的问题在我国同样存在。

本书认为，解决这一问题，我国可以考虑采纳第二节中提及的"澳大利亚条款"，从而解决双重来源地冲突问题，但是必须以 PE 国对利息或特许权使用费征税为前提条件，以避免纳税人滥用税收协定。

2.《个人所得税法》中消极所得的来源地规则与两范本差异却很大

（1）支付人所在地究竟是否为个人所得税法上股息、利息和特许权使用费的来源地并不明确，而支付人居民国在两范本上均为消极所得的来源地。本书认为，我国《个人所得税法》对消极所得来源地的规定应当尽量与《企业所得税法》和两范本规定保持一致,即应当明确支付人所在地在中国境内(而不是“不论支付地点是否在中国境内”),则该笔消极所得可能构成来源于中国境内的所得。

(2)特许权使用费来源地差异较大。我国《个人所得税法》对特许权使用费采纳了使用地标准。这是UN范本并不存在的特许权使用费来源地标准。而且,我国国内法也并未对“使用”一语做明确的解释。将使用地作为特许权使用费的来源地标准不但与UN范本所代表的国际趋势不符,也与我国《企业所得税法》上的特许权使用费来源地标准不符。本书认为,我国国内法应当统一《个人所得税法》和《企业所得税法》上有关特许权使用费的来源地标准。这样既有利于保持特许权使用费在我国所得税法上来源地认定的一致性,也有利于我国国内法与税收协定的衔接。

当国内法对某种所得的来源地范围大于或者等于税收协定上的来源地范围时,协定的适用虽然能够限制或维持该国国内法上的征税权,但是却不会出现国内法认定为来源于境外,协定却认为来源于该国境内的尴尬局面。比如,我国《企业所得税法》上对特许权使用费的来源地范围就基本等同于UN范本对特许权使用费的来源地范围,因此不会出现我国国内法认为来源于中国境外,但UN范本认为是来源于中国境内的情况。

但是,当国内法对某种所得的来源地范围小于税收协定上的来源地范围或者与其存在交叉关系时,协定的适用就会出现国内法认定为来源于境外,而税收协定却认定为来源于该国境内的尴尬局面。比如,我国《个人所得税法》上对特许权使用费的来源地范围就与UN范本对特权使用费的来源地范围存在交叉关系,那么对于支付地点在中国境外并且在境外使用特许权,但却由我国境内的机构或个人负担的特许权使用费,按照我国《个人所得税法》的规定应当作为来源于中国境外的所得,但是按照UN范本的规定很可能作为来源于中国境内的所得。[128] 依据税收协定适用的消极原则,此时虽然协定规定了特许权使用费来源于中国,但由于我国《个人所得税法》没有赋予我国对该笔特许权使用费行使来源地税收管辖权,我国对其没有征税权。

---

[128] 这取决于负担特许权使用费的中国境内机构或个人是否构成特许权使用费支付人设在中国的常设机构。

对于这一问题，或修改中国税收协定中特许权使用费的来源地规则，使之在原来 UN 范本第 12 条第 5 款的基础上增加“使用地”认定标准，或适时修改我国《个人所得税法》上特许权使用费的来源地规则，使之与 UN 范本第 12 条第 5 款确定的范围一致或比其范围更广。本书认为，前一种方案并不可行。我国对外缔结的税收协定、税收安排和税收协议的特许权使用费条款几乎均参照 UN 范本第 12 条第 5 款规定，以支付人居民国或负担机构所在地作为特许权使用费来源地，并未采纳我国《个人所得税法》上的使用地认定标准。唯一的例外是 1984 年中国 - 美国协定增加了使用地作为来源地。因此，本书认为，从合理性上看，《个人所得税法》中特许权使用费的来源地规则的发展趋势应与 UN 范本特许权使用费上的来源地规则一致，或者比其范围更大。比较合理的方法就是参照《企业所得税法》，从而统一所得税法上对特许权使用费的来源地标准。

（二）我国个别协定的股息条款并不能消除“反向”典型三角情形下的重复征税

如前文所述，参照 OECD 范本第 10 条第 5 款缔结的税收协定（S - PE 协定）排除了反面“典型三角情形”下 PE 国对 S 国居民公司分配给 R 国居民股息的征税权，从而解决了重复征税问题。但是，我国目前有 8 个税收协定在 OECD 范本第 10 条第 5 款的基础上增加了保留缔约国征收分支机构利润税权利的例外条款。例如，2000 年中国与巴巴多斯缔结的税收协定（以下简称中国 - 巴巴多斯协定）第 10 条第 6 款规定：“虽有本协定其他规定，缔约国一方居民企业在缔约国另一方设有常设机构，并从该常设机构取得利润或所得，该常设机构就上述利润或所得汇回到首先提及的缔约国一方居民企业的部分，应根据该缔约国另一方法律征税，但所征税率不应超过百分之五。”在股息条款中规定了类似例外条款的协定还有中国同加拿大（1986 年）、巴西（1991 年）、以色列（1995 年）、哈萨克斯坦（2001 年）、印度尼西亚（2001 年）、摩洛哥（2002 年）、特立尼达（2003 年）、多巴哥（2003 年）缔结的税收协定或议定书。

那么在这 8 个协定作为 PE - S 协定适用的过程中，“反向”典型三角情形下 PE、S 两国重复征税问题依然存在，并且由于股息条款并没有类似

OECD 范本第 11 条第 5 款或 UN 范本第 12 条第 5 款的来源地积极冲突规则,因此 OECD 范本注释所建议的两种方法也均不适用。在涉及这 8 个协定的“反向”典型三角情形下重复征税问题只能通过缔约国相互协商来解决。

本 章 小 结

本书在本章探讨了典型三角情形和“反向”典型三角情形下税收协定的适用问题。在典型三角情形下,由于 OECD 范本对营业利润采用了全球范围的征税权分配规则,而对股息、利息和特许权使用费则采用了双边范围的征税权分配规则,使 R 国居民的该笔所得同时构成了R－S 协定上的消极所得和 R－PE 协定上的营业利润,从而带来了 R 国的双重消除重复征税义务可能被纳税人滥用的难题。此外,由于受协定第 1 条的限制,PE－S 协定无法对 R 国居民的该笔所得适用,从而带来了 PE、S 两国间重复征税无法消除的难题。本书认为,R 国应当按照所得的归属确定其在两个协定上相应的消除重复征税义务,以防止纳税人滥用税收协定;对 PE、S 两国间的重复征税问题可以依据 R－PE 协定第 24 条第 3 款,并结合本款的具体目的,要求 PE 国履行相应的消除重复征税义务。在“反向”典型三角情形下,本书主要探讨的是消极所得的双重来源地冲突问题。OECD 范本第 11 条第 5 款和 UN 范本第 12 条第 5 款作为利息和特许权使用费的“来源地积极冲突规则”,第 10 条第 5 款作为股息的“来源地消极冲突规则”,对解决“反向”典型三角情形下消极所得的双重来源地冲突问题有非常重要的作用。

第四章　涉及双重居民身份的三角情形下税收协定的适用

居民与非居民是各国税法上两个非常重要的概念。一般来说，一国对其居民和非居民来源于其境内的所得均要征税，而对其居民的征税权则扩展至其居民来源于该国境外的所得。[1] 一国的居民就其全球所得向该国纳税（无限纳税义务），而一国的非居民仅就其来源于该国境内的所得向该国纳税（有限纳税义务）。除此之外，国内法上的居民与非居民还有很多差异：比如税基计算标准的不同，非居民时常不允许抵扣某种支出；非居民有时需要比居民多缴纳某种额外税（比如分支机构利润税）；非居民的消极所得可能面临严格的预提税待遇，而居民来源于其本国的消极所得并不会被征收预提税等。鉴于国内法对居民与非居民税收待遇的上述差异性，确定国内法上居民的概念十分重要。当然，也有一些国家或地区遵循"属地税收政策"，并不对其居民来源于本国境外的所得征税（如中国香港特别行政区）。那么在这些国家或地区，国内法上的居民概念似乎不那么重要，除非是为了确定税收协定意义上的居民。[2]

居民与非居民在税收协定上仍然十分重要。依据 OECD 范本第 1 条，协定仅能适用于"缔约国一方或同时为缔约国双方居民的人"，因此只

〔1〕 也有少数国家，它们对非居民收取的来源于其境外的所得也要征税（比如孟加拉国、印度、以色列、牙买加、马耳他、新加坡、特立尼达和多巴哥），或者将在其境内注册或经营的非居民分支机构视为其居民实体而对其全球所得征税（如阿根廷、保加利亚、加纳、匈牙利、墨西哥、斯里兰卡、泰国、突尼斯、乌克兰）。See Roy Rohatgi, *Basic International Taxation*, 2nd edition, UK, Richmond Law & Tax Ltd. ,2005, p. 197。

〔2〕 Roy Rohatgi, *Basic International Taxation*, 2nd edition, UK, Richmond Law & Tax Ltd. , pp. 196 – 197(2005).

有协定意义上的居民才拥有享受协定待遇的资格,非居民没有享受协定待遇的资格。[3] 此外,正如第二章第一节已经提及的,居民国与来源国是税收协定征税权分配规则的核心概念。现代税收协定一般是在居民国与来源国之间划分对所得的税收管辖权范围。[4] 居民在税收协定上的重要作用在于其不但是协定征税权分配规则的核心概念,也是协定适用的基础。税收协定居民的概念可以确定协定对人的适用范围,可以解决因双重居民身份而引起的重复征税问题,也可以解决居民国和收入来源国或财产所在国征税而引起的重复征税问题。[5]

虽然税收协定的居民条款可以解决因双重居民身份而引起的双重征税问题,但是当这种双重居民身份冲突引起的重复征税问题涉及三个国家时,税收协定的居民条款却很难消除这样的重复征税。本书在本章阐述何为涉及双重居民身份的三角情形以及它有哪些表现形式。由于涉及双重居民身份的三角情形表现形式复杂多样,几乎税收协定上的每一种具体所得均会涉及该种三角情形,并且它们的解决方案目前呈现相似性,即扩大"双重居民身份冲突规则"(TBR)的适用范围。本章仅以其中最为复杂的消极所得(股息、利息或特许权使用费)为例,来阐述涉及双重居民身份的三角情形。本章分为两个部分:第一节主要探讨涉及双重居民身份的三角情形下税收协定适用的难题;第二节探讨这种难题的解决方法及中国应对方案。

---

〔3〕 实际上,税收协定适用的人的范围经历了三个历史阶段:(1)1928年《国际联盟范本》使用的是"纳税人"(taxpayer)一语。这是一种粗糙的界定。协定适用的人的范围直接取决于该人是否构成缔约国国内法上的纳税人。它使税收协定适用的人的范围非常广泛,并且没有将无限纳税义务与有限纳税义务区分开来。(2)1943年《墨西哥范本》和1946年《伦敦范本》走向了另一个极端,对税收协定适用的人的范围使用的是"财政住所"一语(fiscal domicile),并且对其规定了协定定义,而没有援引缔约国国内法。(3)这两种界定在实践中受挫之后,"居民"一语走入了1963年OECD范本,它虽然也援引缔约国国内法,但区分了全面纳税义务(居民)与有限纳税义务(非居民)。See Hans Pijl, *The Excluded Resident and the Term "Law"/"Laws" in Article 4 of the OECD Draft (1963) and OECD Model (1977/2010)*, Bulletin for International Taxation 1, p. 3 (2012).

〔4〕 Door Eric Cornelia Catharina Maria Kemmeren, *Principle of Origin in Tax Conventions*, NL Dongen, Pijnenburg, p. 257 (2001).

〔5〕 OECD Model Tax Convention on Income and on Capital, 2010, Commentary on Article 4, para. 1.

第一节　涉及双重居民身份的三角情形下税收协定适用的难题

要想清楚地认识涉及双重居民身份的三角情形下税收协定适用的难题,就必须先弄清这样几个问题:其一,双重居民身份冲突为什么会发生及其影响;其二,税收协定中的"双重居民身份冲突规则"(TBR)是否能够解决三角情形下的双重居民身份冲突?本书的基本观点是:双重居民身份冲突并不是三角情形的特有现象,源自各国国内税法上居民认定标准的差异;税收协定包含协调此类冲突的规则——双重居民身份冲突规则(TBR),但是在三角情形下 TBR 的适用仍然存在征税权分配不公平,甚至无法消除重复征税的难题。

一、双重居民身份冲突的根源与影响

无论是双边情形,还是三角情形,双重居民身份冲突的根源是相同的,即各国国内法上居民身份认定标准的差异性。在此,本书需要说明居民税收管辖权与国籍税收管辖权的关系问题。有学者并不强调这两者的区别,而是将国籍作为确认居民身份的标准之一。[6] 但是本书赞同将居

〔6〕 他们一般按照下面的标准认识国内法上的居民。(1)自然人的税收居民身份一般是基于其在某国的"物理存在"(physical presence)或能够证明其居住在该国的"事实与条件"(facts and circumstances)来确定的。与"物理存在"标准强调客观性因素特点不同的是,"事实与条件"标准更多地强调主观因素。基于"物理存在"标准确定自然人居民身份的典型例子是居住时间标准,而基于"事实与条件"标准确定自然人居民身份的例子是住所标准、重要利益中心所在地标准、习惯性居所标准、以永久居住为主要目的标准、官方登记地标准(如为选举目的而登记姓名)、国籍标准、移民身份标准等。(2)虽然相较于自然人而言,公司的税收居民身份一般具有更为多样化的连结因素,如可以基于股东、董事或经理的居民身份来确定,也可以基于经营、管理地等标准来确定,但是公司的税收居民身份一般来说,要么是基于注册地或法律关系所在地(legal seat)标准(法律方法),要么是基于管理地或者真实坐落地(real seat)标准(经济方法)来确定的。参见 Roy Rohatgi, *Basic International Taxation*, 2nd edition, UK, Richmond Law & Tax Ltd., 2005, pp. 199 – 202; Angharad Miller & Lynne Oats, *Principles of International Taxation*, 2nd edition, Haywards Heath, West Sussex, UK, Tottel Publishing Ltd., 2009, pp. 32 – 33, 54。

民税收管辖权与国籍税收管辖权区别开来的观点。[7] 因此,本书在探讨居民身份标准时并不涉及所谓的国籍标准。

(一)国内法上居民身份认定标准的差异是双重居民身份冲突的根源

居民税收管辖权是征税国基于纳税人与征税国存在居民身份关系的法律事实而主张行使的征税权。这种居民身份关系的法律事实是指征税国税法上规定的居民纳税人身份构成的标准要件。符合税法上规定的居民身份构成条件的人(包括自然人和法人),即属于该征税国税法意义上

---

〔7〕 国籍税收管辖权,亦称公民税收管辖权,是征税国依据纳税人与征税国之间存在国籍这样的身份隶属关系事实所主张的征税权。它和居民税收管辖权一样,性质上均属于属人性质的税收管辖权。在国籍税收管辖权之下,凡具有征税国国籍的纳税人,不管其与征税国之间是否存在实际的经济或财产利益关系,征税国都要对其世界范围内的一切所得或财产价值征税。

(1)对自然人的国籍税收管辖权。征税国对自然人以其具有本国国籍身份关系而主张对其世界范围内的财产或所得行使征税权,从法律上讲虽然有充分的根据,但是在当今人才跨国流动普遍频繁的时代,却欠缺经济上的合理性。在现代社会里,具有一国公民身份的个人离开国籍国而长期居住在他国经商、求学或就业的现象已十分普遍。个人的国籍往往不如住所或居所等标准能在更大程度上反映个人与征税国存在实际的人身或经济利益联系。因此,在所得税和财产税实践中,仅有美国、墨西哥和保加利亚等少数国家主张对自然人依据国籍身份行使征税权。

(2)对法人的国籍税收管辖权。与自然人国籍标准不同的是,对公司企业等法人团体,目前仍有为数不少的国家主张依据某种国籍标准行使税收管辖权。关于法人的国籍确认,各国立法和司法实践采用的标准亦有所不同,包括法人成立地标准、公司注册地标准和资本控制标准等。主张对法人团体依据国籍联系行使税收管辖权的国家,主要有美国、加拿大、墨西哥和菲律宾等国家。根据这些国家的所得税法规定,凡依据本国有关法律登记成立的公司企业和法人团体,应就其世界范围内的所得对本国政府承担纳税义务。

虽然在居民税收管辖权和国籍税收管辖权之下,纳税人均需要承担无限纳税义务,但是两者却有本质差异。这也使得居民与国民成为两个截然不同的概念(尤其对自然人而言)。居民是税收领域使用的概念,用以表示纳税人与征税国之间的基于住所、居所、居留时间等法律事实而存在某种紧密的经济联系,纳税人因此需向征税国表达经济上的忠诚,从而承担无限纳税义务。而国民是国际法领域使用的概念,用以表示某人与某国之间基于出生、血统、入籍等法律事实而存在某种紧密的政治联系,因此国民需向该国表达政治上的忠诚,相应地该国也要对其国民履行政治上的义务。比如,保障国民政治权利的行使,提供外交保护等。此外,国籍(自然人和法人)一般是相对明显且易于确定的内容,但相比之下居民身份(如重要利益中心所在地、管理机构所在地)却不那么清晰。

的居民纳税人。在征税国的居民税收管辖权下，纳税人承担的是无限纳税义务，即纳税人不仅要就来源于或存在于居民国境内的所得和财产向居民国承担纳税义务，而且还要就来源于或存在于居民国境外的所得和财产向其居民国履行有关所得税或财产税的纳税义务。[8] 可见，纳税人居民身份关系法律事实的存在，是征税国对其行使居民税收管辖权的前提。因此，对纳税人居民身份的确认，是各国居民税收管辖权的重要内容。

但是，由于纳税人居民身份的确认直接关系到国家的财税利益，因此在这方面国际税法迄今为止并未形成统一的国际规范，各国政府基本上是从本国的实际情况出发，通过国内税收立法规定居民纳税人的身份确认标准。下面分别说明在确定自然人和法人的居民身份问题上，各国在税收实践中通常采用的标准。[9]

1. 自然人的居民身份确认标准

在各国税法实践中，确认自然人的居民身份主要采用的标准有以下几种。

(1)住所标准

采用住所标准，就是依自然人在征税国境内是否拥有住所这一法律事实，决定其居民或非居民纳税人身份。采用住所标准的国家，主要有中国、日本、法国、德国和瑞士等国。所谓住所，是指一个自然人的永久性、固定性的居住场所，通常与个人的家庭、户籍和主要财产利益关系所在地相联系。

住所具有永久性和固定性，因此采用住所标准易于确定纳税人的居民身份。但是，今天各类人员跨国交流频繁，住所并不一定能够代表一个人的真实活动场所。个人离开住所而长期或一段时间在外居住活动的现象，今天已屡见不鲜。单纯依照住所标准确定个人的居民或非居民身份显然有一定的缺陷。

---

〔8〕 相反地，如果纳税人不具备征税国税法规定的居民身份构成条件，那么则成为该国税法意义上的非居民，该征税国仅能对其行使来源地税收管辖权。在征税国的来源地税收管辖权之下，纳税人承担的是有限纳税义务(limited tax liability)，即纳税人仅就来源于或存在于该征税国境内的所得和财产承担纳税义务。

〔9〕 廖益新主编：《国际税法学》，高等教育出版社2008年版，第27～32页。

(2)居所标准

居所这一概念,在各国税法上的含义可能不尽相同,但一般是指一个人在某个时间内经常居住的场所,并不具有永久居住的性质。采用居所标准的国家,主要有英国、加拿大、澳大利亚等国。这些国家在税法上判断个人是否属于本国居民纳税人的标准之一,就是看个人在其境内是否拥有居所。

居所标准能在更大程度上反映个人与其实际经济活动地之间的联系。这是它相较于住所标准更为合理的地方。但是,这种标准的缺陷在于一个人经常居住的场所往往缺乏某种客观统一的识别标志,在有关国家的税法上其本身就是个不甚明确一致的概念,因此居所标准在实际适用中具有较大的弹性,容易引起纳税人与税务机关之间的争议。

(3)居住时间标准

由于居所标准在实际执行中的不确定性,现在越来越多的国家采用居住时间标准来确定个人的居民纳税人身份,即以一个人在征税国境内居留是否达到和超过一定期限,作为划分其居民或非居民的标准,并不考虑个人在境内是否拥有财产或住宅等因素。

由于个人在一国境内居留的期限可以通过入出境登记管理具体掌握,因而这种标准显得具体明确,易于在实践中掌握执行。但是,采用这种标准的各国,税法上对居住期限的规定并不一致。有些国家规定为半年(6 个月或 183 天),如中国、英国、印度和印度尼西亚等国;有些国家则规定为 1 年,如日本、巴西等国。

(4)主观意愿标准

主观意愿标准,是指如果纳税人本身的行为或有关事实情况表明他有意图在某征税国境内长期居住,尽管他实际在境内居留的时间并不长,也可确认其为该征税国的居民纳税人。所谓表明纳税人有长期在境内居住的主观意愿的行为或有关事实情况,是指如个人申请取得的签证性质、移民身份、申请入境以及购置供本人长期居住使用的住房等行为事实。采用主观意愿标准的国家主要有希腊、日本、土耳其、英国等国家。

目前大多数国家税法都是兼采两种或两种以上标准作为自然人的居民身份标准。比如,我国就是兼采住所标准和居住时间标准。《个人所得税法》第1条规定:“在中国境内有住所,或者无住所而一个纳税年度内在中国境内居住累计满一百八十三天的个人,为居民个人。居民个人从中国境内和境外取得的所得,依照本法规定缴纳个人所得税。”[10]其中“在中国境内有住所”是指因户籍、家庭、经济利益关系而在中国境内习惯性居住。[11]

2. 法人的居民身份确认标准

在公司、企业和法人团体的居民身份确认方面,各国税法实践中通常采用的标准主要有两种:总机构所在地标准及实际管理和控制中心所在地标准。

(1)总机构所在地标准

按照这种标准,法人的总机构设在哪一国,便将法人认定为是该国的居民。所谓法人的总机构,一般是指负责管理和控制法人的日常经营活动的中心机构,如总公司、经理总部、或主要事务所等。采用这种标准的国家主要有比利时、意大利和日本等国。

(2)实际管理和控制中心所在地标准

按照这种标准,企业法人的实际管理和控制中心处在哪一国,便为该国的居民纳税人。所谓的法人实际管理和控制中心所在地,是指作出和形成法人的经营管理重要决定和决策的地点。它并不等同于法人的日常经营业务管理机构所在地。一般来说,法人的经营管理重要决定,是经过董事会或股东会议研究决定的。因而,董事会或股东会议的通常召开地点,是判断法人实际管理机构和控制中心所在地的重要标志。采用这种标准的国家主要有英国、印度、新西兰和新加坡等国。

我国兼采注册地和实际管理机构所在地标准作为法人的居民身份标准。《企业所得税法》第2条第2款规定:“本法所称居民企业,是指依法在中国境内成立,或者依照外国(地区)法律成立但实际管理机构在中国

---

〔10〕 该条的例外是:在中国境内无住所的个人,在中国境内居住累计满183天的年度连续不满6年的,经向主管税务机关备案,其来源于中国境外且由境外单位或者个人支付的所得,免予缴纳个人所得税;在中国境内居住累计满183天的任一年度中有一次离境超过30天的,其在中国境内居住累计满183天的年度的连续年限重新起算(《个人所得税法实施条例》第4条)。

〔11〕 我国《个人所得税法实施条例》第2条。

境内的企业。”其中“依法在中国境内成立的企业”包括依照中国法律、行政法规在中国境内成立的企业、事业单位、社会团体以及其他取得收入的组织。《企业所得税法》第 2 条所称“依照外国(地区)法律成立的企业”包括依照外国(地区)法律成立的企业和其他取得收入的组织。[12] “实际管理机构”是指对企业的生产经营、人员、账务、财产等实施实质性全面管理和控制的机构。[13]

3. 其他实体的居民身份确认标准

与自然人和法人不同的是,有些实体在一些国家的国内法上可能并不具有独立的法律人格或者纳税主体资格。这些实体是否构成国内法的居民以及依照何种标准确认其在国内法上的居民身份是个难题。

(1)合伙

有些国家将普通合伙视为独立的纳税实体,那么在这些国家普通合伙的税收居民身份标准应当按照公司的居民身份来确定。但是,另一些国家可能将普通合伙视为税收虚体,那么在这些国家普通合伙的税收待遇则应当以合伙人(自然人或者公司)的居民身份来确定。[14]

(2)信托

各国国内法对信托的居民身份认定标准目前也并不一致。它既可以按照大多数受托人的居民身份来确认,也可以按照信托的经营、管理地或

---

〔12〕 我国《企业所得税法实施条例》第 3 条。

〔13〕 我国《企业所得税法实施条例》第 4 条。此外,《关于境外注册中资控股企业依据实际管理机构标准认定为居民企业有关问题的通知》(国税发〔2009〕82 号)第 2 条和第 3 条具体解释了实际管理机构所在地的认定标准。第 2 条规定:“境外中资企业同时符合以下条件的,根据企业所得税法第二条第二款和实施条例第四条的规定,应判定其为实际管理机构在中国境内的居民企业(以下称非境内注册居民企业),并实施相应的税收管理,就其来源于中国境内、境外的所得征收企业所得税。(一)企业负责实施日常生产经营管理运作的高层管理人员及其高层管理部门履行职责的场所主要位于中国境内;(二)企业的财务决策(如借款、放款、融资、财务风险管理等)和人事决策(如任命、解聘和薪酬等)由位于中国境内的机构或人员决定,或需要得到位于中国境内的机构或人员批准;(三)企业的主要财产、会计账簿、公司印章、董事会和股东会议纪要档案等位于或存放于中国境内;(四)企业 1/2(含 1/2)以上有投票权的董事或高层管理人员经常居住于中国境内。”第 3 条规定:“对于实际管理机构的判断,应当遵循实质重于形式的原则。”

〔14〕 Roy Rohatgi, *Basic International Taxation*, 2nd edition, UK, Richmond Law & Tax Ltd., 2005, p. 220.

者信托的成立地来确认。但同时它也可以按照信托财产所在地,受益所有人的居民身份或者设立人、委托人的居民身份来确认。[15]

(二)税收协定上的居民定义并不能统一各国的居民身份认定标准

尽管各国国内法对居民的认定标准并不统一,但是居民这一概念和相关规则却不能被排除在税收协定适用范围之外,否则税收协定的目的将无法实现。[16] OECD 范本和 UN 范本第 4 条第 1 款规定了协定意义上的居民定义,即"在本协定中,'缔约国一方居民'一语是指按照该缔约国法律,由于住所、居所、管理机构所在地,或者其他类似性质的标准,[17] 在该缔约国负有纳税义务的人,也包括该缔约国本身、其所属行政区或地方当局。但是,这一用语不包括仅由于来源于该缔约国的所得或位于该缔约国的财产在该缔约国负有纳税义务的人。"鉴于该款对协定意义上"缔约国一方居民"用语的定义援引了国内法有关居民概念的内容,避免税收协定一般并不影响缔约国国内法有关判定某人属税收上的"居民"从而对该国负无限纳税义务之条件的规定,也不对各国国内法中有关"居民"规定提出必须符合的标准,以便缔约国双方能共同接受有关无限纳税义务的主张。在这方面,缔约国双方可完全坚持其国内法的立场。[18] 可以

[15] See Roy Rohatgi, *Basic International Taxation*, 2nd edition, UK, Richmond Law & Tax Ltd. ,2005,p. 220.

[16] Door Eric Cornelia Catharina Maria Kemmeren, *Principle of Origin in Tax Conventions*, NL Dongen, Pijnenburg, p. 259(2001).

[17] 有趣的是,OECD 范本第 4 条第 1 款的上述定义并没有明确列举"国籍或者注册地"作为判断"缔约国一方居民"身份的标准。那么因国籍或注册等原因而构成一国国内税法上居民的人是否能够成为税收协定意义上的居民呢? 换言之,税收协定居民定义中的"其他类似性质标准"是否包括国籍、注册地等标准呢? 对此,OECD 范本注释并没有给出答案,即没有解释"其他类似性质标准"应当从功能上判断还是从内容上判断。若是从功能上判断,"国籍、注册地"标准因与"住所、居所、管理机构所在地"同样具有确定国内法上税收居民身份的功能而应该包括在"其他类似性质标准"范围之内;但若是从内容上判断,"国籍、注册地"标准(基于国籍税收管辖权)显然与"住所、居所、管理机构所在地"(基于居民税收管辖权)不同,而应当被排除在"其他类似性质标准"之外。See Philip Baker, *Double Taxation Convention and International Tax Law: A Manual on the OECD Model Tax Convention on Income and on Capital of 1992*, London, Sweet & Maxwell, 1994, p. 126.

[18] See OECD Model Tax Convention on Income and on Capital, 2010, Commentary on Article 4, para. 4.

说，税收协定的居民定义并没有统一各国国内法上的居民身份认定标准。

上述关于确认自然人和法人居民身份的标准，在各国税法实践中并非仅限于采用其中一种标准。许多国家往往同时采用两种以上的标准，以尽可能扩大自己的居民税收管辖权范围。有的国家除了主张居民税收管辖权外，还兼行国籍税收管辖权。由于在居民身份确认问题上，国际税法并没有形成统一的国际规范或标准，各国的所得税法都是从各自的国情实际需要出发，选择上述标准中的一种或几种。这就可能经常出现某个自然人或法人团体，由于同时符合两个国家税法上规定的居民身份标准，从而分别被这两个国家确认为是其居民，并要求向其承担无限纳税义务的情形。这种情形就是所谓的双重居民身份冲突。

（三）双重居民身份冲突的影响

双重居民身份冲突的影响主要体现在以下几个方面：

首先，双重居民身份冲突会带来重复征税问题。纳税人的双重居民身份冲突意味着两个将其视为国内法上居民的国家均要对其行使居民税收管辖权，因此经常造成国际重复征税。此外，两个国家居民税收管辖权之间的冲突，还是构成所谓经济意义上的国际重复征税的原因。不过这类情形下两个国家的居民税收管辖权并不是在同一个纳税人上发生冲突，而是在经济上有关联的两个纳税人的同一笔所得或财产价值上的冲突。[19]

其次，如果双重居民身份冲突问题得不到解决，那么税收协定的征税权分配规则将产生适用上的困难。OECD 范本和 UN 范本的第三章（第 6 条至第 21 条对所得征税的条款）和第四章（第 22 条对财产征税的条款）包含了征税权分配规则。征税权分配规则一般要求所得的收取人是“缔约国一方居民”，但有些征税权分配规则甚至还要求所得的支付人为“缔约国另一方居民”（如第 10 条股息）。[20] 虽然依照两范本第 1 条具有双

---

〔19〕 廖益新主编：《国际税法学》，高等教育出版社 2008 年版，第 44～45 页。

〔20〕 在 OECD 范本第 6 条至第 22 条的税收权益分配规则中，除了第 8 条（国际运输）外，均要求所得的收取人为缔约国一方居民或缔约国一方企业（缔约国一方居民经营的企业）；而第 9 条对关联企业的居民身份、第 10 条和第 11 条对支付人的居民身份、第 15 条第 2 款第 b 项对雇主的居民身份以及第 16 条对公司的居民身份也做了要求。

重居民身份的人属于某一税收协定适用的人的范围,但如果双重居民身份冲突得不到解决,那么具体适用协定的哪一条征税权分配规则可能无法确定。举例来说,某 X 公司是 A、B 两国国内税法上的居民,其在某一纳税年度内有一笔来自 B 国的利息所得,A、B 两国参照 OECD 范本缔结了税收协定。依照 A－B 协定第 1 条,X 公司作为 A－B 协定的人可以享受协定待遇。但是,由于 X 公司具有双重居民身份,对 X 公司的该笔所得是适用 A－B 协定第 11 条利息还是适用第 7 条营业利润就产生了认定上的困难。如果 X 公司仅作为税收协定意义上的 B 国居民,那么由于该笔交易没有跨国因素,该笔所得应当作为 X 公司的营业利润适用协定第 7 条由企业居民国(B 国)独占征税。而如果 X 公司仅作为税收协定意义上的 A 国居民,那么该笔所得则应当作为 X 公司的跨国利息所得适用协定第 11 条由 A、B 两国分享征税权。

双重居民身份冲突不仅抑制了征税权分配规则的适用,同时也给缔约国履行协定上的消除重复征税义务带来了不确定性。因此,两范本第 4 条在第 1 款(居民定义)的基础上,通过第 2 款和第 3 款分别规定了解决自然人和法人的 TBR,旨在对同时具有两个缔约国国内法上居民身份的人协调出缔约国何方是协定意义上该特定纳税人的居民国,另一方则成为协定适用意义上的所得来源国。

二、税收协定的 TBR 难以解决三角情形下的双重居民身份冲突

鉴于双重居民身份冲突问题的上述影响,税收协定规定了 TBR。虽然,税收协定的居民定义并不能统一各国国内法上的居民身份认定标准,但是税收协定的 TBR 可以在两个同时将某人视为国内法上居民的缔约国之间确定出税收协定意义上的唯一居民国。但是这种在双边情形下能够解决双重居民身份冲突的规则在三角情形中是否依然有效呢?

(一)税收协定的 TBR

要解决这种双重居民身份冲突,税收协定就必须制定具体规则以确定某人与一个国家的连结因素优先于与另一个国家的连结因素。优先的判定标准必须尽可能明了,使所涉及的人符合条件且仅依附于一个国家,

同时必须反映出因该种连结因素的存在而很自然地使居民征税权转移到该特定的国家。[21] OECD 范本第 4 条第 2 款(针对自然人)和第 3 款(针对法人)便规定了这样的优先判定标准,即 TBR。TBR 只适用于解决一个人同时具有缔约国双方国内法上居民身份的冲突问题。[22]

1. 自然人的 TBR

OECD 范本第 4 条第 2 款规定,同时是缔约国双方居民的个人,其身份的确定应按以下规则进行:

(1)应认为仅是其永久性住所所在缔约国的居民;如果在缔约国双方同时有永久性住所,应认为仅是其个人和经济关系更密切(重要利益中心所在)的缔约国的居民;

(2)如果其重要的利益中心所在国无法确定,或者在缔约国任何一方都没有永久性住所,应认为仅是其习惯性居所所在缔约国的居民;

(3)如果其在缔约国双方都有,或者都没有习惯性居处,应认为仅是其国籍所属缔约国的居民;

(4)如果其同时是缔约国双方的国民,或者不是缔约国任何一方的国民,缔约国双方主管当局应通过相互协商解决其居民身份归属问题。

可以看出,OECD 范本对自然人的 TBR 采取层级递进的方式,按照这样的先后顺序确定居民身份:永久性住所所在缔约国(permanent home)——重要利益中心所在缔约国(centre of vital interests)——习惯性居处所在缔约国(habitual abode)——国籍国——相互协商程序确定。

"永久性住所"应是个人所拥有或占有家的地方,并且这个家具有永久性。家的概念,要考虑到任何形式的家(私人自有或租用的房屋或公寓、租用的带家具的房间),但家的永久性是其本质要素,即个人已安排长期居住的住所,而不是为了某些原因(旅游、商务旅行、求学、到学校进修课程等)短期逗留而临时居住的住所。[23]

---

〔21〕 OECD Model Tax Convention on Income and on Capital, 2010, Commentary on Article 4, para. 10.

〔22〕 OECD Model Tax Convention on Income and on Capital, 2010, Commentary on Article 4, para. 4.1.

〔23〕 OECD Model Tax Convention on Income and on Capital, 2010, Commentary on Article 4, paras. 12 – 13.

关于“重要利益中心所在地”。如果某人在缔约国双方都有一个永久性住所,有必要对事实加以分析以判定哪一国同这个人的人身和经济联系更为密切。这要考虑其家庭和社会关系、职业、政治、文化及其他活动、从事营业的地点、管理财产所在地等因素。这些情况应作为一个整体加以分析,并应特别注意个人的自身行为。如果他在一国已有住所,并在拥有该住所的同时在另一国又建一住所,但仍保留第一个住所且在此一直居住、工作,并拥有家庭和财产,那么这些事实加上其他一些因素,可以表明,他在第一个住所所在国保留其重要利益中心。[24]

关于“习惯性居处”。如果个人在缔约国双方都有永久性住所,且不能确定其重要经济利益中心所在国,那么在一国而非另一国有习惯性住处的事实,足以使天平向该个人较常居留的国家倾斜;或者,如果此人的永久性住所不在缔约国的任何一方,如这个人不断地居住在各个国家的旅馆之间,那么要将此人在一个国家所有的停留时间加在一起进行判断,而不必问其停留的原因。在对上述两种情况明确规定优先选择个人有习惯性住处的缔约国方面,OECD 范本第 4 条第 2 款第 b 项没有具体规定应在多长的期间内比较个人在两国分别居住的时间长短。应该在足够长的期间内进行比较,以便能确定其在两个国家中的哪一个居所是属于习惯性的,同时确定停留的间隔时间。[25]

2. 法人的 TBR

OECD 范本第 4 条第 3 款规定,除个人以外,同时为缔约国双方居民的人,应认为仅是其实际管理机构所在缔约国的居民。与自然人不同,范本对法人的 TBR 没有采取层级递进的方式,而是直接规定了唯一的优先标准——实际管理机构所在地(place of effective management)。实际管理机构所在地是指实质上作为有关企业经营关键性的管理与商业决策之地。这种实际管理机构所在地通常是最高层的人员或人群(如董事会)作出决策的地方,以及决定企业整体行动的地点。由于难以制定明确具体

---

〔24〕 OECD Model Tax Convention on Income and on Capital, 2010, Commentary on Article 4, para. 15.

〔25〕 OECD Model Tax Convention on Income and on Capital, 2010, Commentary on Article 4, paras. 17 – 19.

的判定规则,所有有关的具体情况都必须予以考虑以便确定实际管理机构所在地。一个实体可能拥有多个管理机构所在地,但在任何特定的时候只可能有一个实际管理机构所在地。[26] 综上所述,OECD 范本第 4 条规定的协定意义上的"缔约国一方居民"实际上包括了两类:一是缔约国一方国内法上的居民(但其同时并不构成缔约国另一方国内法上的居民);二是依据第 4 条第 2 款和第 3 款被视为协定意义上居民的人(其同时构成两个缔约国国内法上的居民)。[27]

值得强调的是,OECD 范本第 4 条第 2 款和第 3 款的作用仅在于确定具有双重居民身份的某人究竟属于协定意义上哪一缔约国的居民,而不能直接影响该人在其国内法上的居民身份。换言之,同时具有 A、B 两国国内法上居民身份的某人,虽然在 A – B 税收协定的适用下仅作为协定意义上的 A 国居民,从而决定了 B 国对该纳税人的有关跨国所得的课税要受到协定中关于限制来源地课税权规则的限制约束,但是这并不能影响 B 国在国内课税实践中仍然将该纳税人作为居民纳税人进行课税处理。

(二)TBR 在双边情形下和三角情形下适用的差异

既然税收协定的 TBR 能够在两个缔约国中确定出协定意义上的唯一居民国,那么它是否也能够确定出涉及双重居民身份的三角情形中的唯一居民国,从而解决重复征税问题呢? 要回答这一问题,本书必须将 TBR 在双边情形下和在三角情形下的适用联系起来通盘考虑。本书的基本观点是:其一,虽然会面临某些概念在定性上的难题,但是 TBR 一般能够解决双边情形下双重居民身份冲突引起的重复征税问题;其二,在三角情形下,虽然同样会面临某些概念在定性上的难题,但是除此之外,TBR 在解决三角情形下双重居民身份冲突引起的重复征税问题时还将面临特

---

〔26〕 OECD Model Tax Convention on Income and on Capital, 2010, Commentary on Article 4, para. 24.

〔27〕 Klaus Vogel, *Klaus Vogel on Double Taxation Conventions: A Commentary to the OECD, UN – and US Model Conventions for the Avoidance of Double Taxation on Income and Capital With Particular Reference to German Treaty Practice*, 3rd edition, London, Kluwer Law International, 1997, p. 224.

殊的困难,即根本无法消除重复征税或者虽能够消除重复征税但却伴随着国家间征税权分配不公平或滋生纳税人滥用税收协定的风险。

1. 双边情形下由双重居民公司取得的消极所得

假设 X 公司在 B 国注册成立,而将实际管理机构设在了 A 国,依照 A 国和 B 国的国内税法,X 公司同时构成了 A、B 两国国内法上的居民。某个纳税年度内,X 公司收取了一笔由 B 国居民 Y 公司支付的消极所得(股息、利息或特许权使用费)(如图 4 – 1 所示)。假设 A、B 两国间缔结的税收协定与 OECD 范本一致,那么 A、B 两国对 X 公司的该笔消极所得应当如何分配征税权?

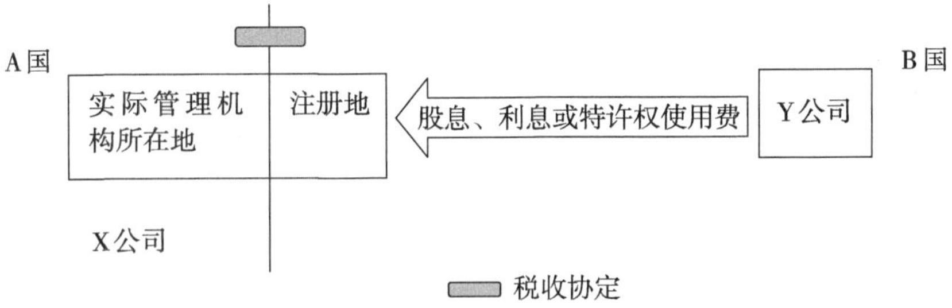

图 4 – 1 双边情形下由双重居民公司取得的消极所得

(1)依照 A、B 两国国内法,纳税人 X 公司同时构成了两国国内法上的居民纳税人,两国对其全球所得一般均可行使居民税收管辖权。A、B 两国对 X 公司收取的该笔消极所得形成了法律性重复征税。

(2)A – B 协定适用情况如下:第一,依照第 1 条和第 4 条,纳税人 X 公司属于税收协定适用的人的范围;第二,要想继续适用 A – B 协定的征税权分配规则,就必须确定 X 公司是 A – B 协定意义上的哪国居民,依照 A – B协定第 4 条第 3 款,X 公司系 A – B 协定意义上的 A 国居民;第三,而后,依照 A – B 协定第 10 条或第 11 条,股息或利息的征税权由 A 国(居民国)和 B 国(来源国)分享,而特许权使用费的征税权由 A 国(居民国)独占征收。此外,需要强调的是虽然 X 公司丧失了其在 A – B 协定意义上的 B 国居民身份,但是由于注册、经营等事宜其可能构成在 B 国设有A – B协定上常设机构的事实。若如此,对 X 公司收取的该笔消极所得便不再适用第 10 条至第 12 条,而是适用 A – B 协定第 7 条,由 B 国优先征税。[28]

(3)假设依照 A－B 协定第 4 条第 3 款,X 公司构成 A－B 协定意义上的 B 国居民,那么由于该笔消极所得的支付缺少跨境交易的要素,因此 A－B 协定第 10 条至第 12 条(双边范围的所得征税权分配规则)不适用于本案,本案仅能适用 A－B 协定第 7 条或第 21 条,最终由 B 国(居民国)独占征税。

可见,在双边情形下由双重居民公司取得的消极所得虽可能遭受重复征税,但是税收协定的 TBR 可以确定出协定意义上的居民,从而保证了征税权分配规则的适用,最终缓解或消除重复征税。

但是,由于 A－B 协定第 4 条第 3 款的适用结果直接影响到缔约国双方征税权的分配,对于第 4 条第 3 款的核心概念——"实际管理机构所在地"的认定在实践中争议很大。[29] 或者说,TBR(包括自然人和法人)的定性问题,即"永久性住所""重要利益中心所在地""习惯性居处""实际管理机构所在地"等概念的认定是税收协定适用中的疑难问题。由于 TBR 的定性问题在双边情形和三角情形中并没有什么不同,而本书仅集中研究税收协定在三角情形下有别于双边情形下适用的一些特殊问题,

---

〔28〕 依据 OECD 范本第 10 条第 4 款,第 11 条第 4 款和第 12 条第 3 款。

〔29〕 一些 OECD 成员国家认为有双重居所的非个人纳税人的情况相对少见,且应在具体问题具体分析的基础上解决。并且,要解决由于采用新通信技术所引发的确定法人实际管理机构所在地的困难,这种个案分析的方法(case－by－case approach)是最佳途径。See OECD Model Tax Convention on Income and on Capital, 2008, Commentary on Article 4, para. 24.1.

一些非 OECD 经济体也对第 4 条第 3 款的认定提出了意见。阿根廷、乌克兰和越南对"实际管理机构所在地"一语的解释是指日常的实际管理,而不论主要控制行为发生在何处。印度则认为在判定实际管理机构所在地时,还应该将该实体主要的实质性活动发生地考虑在内,而不仅仅是 OECD 范本注释第 24 段所认为的因该实体的整体营业行为所需而实际进行关键管理和商业决策的地点。巴西认为实际管理机构所在地的定义应该由国内法和国内法院裁决确定。See OECD Model Tax Convention on Income and on Capital, 2010, Non－OECD Economies' Positions on the OECD Model Tax Convention, Position on Article 4 and Its Commenntary, paras. 10－12.

此外,还有一些国家并不完全同意 OECD 范本第 4 条第 3 款的内容。比如,加拿大和美国均保留在第 3 款中对公司采用注册成立地作为判定居民标准的权利,而日本和韩国希望在协定中适用"总机构或主要办事处"用语,而不是"实际管理机构所在地"。See OECD Model Tax Convention on Income and on Capital, 2010, Commentary on Article 4, paras. 27, 28, 31.

因此本书并不对TBR 的定性问题展开论述。[30]

2. 三角情形下由双重居民公司取得的消极所得

本书将上面的例子扩展至三国，便形成了涉及双重居民身份的三角情形。依然假设 X 公司在 B 国注册成立，而将实际管理机构设在了 A 国，依照 A 国和 B 国国内税法，X 公司同时构成了 A、B 两国国内法上的居民。某个纳税年度内，X 公司收取了一笔由 C 国居民 Y 公司支付的消极所得（股息、利息或特许权使用费）（如图 4 －2 所示）。假设 A、B、C 三国间均缔结了税收协定，且与 OECD 范本一致，那么 A、B、C 三国对 X 公司的该笔消极所得应当如何分配征税权？

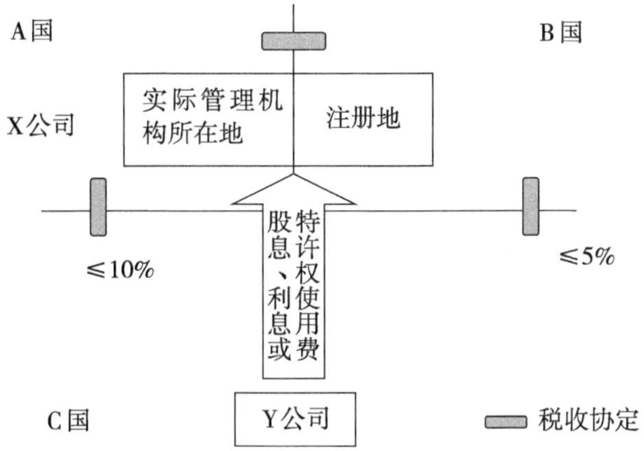

图 4 －2　三角情形下由双重居民公司取得的消极所得

（1）依照 A、B 两国国内法，纳税人 X 公司同时构成了两国国内法上的居民纳税人，两国对其全球所得一般均可行使居民税收管辖权。而依照 C 国国内法，X 公司取得的该笔消极所得系由 C 国居民 Y 公司支付，因此构成来源于 C 国的消极所得，C 国亦要行使来源地税收管辖权。A、

---

〔30〕 有关“双重居民身份冲突规则”（TBR）的定性问题研究可参见 Silvia Makovníková, *Permanent Home as a Tie－Breaker Criterion*; Shauna Pittman, *The Centre of Vital Interests Rule: Do Personal Interests Prevail over Economic Interest?*; Marco Antonio Barrera Vázquez, *The Limits of Habitual Abode and Nationality Tie－Breaker Rules in the OECD Model Convention*; Yevheniy Plakhin, *The Place of Effective Management as a Tie－Breaker Criterion*, in Matthias Hofstätter & Patrick Plansky, eds., Dual Residence in Tax Treaty Law and EC Law, Vienna, Linde, 2009, pp. 17－81。

B、C 三国对 X 公司收取的该笔消极所得形成了法律性重复征税。

(2)A－B 协定的适用情况如下:第一,依照第 1 条和第 4 条,纳税人 X 公司属于税收协定适用的人的范围;第二,要想继续适用 A－B 协定的征税权分配规则,就必须确定 X 公司是 A－B 协定意义上的哪国居民,依照 A－B 协定第 4 条第 3 款,X 公司系 A－B 协定意义上的 A 国居民;第三,而后,依照 A－B 协定第 7 条或第 21 条,该笔所得的征税权由 A 国(A－B 协定上的居民国)独占征收,B 国丧失对该笔所得的征税权。此外,需要强调的是虽然 X 公司丧失了其在 A－B 协定意义上的 B 国居民身份,但是由于注册、经营等事宜其可能构成在 B 国设有 A－B 协定上常设机构的事实。若如此,便构成了第三章第一节所论述的“典型三角情形”。因此本章所关注的是,纳税人 X 公司丧失协定意义上缔约国一方居民身份的同时,并不构成在该缔约国设有常设机构的事实情况。

(3)X 公司仅是就该笔所得暂时丧失了其在 A－B 协定意义上的 B 国居民身份,而没有丧失其在 B 国国内税法上的居民身份,因此依照 A－C协定和 A－B 协定的第 4 条,X 公司依然是 A－C 协定和B－C协定的居民。这意味着 B 国需要同时履行其在 A－B 协定和 B－C 协定上的相关义务,而 C 国则需要同时履行其在 A－C 协定和 B－C 协定第 10 条第 2 款或第 11 条第 2 款的限制预提税率义务。由于 A－B 协定使得 B 国丧失了对该笔消极所得的征税权益,B 国最终只能放弃对该笔消极所得的征税权。而对 C 国而言,假设 A－C 协定的相关预提税率为不高于 10%,而 B－C 协定上的相关预提税税率为不高于 5%,那么 C 国必须同时履行在两协定上的义务,最终执行“不高于 5%”的限制税率。如果 A 国采用抵免法来消除重复征税,那么 B 国对该笔消极所得所放弃的那部分征税权将转移至 A 国;而如果 A 国采用免税法来消除重复征税,那么该所得仅在 C 国缴纳至多 5% 的预提税,将成为纳税人有效的避税手段。

可见,三角情形下由双重居民公司取得的消极所得,适用税收协定可能消除重复征税,但同时也可能带来严重的不公平分配征税权的问题。B 国一般无法容忍自己牺牲的那部分征税权并没有成为激励纳税人再投资的积极因素,而是进了他国(A 国)征税权范围,为他国税收收入增涨作了嫁衣。

3. 双边情形下由双重居民公司支付的消极所得

假设 X 公司在 B 国注册成立，而将实际管理机构设在了 A 国，依照 A 国和 B 国的国内税法，X 公司同时构成了 A、B 两国国内法上的居民。某个纳税年度内，X 公司向 B 国居民 Y 公司支付了一笔消极所得（股息、利息或特许权使用费）（如图 4－3 所示）。假设 A、B 两国间缔结的税收协定与 OECD 范本一致，那么 A、B 两国对 Y 公司的该笔消极所得应当如何分配税收权益？请注意，这里的纳税人是 Y 公司（而非 X 公司）。

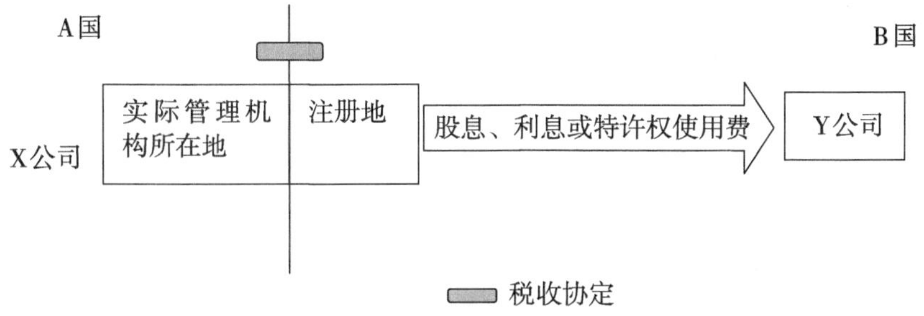

图 4－3　双边情形下由双重居民公司支付的消极所得

（1）依照 B 国国内法，纳税人 Y 公司构成其国内法上的居民，因此 B 国对其全球所得一般均要行使居民税收管辖权。而依照 A 国国内法，非居民 Y 公司的该笔消极所得系由 A 国居民 X 公司支付，因此 A 国要对 Y 公司取得的该笔消极所得行使来源地税收管辖权。A、B 两国对 Y 公司收取的该笔消极所得形成了法律性重复征税。

（2）A－B 协定适用情况如下：第一，依照第 1 条和第 4 条，纳税人 Y 公司属于税收协定适用的人的范围；第二，虽然本案中纳税人 Y 公司并不存在双重居民身份冲突，但是支付人 X 公司的双重居民身份冲突也将导致征税权分配规则适用上的差异，因此仍然需要确定 X 公司是 A－B 协定意义上的哪国居民，依照 A－B 协定第 4 条第 3 款，X 公司系 A－B 协定意义上的 A 国居民；第三，而后，依照 A－B 协定第 10 条和第 11 条，股息和利息的征税权由 B 国（居民国）和 A 国（来源国）分享，而特许权使用费的征税权由 B 国（居民国）独占征收。

（3）假设依照 A－B 协定第 4 条第 3 款，X 公司构成 A－B 协定意义上的B国居民,那么由于该笔消极所得的支付缺少跨境交易的要素,A－B协定第10条至第12条(双边范围的所得征税权分配规则)不适用于本案,本案仅能适用A－B协定第7条或第21条,最终由B国(居民国)独占征税。但是,在支付利息的情况下,如果X公司虽构成A－B协定上的B国居民,但同时在A国设有常设机构,且据以支付该利息的债权与该常设机构有实际联系并由其负担,根据OECD范本第11条第5款第二句,Y公司的该笔利息所得依然应当适用A－B协定第11条第1款和第2款,由A国与B国分享征税权。

可见,在双边情形下由双重居民公司支付的消极所得虽可能遭受重复征税,但是TBR可以确定出协定意义上的居民,从而可以保证征税权分配规则的适用,最终缓解或消除重复征税。

4. 三角情形下由双重居民公司支付的消极所得

本书将上面的例子扩展至三国,便形成另一种涉及双重居民身份的三角情形。依然假设X公司在B国注册成立,而将实际管理机构设在了A国,依照A国和B国国内税法,X公司同时构成了A、B两国国内法上的居民。某个纳税年度内,X公司向C国居民Y公司支付了一笔消极所得(股息、利息或特许权使用费)(如图4－4所示)。假设A、B、C三国间均缔结了税收协定,且与OECD范本一致,那么A、B、C三国对Y公司的该笔消极所得应当如何分配征税权?

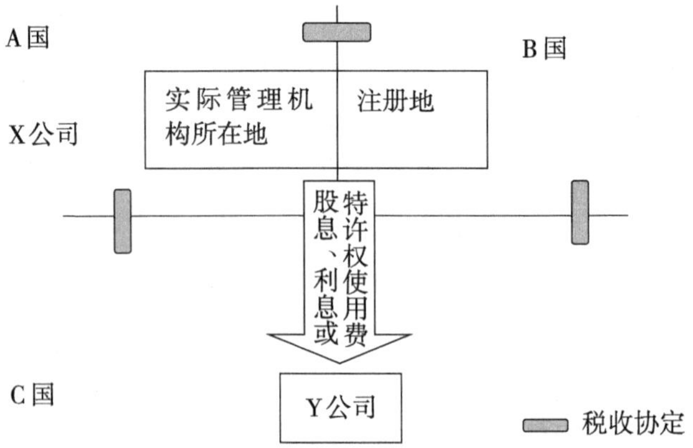

图4－4 三角情形下由双重居民公司支付的消极所得

(1)依照 C 国国内法,纳税人 Y 公司构成其国内法上的居民,因此 C 国对其全球所得一般均要行使居民税收管辖权。而依照 A、B 两国的国内法,非居民 Y 公司的该笔所得系由两国居民 X 公司支付,因此 A、B 两国均要对 Y 公司取得的该笔消极所得行使来源地税收管辖权。A、B、C 三国对 Y 公司收取的该笔消极所得形成了法律性重复征税。

(2)A－C 协定和 B－C 协定的适用情况如下:第一,依照 A－C 协定和 B－C 协定的第 1 条和第 4 条,纳税人 Y 公司构成两个协定适用的人;第二,X 公司同时构成 A、B 两国国内法上的居民,因此依照两协定第 4 条 X 公司同时构成了 A－C 协定和 B－C 协定上的居民;第三,依照两个协定第 10 条或第 11 条,A、B 两国作为来源国对 Y 公司的该笔股息或利息所得均可以征税;第四,依照两个协定第 23 条,C 国也将同时面临两个协定上的双重消除重复征税义务,除非 C 国实行抵免法消除重复征税,且抵免限额足够覆盖 A、B 两国的征税总额,否则 A、B 两国间的重复征税依然无法消除(可参见第三章第一节第一目)。此外,在 X 公司向 Y 公司支付特许权使用费的情形下,由于 OECD 范本将特许权使用费的征税权分配给了居民国(C 国)独占征收,两协定的适用可以消除重复征税。

(3)虽然依照 A－B 协定第 4 条第 3 款能够确定出 X 公司系 A、B 两国哪一方的居民,但是纳税人 Y 公司并不属于 A－B 协定适用的人的范围,因此 A－B 协定对本案中 Y 公司收取的该笔消极所得并不适用。可见,在由双重居民公司支付股息或利息的三角情形下,税收协定的适用一般并没有消除 A、B 两国间的重复征税。

总之,在涉及双重居民身份的双边情形下,税收协定的适用一般可以消除重复征税;但是在涉及双重居民身份的三角情形下,税收协定的适用很可能带来征税权分配不公平或者根本无法消除重复征税的问题。

第二节　涉及双重居民身份的三角情形下如何适用税收协定

涉及双重居民身份的三角情形下,税收协定适用困难的一个重要原因是 TBR 并不能直接影响某人在国内法上的居民身份。某人虽丧失了在一个协定意义上的缔约国一方居民身份，但其并不丧失在该缔约国国内法上的居民身份。[31] 因而该人很可能就同一笔所得同时作为另一个协定意义上的缔约国一方居民而享受另一协定的优惠。一般情况下，TBR 仅能在两个缔约国间确定出某人是哪一方居民，而不能影响该人在缔约国一方与第三方国家缔结的税收协定上的居民身份。这也是 TBR 在三角情形下适用的一个天然漏洞。而晚近一些国家的司法实践和 OECD 范本注释则主要尝试用两种方法弥补这个天然的漏洞，这两种方法均涉及对 OECD 范本第 4 条第 1 款的解释。

2008 年 OECD 范本第 4 条第 1 款的两句内容为：[第一句]在本协定中，"缔约国一方居民"一语是指按照该缔约国法律由于住所、居所、管理机构所在地或任何其他类似标准，在该缔约国负有纳税义务的人，包括该缔约国、地方当局或法定机构。[32] [第二句]但是，仅由于所得来源于或财产位于其境内而在该缔约国负有纳税义务的人不是"缔约国一方居民"。[33] 第一种方法是扩大解释 OECD 范本第 4 条第 1 款第一句"该缔约国法律"的范围，使之除了缔约国国内法之外还包含该国缔结的税收协定，从而排除在某一协定中丧失居民身份的人成为另一协定上的居民；第

---

〔31〕 也有少数国家认为，某人在税收协定意义上居民身份的丧失能够直接影响其在国内法上的居民身份。比如，英国国内法（Section 249 Finance Act，1994）规定，虽然某公司构成英国国内法上的居民，但是由于依照英国所签订的税收协定上的"双重居民身份冲突规则"（TBR）或其他能够消除税收协定意义上双重居民身份的条款，该公司构成了税收协定意义上另一国的居民，那么它也不能被认为是英国国内法上的居民。加拿大国内法也有类似的规定[Article 250（5） of the Canadian Income Tax Act，1985，updated 31 Dec. 2003]。与本节中荷兰税收实践与 2008 年 OECD 范本注释试图通过税收协定解决双重居民三角情形不同的是，英国和加拿大则是通过国内法来解决此问题。应当看到的是，英国、加拿大国内法的上述规定是为了阻止其居民 X 公司将实际管理活动设在低税国，X 公司利用所取得的双重居民身份来享受英国（加拿大）和低税国分别对外签订的协定优惠。换言之，在涉及双重居民身份的三角情形下，仅有适用 TBR 赢得协定居民国身份的缔约国（R – Winner 国）对外缔结的税收协定能够适用，而未获得协定居民身份的缔约国（R – Looser 国）对外缔结的税收协定则不适用。See Mark Kalyagin & Richard Strnad, *The Importance and the Limits of the Tie – Breaker – Rule for Dual Resident Companies*, in Franz Philipp Sutter & Ulf Zehetner, ed. , *Triangular Tax Cases*, Vienna, Linde, 2004, pp. 136 – 138.

〔32〕 "包括该缔约国、地方当局或法定机构"系 2000 年 OECD 范本新增内容。

〔33〕 第 4 条第 1 款第二句系 1977 年 OECD 范本新增内容。

二种方法是解释 OECD 范本第 4 条第 1 款第二句，使之直接排除在某一协定中丧失居民身份的人成为另一协定上的居民。本节作者将对这两种方法详加阐述。

一、2001 年"荷兰股息案"的启示

荷兰高等法院于 2001 年 2 月 28 日作出的判决[34]通过对 1970 年荷兰－比利时协定第 4 条第 1 款的解释，将 1964 年荷兰与荷属安的列斯群岛签署的双重税收安排（以下简称荷兰－安的列斯税收安排）[35]的 TBR 的适用结果适用于 1970 年荷兰－比利时协定。该案的判决由于与先前荷兰对类似案例的主流观点不同，且本案判决的部分推理过程模棱两可，加之该案使得一个税收协定的 TBR 产生了影响另一个税收协定居民身份认定的效果，因此该案在国际税法学界引发了广泛的争议。

（一）案件事实与高等法院的判决

本案主要事实如下。X 公司在荷兰注册成立，依照荷兰国内法在荷

---

〔34〕 Netherlands – Case Number：35.557，Undisclosed Company Taxpayer v. NL Tax Authorities，Hoge Raad（Supreme Court），published in BNB 2001/29，English Version "Netherlands-Case 35.557，28 February 2001（Summary）"，IBFD Database. 本案的英文述评可参见 Dr. Jan W. J. de Kort. HR 28 February 2001，nr 35.557：*The Supreme Court of the Netherlands Reaches a Questionable Decision in a Triangular Dividend Withholding Tax Case*，INTERTAX，Vol. 29，(12)，2001，pp. 402 – 406.

〔35〕 1954 年至 2010 年，荷属安的列斯群岛是荷兰的海外属地，由位于加勒比海的五个岛屿组成，拥有高度自治和缔约的权利。1964 年荷兰与荷属安的列斯群岛签订了"有关所得税、财产税、继承税、赠与税、印花税和机动车税的税收安排"，而其中的所得税和财产税部分主要参照了 OECD 范本。因此，本书将 1964 年荷兰－安的列斯税收安排视为税收协定看待。但事实上，学界对于荷兰－安的列斯税收安排属于荷兰国内法还是荷兰对外签署的国际协定是存在激烈争议的（见下文）。此外，2010 年 10 月 10 日荷属安的列斯群岛解体。原先的五个岛屿中，最大的两个岛屿库拉索岛（Curacao）与圣马丁岛（Sint Maarten）成为荷兰王国的构成国家（自治国），实行自治，与荷兰本土以及 1986 年自荷属安的列斯脱离的阿鲁巴地位平行。它们拥有自己独立的议会、政府、首相等。而另外三个小岛波内赫（Bonaire）、圣尤斯特歇斯（Sint Eustatius）与萨巴（Saba）合称 BES 岛屿（the BES Islands），则成为荷兰特别行政区，由荷兰直接管辖，BES 岛屿上将施行荷兰法律与欧盟法律（资料摘自维基百科）。自安的列斯 2010 年 10 月 10 日正式解体后，荷兰政府宣布原 1964 年的荷兰－荷属安的列斯税收安排仍然作为荷兰与库拉索岛、圣马丁岛和 BES 岛屿间的国际协定而存在（资料摘自 IBFD 数据库）。

兰登记注册的公司构成荷兰的居民。1990 年,X 公司将实际管理机构转移到了荷属安的列斯群岛(以下简称安的列斯),因此它同时成为了安的列斯法律上的居民公司。同年,X 公司的荷兰股东移居比利时,成为比利时国内法上的居民纳税人。1992 年,X 公司通过向比利时股东回购股权的方式将公司近 500 万荷兰盾的留存收益(retained earnings)支付给这些股东,而 X 公司的这项回购股权行为被荷兰认定为是股息分配。依照荷兰国内法,荷兰对非居民股东来源于荷兰境内的股息按照全额征收 25% 的预提税。然而依照 1970 年荷兰－比利时协定第 10 条第 2 款的规定,荷兰对本案中比利时居民来源于荷兰境内的股息所征收的预提税不能高于股息全额的 15%(如图 4－5 所示)。

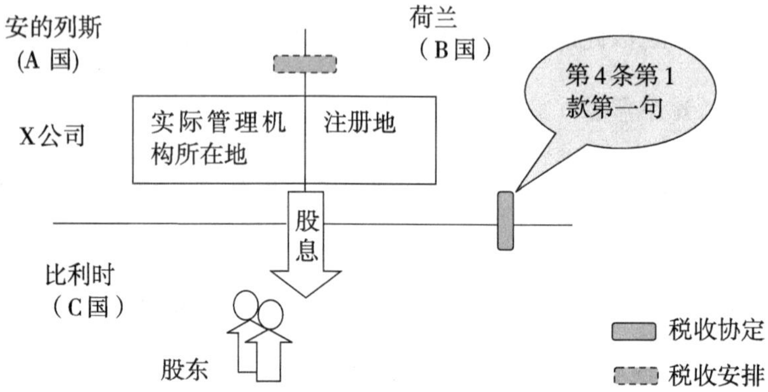

图 4－5 "荷兰股息案"

本案争议的焦点在于荷兰对比利时居民的该笔股息所得是否有征税权？如果答案是肯定的,那么荷兰应当按照荷兰－比利时协定规定的限制税率(不高于 15%)征收预提税;反之,如果答案是否定的,则荷兰对该笔股息没有征税权。荷兰两级法院的判决均支持后者,认为荷兰对该笔股息没有征税权。高等法院判决内容大致如下:

第一,支付股息的 X 公司不构成 1970 年荷兰－比利时协定意义上的荷兰居民。首先,依照 1964 年荷兰－安的列斯税收安排的 TBR,X 公司是荷兰－安的列斯税收安排意义上的安的列斯居民,而非荷兰居民。也就是说,荷兰丧失了 X 公司在荷兰－安的列斯税收安排意义上的居民国身份,荷兰仅有权对 X 公司来自荷兰境内的所得征税,而无权对 X 公司来自安的列斯的所得征税。因此,X 公司依据荷兰 - 安的列斯税收安排的 TBR 没有在荷兰负无限纳税义务。其次,依照荷兰 - 比利时税收协定第 4 条第 1 款居民的定义,缔约国一方(荷兰)居民是指按照该缔约国法律(under the law of that State)……在该缔约国负有纳税义务(is liable to tax)的人。其中"该缔约国法律"依照 1970 年荷兰 - 比利时协定议定书第 2 条指荷兰国内法和荷兰所签订的国际协定,[36]而 1964 年荷兰 - 安的列斯税收安排作为荷兰缔结的国际协定应包括在荷兰 - 比利时协定第 4 条第 1 款的"该缔约国法律"之内。[37] 此外,"负有纳税义务"一语依照 1963 年 OECD 范本第 4 条注释第 3 段、第 10 段是指在荷兰负有无限纳税义务。由于 X 公司依照荷兰 - 安的列斯税收安排没有在荷兰负有无限纳税义务,而荷兰 - 安的列斯税收安排又被包括在荷兰 - 比利时协定第 4 条第 1 款"该缔约国法律"当中,因此 X 公司依照 1970 年荷兰 - 比利时协定第 4 条也没有在荷兰负有无限纳税义务,X 公司不构成 1970 年荷兰 - 比利时协定意义上的荷兰居民。

可见,荷兰高等法院的这项推理过程是将 1964 年荷兰 - 安的列斯税收安排中的 TBR 通过 1970 年荷兰 - 比利时协定第 4 条第 1 款适用于 1970 年荷兰 - 比利时协定,从而直接影响 1970 年荷兰 - 比利时协定居民

---

〔36〕 Article Ⅱ of the protocol to the Netherlands - Belgium tax treaty provides:"The expression 'under the law of that State' used in Article 4, paragraph 1, means the law of that State as amended or supplemented by international agreements."[translations taken from IBFD database]

〔37〕 虽然 1970 年荷兰 - 比利时协定议定书第 2 条已经明确规定荷兰 - 比利时协定第 4 条第 1 款的居民定义中的"缔约国法律"包括荷兰国内法和荷兰所签订的国际协定,但是就 1964 年荷兰 - 荷属安的列斯税收安排究竟属于荷兰国内法还是属于荷兰对外缔结的国际协定仍然存在激烈的争议。这一争议的意义并不在于本案,而是在于本案的判决是否具有示范效应,因为大部分的税收协定并没有明确规定第 4 条居民定义中的"缔约国法律"包含国际协定。有些学者认为该税收安排依照《荷兰宪法》第 38 条制定,且荷兰国内法(internal law)应当包括处于欧洲大陆的荷兰以及荷兰海外属地的法律,因此应当包括该税收安排。另有些学者认为该税收安排不属于荷兰国内法,而是国际协定。荷兰对外签订的税收协定一般均规定协定上的荷兰仅包括欧洲大陆的荷兰王国(及其大陆架),而不包括荷兰的海外属地,因此该税收安排一般不构成荷兰对外缔结的税收协定第 4 条第 1 款所提及的荷兰国内法。可见,该税收安排既不是严格意义上的荷兰国内法也不是严格意义上的国际协定。此争论具体可参见 Pim M. Smit, *Treaty Residence of a Company in a Triangular Situation: Decision of the Supreme Court of 28 February 2001*, European Taxation 4, 2002, pp. 157 - 158。

的认定结果。这也是学界对本案争议最激烈之处。

第二,支付人 X 公司不构成 1970 年荷兰 - 比利时协定上的荷兰居民,因此荷兰对非居民来源于安的列斯的该笔股息没有征税权。依据 1970 年荷兰 - 比利时协定第 10 条第 1 款和第 2 款,缔约国一方(荷兰)居民公司支付给缔约国另一方(比利时)居民的股息可以在缔约国另一方(比利时)征税;然而这些股息也可以在支付股息的公司是其居民的缔约国一方(荷兰)按照该国法律征税,但是其预提税税率不应超过股息全额的 15%(收款人的直接持股比例不足 25%)。可见,1970 年荷兰 - 比利时协定第 10 条第 1 款为该笔股息来源国荷兰行使其国内法上的征税权设定了限制条件,即支付股息的公司必须是 1970 年荷兰 - 比利时协定上的"缔约国一方居民"。换言之,如果支付股息的公司不是荷兰 - 比利时协定意义上的居民,那么荷兰将不受荷兰 - 比利时协定第 10 条第 1 款和第 2 款的拘束,因此荷兰对该笔股息所得没有征税权。[38]

此外,这里本书需要交代清楚本案的两点特殊性问题:其一,1964 年荷兰 - 安的列斯税收安排第 10 条没有包含 OECD 范本第 10 条第 5 款规定的内容,使荷兰法院无法按照先前的判例援引与 OECD 范本第 10 条第 5 款类似的规定处理此类问题;[39] 其二,1970 年荷兰 - 比利时协定第 4 条第 1 款由于参照 1963 年 OECD 范本第 4 条第 1 款,没有包含从 1977 年

---

[38] 这一推理过程同样引发争议。当本案的股息不适用 1970 年荷兰 - 比利时协定第 10 条股息条款后,高等法院并没有尝试适用协定的其他所得的征税权分配条款,而直接得出荷兰没有征税权的结论。这是引发争议的关键。有学者认为,在 1970 年荷兰 - 比利时协定第 10 条不适用的情况下,应当适用协定第 7 条(营业利润)或第 22 条(其他所得),才能可能得出荷兰对该笔所得没有征税权的结论。参见 Jan W. J. de Kort, HR 28 February 2001, nr 35.557: *The Supreme Court of the Netherlands Reaches a Questionable Decision in a Triangular Dividend Withholding Tax Case*, INTERTAX 29, p. 406 (2001); Pim M. Smit, *Treaty Residence of a Company in a Triangular Situation: Decision of the Supreme Court of 28 February 2001*, European Taxation 4, 2002, p. 158.

[39] 例如,1992 年 9 月 2 日(BNB1992/379),荷兰高等法院在对拥有荷兰(注册地)和爱尔兰(实际管理机构所在地)双重居民身份的公司支付给美国股东的股息做出判决时指出,由于荷兰 - 爱尔兰税收协定第 8 条第 9 款(OECD 范本第 10 条第 5 款)禁止对股息境外征税(extra - territorial taxation of dividends),因此荷兰丧失了对该笔股息的征税权。本案述评可参见 Pieter M. Smit, *Taxation of Dividends Distributed by a Dual Resident Company: Decision of the Supreme Court of 2 September 1992*, European Taxation, 1, 1993, pp. 36 - 40.

至今的 OECD 范本第 4 条第 1 款第二句的内容。[40] 而晚近 OECD 范本注释则正是建议通过 OECD 范本第 4 条第 1 款第二句将一个税收协定的 TBR 作用于另一税收协定居民身份的认定。

(二)主要争论

1970 年荷兰 - 比利时协定议定书第 2 条明确了 1970 年荷兰 - 比利时协定第 4 条第 1 款"该缔约国法律"的范围不仅包括荷兰国内法,还包括荷兰对外签署的国际协定。这一点成为高等法院判决中极为重要的法律依据,同时也引发了学者们的激烈争议,即荷兰 - 比利时协定议定书第 2 条是否为本案中高等法院判决的决定性因素?

一些学者认为,荷兰 - 比利时协定议定书第 2 条是本案判决的决定性因素。除非如本案荷兰 - 比利时协定议定书第 2 条的特别规定外,1977 年 OECD 范本第 4 条第 1 款第一句"该缔约国法律"不应包含该缔约国对外缔结的国际协定。[41] 而另有学者认为,荷兰高等法院的上述判决在解决双重居民公司接受或分配股息问题上具有里程碑式的意义,即使没有 1970 年荷兰 - 比利时协定议定书第 2 条的存在,1977 年 OECD 范本第 4 条第 1 款第一句中的"该缔约国法律"也应该涵盖该缔约国所签订的国际协定。因此,荷兰与一个国家间税收协定(的 TBR)能够产生影响荷兰与另一个国家间税收协定(居民身份)的效果。[42]

2001 年"荷兰股息案"给我们提供了第一种解决涉及双重居民身份的三角情形下税收协定适用的方法,即扩大解释 OECD 范本(B - C 协

---

〔40〕 1970 年荷兰 - 比利时协定目前已终止,2001 年 6 月 5 日荷兰与比利时签订了新的税收协定,新协定于 2002 年 12 月 31 日起生效。新协定完全参照了 1977 ~ 1992 年 OECD 范本第 4 条第 1 款的两句内容。

〔41〕 Bellingwout, J. W, *Zetelverplaatsing in Beweging*(Ⅲ) *Derdenwerking Dual Residence*, Weekblad voor Fiscaal Recht 2001/538. 转引自 Stephan Damen, *Netherlands Supreme Court Rules on the Residence of Dual Resident Companies under Tax Treaties with Third Countries*, BULLETIN 7, 2001, p. 292。

〔42〕 Stephan Damen, *Netherlands Supreme Court Rules on the Residence of Dual Resident Companies under Tax Treaties with Third Countries*, BULLETIN 7, 2001, p. 292; Pim M. Smit, *Treaty Residence of a Company in a Triangular Situation: Decision of the Supreme Court of 28 February 2001*, European Taxation, 2002, p. 158; See also annotation by S. van Weeghel to this case in BNB 2001/295c.

定)第4条第1款第一句“该缔约国法律”的范围,使之涵盖缔约国签订的税收协定(A-B协定)。然而,这种扩大解释显然违背了“该缔约国法律”一语一般仅指缔约国国内法而非国际条约的条款本意。避免税收协定意义上的“缔约国一方居民”的定义系援引国内法有关居民概念的内容,而并没有援引缔约国所签订的国际协定中的居民概念内容。[43] 当然,在少数国家情况可能会有所不同,因为按照这些国家的宪法规定(如《奥地利联邦宪法》第49条和第50条),税收协定一旦生效即成为国内法的一部分。[44]

二、2008年OECD范本注释建议的方法

鉴于OECD范本第4条第1款第一句的“该缔约国法律”一般仅指缔约国国内法,因此包括荷兰在内的一些国家实际上更希望通过适用1977年OECD范本第4条第1款第二句将TBR适用于第三方。

1977年OECD范本第4条第1款第二句作为第一句的例外规定,如果仅由于所得来源于或财产位于其境内而在该缔约国负有纳税义务的人,那么虽有第一句规定(按照缔约国一方法律是在该国负有纳税义务的人),其也不是“缔约国一方居民”。实际上,1977年OECD范本之所以在1963年OECD范本第4条第1款的基础上新增第二句作为例外条款,其初衷是为了解决外交人员的双重居民身份问题。[45] 外交人员由于长期居住在接受国,因此很可能构成接受国国内法上的纳税居民,并且由于政治和经济上的联系其同时还保留着派出国的居民身份。那么,按照1963年OECD范本第4条第1款,外交人员很可能同时构成派出国和接受国的双重居民。按照OECD范本第4条第2款的自然人TBR,外交人员由于其工作地和习惯性居所均在接受国,很可能构成(派出国-接受国)税收协定意义上的接受国居民,从而需要就其全球所得向接受国履行无限

〔43〕 OECD Model Tax Convention on Income and on Capital (1977-2010), Commentary on Article 4, para. 8.

〔44〕 Franz Philipp Sutter & Ulf Zehetner, ed., *Triangular Tax Cases*, Vienna, Linde, 2004, p. 165.

〔45〕 OECD Model Tax Convention on Income and on Capital (1977-2010), Commentary on Article 4, para. 8, sentence 5th.

纳税义务。但显然外交人员不应该进入税收协定的调整范围之内,更不应该作为接受国的居民而适用税收协定。[46] 于是 OECD 开始尝试从国际公法中寻求对 1963 年 OECD 范本第 4 条第 1 款的修订依据,以解决外交人员双重居民身份问题。

1961 年《维也纳外交关系公约》和 1963 年《维也纳领事关系公约》均授予了外交人员的全部所得在接受国免税的权利,但将"自接受国内获致之私人所得课征之捐税"(taxes on private income... having its source in the receiving State)排除在所得税的免税范围之外。[47] 换言之,按照两个外交公约的规定,外交人员仅有义务就来源于接受国境内的所得向接受国纳税,而没有义务就其全球所得向接受国纳税。于是,既为了解决外交人员的双重居民身份问题,也为了避免税收协定与国际公法的冲突,1977 年 OECD 范本在 1963 年 OECD 范本第 4 条第 1 款的基础上增加了第二句,即仅由于所得来源于或财产位于其境内而在该缔约国负有纳税义务的人不是缔约国一方居民(only of income from sources in that State)。OECD 范本注释也明确指出,按照第 4 条第 1 款第二句的规定,如果一个人在缔约国一方没有住所,而根据该缔约国一方国内法规定被视为居民,但仅就来源于该国境内的所得或位于该国境内的财产负有有限的纳税义务,该个人不被视为协定意义上的"缔约国一方的居民"。此情况在一些国家主要涉及个人,如在这些国家服务的外国外交官和领事馆人员。[48]

可见,1977 年 OECD 范本第 4 条第 1 款第二句的初衷是为了解决外交人员(自然人)的双重居民身份问题。然而对于第二句是仅能依照缔约国国内法认定还是可以依照缔约国对外缔结的其他税收协定来认定却产生了解释上的分歧。有学者认为,OECD 范本第 4 条第 1 款的两句内容是一个整体,共同规定了税收协定居民的定义,因此既然第一句要求按照

---

〔46〕 Kees van Raad, *2008 OECD Model: Operation and Effect of Article 4(1) in Dual Residence Issues under the Updated Commentary*, Bulletin for International Taxation5/6, 2009, p. 188.

〔47〕 1961 年《维也纳外交关系公约》第 34 条第 d 项和 1963 年《维也纳领事关系公约》第 49 条第 1 款第 4 项。

〔48〕 OECD Model Tax Convention on Income and on Capital, 2008, Commentary on Article 4, para. 8. 1.

缔约国国内法来解释，那么第二句也必须仅按照缔约国国内法来解释。[49] 因此，只有按照缔约国国内法，某人仅由于所得来源于或财产位于其境内而在该缔约国负有纳税义务（有限纳税义务），该人才不是税收协定意义上的居民。[50] 与之相反的观点认为，OECD 范本第 4 条第 1 款第二句可以按照缔约国对外缔结的其他税收协定来解释，也就是说无论按照国内法还是其他协定，只要某人仅由于所得来源于或财产位于其境内而在该缔约国负有纳税义务（有限纳税义务），那么该人就不能作为协定意义上的居民。下面将要提到的荷兰税收实践与 2008 年 OECD 范本第 4 条注释第 8.2 段印证了这种观点。这种观点虽然在理论上颇受质疑，但却为解决涉及双重居民身份的三角情形提供一条可行之路。

1989 年 6 月 12 日，荷兰财政部国务秘书公开表示，[51] 如果某个具有荷兰与 R 国双重居民身份的公司依照荷兰与 R 国间的税收协定构成 R 国居民，那么该公司则仅就来源于荷兰的所得或位于荷兰的财产而在荷兰负有纳税义务。这意味着依照荷兰与第三国间（S 国）税收协定第 4 条第 1 款第二句，该公司也不能构成荷兰 – S 国协定意义上的荷兰居民。[52]

---

〔49〕 Christo J. A. M. van Gennep, *Dual – Resident Companies: The Second Sentence of Article 4(1) of the OECD Model Convention of 1977*, European Taxation 5, 1991, p. 143.

〔50〕 然而，第二句的适用有其内在困难和局限性。它必须依照其目的和宗旨来解释，即排除那些在某个国家不负担全面纳税责任（全面纳税义务）的人，否则其可能将那些在课税上实行属地课税原则国家的所有居民排除在协定适用范围之外。这种结果显然违背协定本意。See OECD Model Tax Convention on Income and on Capital, 2008, Commentary on Article 4, para. 8. 3.

〔51〕 No. IFZ 320 of 12 June 1989, published in Periodical of the Dutch Tax Administration (Infobulletin), 89/448.

〔52〕 Stephan Damen, *Netherlands Supreme Court Rules on the Residence of Dual Resident Companies under Tax Treaties with Third Countries*, BULLETIN 7, p. 291 (2001); Christo J. A. M. van Gennep, *Dual – Resident Companies: The Second Sentence of Article 4(1) of the OECD Model Convention of 1977*, European Taxation 5, 1991, p. 141.

这一观点曾遭受到国际税法学者们的严厉指责，[53]因为这明显违反了"税收协定必须仅在双边基础上逐一地、彼此独立地加以解释"的一般适用规则。简单地说，既然荷兰与另一居民国（R国）间的税收协定第4条第1款明确规定"本协定中（for the purposes of this Convention）的缔约国居民一语是指……"那么该协定应当仅能拘束荷兰与R国。[54]荷兰大部分的税务工作者也坚持认为荷兰与某国缔结的税收协定意义上的居民应当按照第4条第1款的规定，参照荷兰国内法来认定，而不应考虑荷兰与第三国的税收协定。但这一主流观点却从未被荷兰高等法院明确承认。[55] 2008年OECD范本对第4条注释第8.2段内容进行修订，亦认为："第4条第1款第二句同样排除了在缔约国不承担无限纳税义务的公司和其他人，因为尽管这些人根据该缔约国的税法构成该国居民，但依照两国间（two States）的协定他们被认为是另一国（another State）居民。"[56]两国间协定明显既包括两个缔约国间的协定，也包括缔约国一方与第三国间的协定。因此，2008年OECD范本注释的上述修订实际上是将荷兰财政部在征税实践中的上述观点明确写入了OECD范本注释。

荷兰的上述税收实践与2008年OECD范本注释实际上为我们提供了第二种解决涉及双重居民身份的三角情形下税收协定适用的方法，即通过解释B－C协定第4条第1款第二句，将在缔约国一方与另一国（包

---

〔53〕 Rijkele Betten, *Denial of Certificate of Residence to a Dual Residence Company*, European Taxation 11, 1989, pp. 371 – 373; Betten, *Denial of Certificate of Residence to Dual Resident Companies*, European Taxation, 1989, p. 71; Kees van Raad, *Dual Residence and 1977 OECD Article 4(1), second sentence*, European Taxation 1, 1990, pp. 27 – 29; Christo J. A. M. van Gennep, *Dual – Resident Companies: The Second Sentence of Article 4(1) of the OECD Model Convention of 1977*, European Taxation 5, 1991, pp. 141 – 146; Klaus Vogel, *Klaus Vogel on Double Taxation Conventions: A Commentary to the OECD – , UN – and US Model Conventions for the Avoidance of Double Taxation on Income and Capital With Particular Reference to German Treaty Practice*, 3rd edition, London, Kluwer Law International, 1997, p. 234.

〔54〕 Kees van Raad, *Dual Residence*, European Taxation 8, 1988, p. 241.

〔55〕 Pim M. Smit, *Treaty Residence of a Company in a Triangular Situation: Decision of the Supreme Court of 28 February 2001*, European Taxation, 2002, p. 157.

〔56〕 OECD Model Tax Convention on Income and on Capital, 2008, Commentary on Article 4, para. 8.2.

括第三国)缔结的税收协定(A - B 协定)中丧失协定意义上缔约国一方(B 国)居民身份的某人认定为"仅由于所得来源于或财产位于该缔约国一方(B 国)境内而在该缔约国负有纳税义务的人"。因此,它不是 B - C 协定意义上的"缔约国一方(B 国)居民",从而使某一税收协定(A - B 协定)的 TBR 通过另一个税收协定(B - C 协定)第 4 条第 1 款第二句对该协定(B - C 协定)居民的认定产生直接影响。

总之,无论是第一种方法(扩大解释某一税收协定第 4 条第 1 款第一句"该缔约国法律"的范围,使之包含该国缔结的另一税收协定,从而排除在另一协定中丧失居民身份的人成为前一协定上的居民)还是第二种方法(依据一个税收协定解释另一税收协定第 4 条第 1 款第二句,使之直接排除在前一协定中丧失居民身份的人成为后一协定上的居民),其目的均是要通过一个税收协定(的 TBR)来直接影响另一个税收协定(居民的范围)。尽管这两种方法在理论上均面临上述很多质疑,并且大部分国家的司法和税收实践一般也不会接受 OECD 范本注释在税收协定缔结之后所发布的明显不同于对某条款的先前解释内容,[57] 但是一般来说,实践中是否采用这两种方法(尤其是第二种方法)还取决于一国是更关注纳税人全球税负的降低还是更关注纳税人跨国移动所带来的征税权分配份额的变动。[58]

三、《BEPS 多边公约》第 4 条的影响

《BEPS 多边公约》第 4 条(双重居民实体)对参照 OECD 范本缔结的

[57] Ward, David et. al, *The Interpretation of Income Tax Treaties with Particular Reference to the Commentaries on the OECD Model*, Kingston, Ontario: International Fiscal Association, Canadian Branch, 2005, pp. 78 - 110 (Chap. 6 Use of Later Commentaries).

[58] See Kees van Raad, 2008 *OECD Model: Operation and Effect of Article* 4(1) *in Dual Residence Issues under the Updated Commentary*, Bulletin for International Taxation 5/6, 2009, p. 189.

税收协定第 4 条(居民)产生一定程度的修订意义。[59] 例如,我国国家税务总局在签署《BPES 多边公约》时向 OECD 提交的通知清单列明对 102 个国家(或地区)的税收协定采纳《BPES 多边公约》第 4 条。[60]

那么,这种修订是否能够解决涉及双重居民身份的三角情形下税收协定适用的难题呢?本书认为答案是否定的,理由如下:

《BEPS 多边公约》第 4 条第 1 款将修订税收协定关于实体的双重居民身份冲突规则。但是,这种修订结果只适用于防范税基侵蚀与利润转移的国际逃避税行为,并不能解决涉及双重居民身份的三角情形下税收协定无法完全消除法律性重复征税的问题。《BEPS 多边公约》第 4 条第 1 款规定:"如果按照被涵盖税收协定的规定,除个人以外的人成为两个或多个缔约管辖区的居民,缔约管辖区各方主管当局应考虑其实际管理机构所在地、注册地或成立地以及任何其他相关因素,尽力通过相互协商确定其在适用该协定时的居民身份。如未能达成一致,则该人不能享受该协定规定的任何税收优惠或减免,但缔约管辖区各方主管当局就享受协定待遇的程度和方式达成一致意见的情况除外。"《BEPS 多边公约》第 4 条第 1 款确立的双重居民身份判定规则是,由缔约方相互协商确定,若未能达成一致则排除该人享受税收协定优惠的资格,旨在用"相互协商"机制替代被涵盖税收协定中的"双重居民身份冲突规则"(TBR)。[61]

首先,若缔约方相互协商,能达成一致,则仅能解决该实体在"适用该

---

〔59〕 值得指出的是,这种修订不是必然的。鉴于满足 BEPS 行动计划的最低标准并不要求税收协定中设置针对除个人以外的人成为两个或多个缔约管辖区居民身份的加比规则条款,《BEPS 多边公约》第 4 条第 3 款第 1 项允许公约缔约方保留权利对第 4 条整体不适用于其被涵盖税收协定,同时第 3 款第 2 项至第 4 项规定允许公约缔约方对特定的且含有客观界定性质特点的条款的被涵盖税收协定,整体不适用第 4 条。OECD 发布,国家税务总局译制:《实施税收协定相关措施以防止税基侵蚀和利润转移的多边公约》的解释性声明(中文译本),第 18 页。

〔60〕 我国国家税务总局向 OECD 提交的通知清单来源于 http://www. oecd. org/tax/treaties/beps - mli - position - china. pdf,最后访问日期:2021 年 1 月 30 日。

〔61〕 有学者指出,这种替代将带来诸多挑战:其一,纳税人税收居民身份的不确定性增加;其二,税务机关的征管成本显著提高;其三,与税收协定的传统目标定位相悖等。参见李娜:《〈多边公约〉的挑战:如何确定双重居民实体的居民国》,载《国际税收》2019 年第 8 期。

协定(被涵盖税收协定)"时的居民身份,仍然无法解决该实体在同时适用两个税收协定时的居民身份问题。

《BEPS 多边公约》虽然是多边性条约,但是其实施仍然限定在双边框架内。一国加入《BEPS 多边公约》成为其成员方,并不意味着该成员方税收协定网络中所有现行的税收协定都将纳入《BEPS 多边公约》的适用范围。根据《BEPS 多边公约》第 1 条的规定,纳入《BEPS 多边公约》适用范围的仅是各成员方所有现行税收协定中符合《BEPS 多边公约》第 2 条第 1 款第 1 项规定的"涵盖税收协定"构成条件的税收协定。而按照《BEPS 多边公约》的定义,"涵盖税收协定"是指同时具备以下两项条件的税收协定:成员方之间适用。(1)在《BEPS 多边公约》两个或两个以上的成员方之间生效;(2)《BEPS 多边公约》成员方在已提交给《BEPS 多边公约》保存人的通知清单中将该税收协定明确列示为拟适用《BEPS 多边公约》的税收协定。

因此,《BEPS 多边公约》必须依赖缔约方现行的税收协定才能适用。OECD 制定《BEPS 多边公约》这一多边工具的目的,是要将 BEPS 项目一揽子成果在应对混合错配、防止协定滥用和人为规避常设机构地位,以及改进税收争议解决机制等方面提出的与税收协定有关的改革建议措施,加入《BEPS 多边公约》条款中,并通过对全球各国开放加入的方式,实现利用《BEPS 多边公约》完成对现行税收协定体系的整体修订。需要注意的是,一个税收协定的缔约双方,其中一方作为《BEPS 多边公约》成员方在其提交的通知清单中将此双边协定列明为拟适用《BEPS 多边公约》的税收协定,但缔约另一方不是《BEPS 多边公约》成员方,或者虽是《BEPS 多边公约》成员方,但没有将此双边协定列入其提交的通知清单,这样的税收协定不构成涵盖税收协定。[62] 因此,《BEPS 多边公约》从适用范围到具体实施,均必须依托税收协定在双边框架内实施。

其次,若缔约方相互协商,未能达成一致,则排除该人享受税收协定优惠的资格。排除该人享受税收协定优惠的资格意味着缔约各方将对该人直接适用相关的国内税法。可见,《BEPS 多边公约》第 4 条第 1 款确立

---

〔62〕 廖益新:《多边法律工具与双边税收协定》,载《国际税收》2017 年第 6 期。

的双重居民身份判定规则旨在敦促缔约各方协商一致，以避免某实体利用双重居民身份套取税收协定的优惠，出现其同一笔应税所得在同一纳税年度内在两个或多个缔约方双重或多重不纳税的情况。如第一节所述，涉及双重居民身份的三角情形下税收协定适用的难题实际上是无法完全消除法律性重复征税的问题，因此《BEPS 多边公约》第 4 条虽将产生对税收协定第 4 条修订的作用，但仍无法解决涉及双重居民身份的三角情形下税收协定适用的难题（法律性重复征税）。

四、中国在涉及双重居民身份的三角情形下如何适用税收协定

前面所探讨的在涉及双重居民身份的三角情形下适用税收协定消除重复征税的两种方法对中国税收协定是否适用呢？《中新协定解释》[63]第 4 条第 1 款第 4.1 项是否为解决上述问题提供了第三种解决方法呢？我国个别税收协定的相关规则是否合理？本书在此分别回答以上三个问题。

1. 前面两种方法有效的前提是税收协定参照 2008 年 OECD 范本第 4 条第 1 款的两句内容缔结。并且相较于第一种方法，第二种方法（2008 年 OECD 范本注释所建议的方法）更具有合理性。在中国对外签订的 107 个税收协定中，有 67 个协定没有采纳 OECD 范本第 4 条第 1 款第二句的内容，其余 40 个税收协定、2 个税收安排（内地与香港特区、澳门特区签署的税收安排）和 1 个税收协议（大陆与台湾地区签署的税收协议）

〔63〕《〈中华人民共和国政府和新加坡共和国政府关于对所得避免双重征税和防止偷漏税的协定〉及议定书条文解释》（国税发〔2010〕75 号文）。该文同时规定，我国对外所签协定有关条款规定与中国－新加坡协定条款规定内容一致的，中国－新加坡协定条文解释规定同样适用其他协定相同条款的解释及执行。

参照了第4条第1款的两句内容。[64]因此,当中国作为B国或C国时,我国在多数情况下是无法援引上述第二种方法来解决重复征税问题的。本书认为,我国多数协定欠缺OECD范本第4条第1款第二句的内容是我国税收协定上的不足。我国在20世纪八九十年代签订的大部分税收协定没有采纳OECD范本第4条第1款第二句,但是在2002年之后我国签订的税收协定大多采纳了该句内容。本书建议,我国在今后谈签新的税收协定或对现有协定进行修订时,可以考虑采纳OECD范本第4条第1款第二句。这不但能够使我国税收协定与OECD范本或UN范本第4条第1款接轨,同时也符合晚近我国对所谈签的税收协定第4条的总体立场。这也将为我国解决涉及双重居民身份的三角情形下的重复征税问题提供一条可供选择的国际法依据。

2.《中新协定解释》第4条第1款第4.1项从国内法层面为三角情形下双重居民身份冲突的解决提供了法律依据。《中新协定解释》第4条第1款第4.1项规定:"新加坡个人到第三国从事劳务活动,凡依照第三国税收法律以及第三国与新加坡之间的税收协定已构成第三国居民的,其在第三国从事劳务活动时如与中国发生业务往来并从中国取得的所得则不再适用本协定规定,应适用该第三国与中国的税收协定的规定。如果该第三国与中国没有税收协定,则适用中国国内法规定。"虽然该款并不是通过上述第一种方法(扩大解释2007年中国-新加坡协定第4条第1

---

〔64〕参照OECD范本第4条第1款两句内容的39个税收协定(安排或协议)是中国分别与以下国家缔结的协定:澳大利亚(1988年)、巴基斯坦(1989年)、科威特(1989年)、巴布亚新几内亚(1994年)、立陶宛(1996年)、拉脱维亚(1996年)、葡萄牙(1998年)、爱沙尼亚(1998年)、爱尔兰(2000年)、古巴(2001年)、希腊(2002年)、摩洛哥(2002年)、阿尔巴尼亚(2004年)、阿塞拜疆(2005年)、沙特阿拉伯(2006年)、塔吉克斯坦(2008年)、埃塞俄比亚(2009年)、土库曼斯坦(2009年)、捷克(2009年)、比利时(2009年)、芬兰(2010年)、赞比亚(2010年)、马耳他(2010年)、叙利亚(2010年)、英国(2011年)、乌干达(2012年)、博茨瓦纳(2012年)、厄瓜多尔(2013年)、荷兰(2013年)、法国(2013年)、瑞士(2013年)、德国(2014年)、俄罗斯(2014年)、津巴布韦(2015年)、智利(2015年)、罗马尼亚(2016年)、柬埔寨(2016年)、加蓬(2018年)、刚果(布)(2018年)、阿根廷(2018年)。需要强调的是,参照OECD范本第4条第1款并不等于与之完全一致。比如,在第一句中,我国税收协定除了OECD范本提供的住所、居所、管理机构所在地外,还视不同国家分别采用总机构所在地、实际管理机构所在地、成立地、控制地等标准。

款“缔约国法律”一语的范围)来解决三角情形下的双重居民身份冲突,但是该款通过中国国内法取得了与上述第一种方法相同的效果,即在一定程度上承认了一个税收协定(新加坡与第三国)的 TBR 可以对另一个税收协定(中国与新加坡)的居民身份的确定产生直接的影响。

本书认为对《中新协定解释》第 4 条第 1 款第 4.1 项的适用应当审慎。其一,该项最后一句“如果该第三国与中国没有税收协定,则适用中国国内法规定”有待商榷。这实际上是以新加坡 - 第三国税收协定(TBR)来排除中国在中国 - 新加坡协定上的义务。这显然违背了“条约必须信守”这一《条约法公约》上的基本原则。[65] 其二,该项规定的适用范围是否只局限于自然人的劳务所得,还是可以扩展到其他“人”的其他“所得”类型,尚不明确。其三,由于该项措辞使用“新加坡个人”,而没有使用“缔约国一方”,那么相应地,中国居民个人到第三国从事劳务活动是否也应受到同样的税收待遇也尚不明确,即如果该中国居民个人依照第三国税法以及第三国与中国之间的税收协定已构成第三国居民,其在第三国从事劳务活动时从新加坡取得的所得是否不再适用本协定,而适用第三国与新加坡之间的协定呢?

3. 我国有 2 个税收协定对涉及双重居民身份的三角情形规定了不同于以上任何一种方法的特殊规则。1984 年中国 - 美国协定第 4 条第 4 款规定:“由于第一款的规定,美利坚合众国的居民公司根据中华人民共和国和第三国的税收协定,同时为第三国居民时,该公司不应作为美利坚合众国的居民按照本协定享受优惠。”1988 年中国与澳大利亚缔结的税收协定(以下简称中国 - 澳大利亚协定)第 4 条第 6 款规定了类似的内容。这一规则与以上任何一种方法均不同。针对同时拥有第三国和美国双重居民身份的公司,这一规则并不是通过第三国与美国税收协定中的 TBR 来影响该公司在中国 - 美国协定中居民身份的认定,而是直接将具有第三国和美国双重居民身份的公司排除在中国 - 美国协定居民范围之外。

本书认为,这种仅因为某美国居民公司同时拥有第三国居民身份而将其排除在中国 - 美国协定的居民范围之外的做法是极其不合理的。其

---

〔65〕 1969 年《条约法公约》第 26 条“条约必须遵守”规定:凡在有效期中的条约对各该当事国有拘束力,必须由其善意履行。

一,该规则依据中国与第三国间税收协定来判定某美国公司是否拥有第三国居民身份并不合理。如果某美国公司同时构成第三国国内法上的居民,但是由于中国与该第三国并未签订税收协定,或者虽签订协定,但依据中国与第三国间协定该公司为协定意义上的中国居民,那么该公司并不是由于"中华人民共和国和第三国的税收协定,同时为第三国居民",而仅仅是由于第三国国内法而构成第三国居民。此时,中国 - 美国协定第4 条第4 款还能否适用呢? 其二,即使不区分第三国国内法上的居民和中国与第三国间税收协定意义上的居民对该款解释的影响,该款也将使得美国居民公司在合理的商业目的下也极其容易丧失中国 - 美国协定上的美国居民身份。因为只要它们构成第三国居民,则丧失中国 - 美国协定上的美国居民身份,并不考虑该公司究竟与美国和第三国中哪一方具有更紧密的经济联系。本书认为这并不合理,作者在本节中探讨的两种方法均是要通过一个税收协定的 TBR 来直接影响另一个税收协定中居民的范围,从而确定三角情形下的唯一居民国。鉴于税收协定的 TBR 是用来确定双重居民究竟与哪一方拥有更为紧密的经济联系的规则,以此确定协定意义上的居民身份才相对合理。其三,中美与中澳税收协定这两款内容的签订背景本书目前无从考证,但可以肯定的是该款规定既不是中国税收协定的常规条款,也不是《美国税收协定范本》的内容。综上所述,本书认为1984 年中国 - 美国协定第4 条第4 款和1988 年中国 - 澳大利亚协定第4 条第6 款并不是解决涉及双重居民身份的三角情形下重复征税问题的合理方案。

本 章 小 结

本章分析了涉及双重居民身份的三角情形下税收协定适用困难的原因。OECD 范本的"双重居民身份冲突规则"(TBR)仅能暂时性地影响某人在协定意义上的居民身份,而无法最终影响该人在缔约国国内法上的居民身份,因此在涉及双重居民身份的三角情形下适用某一税收协定的 TBR 通常难以确定出该人在另一税收协定适用意义上的居民身份。

进而,本书尝试从 OECD 范本第 4 条第 1 款的两句内容入手,分别探讨了目前国际上颇受争议的两种解决方法。本书认为,2008 年 OECD 范本注释建议的方法(第二种方法)具有相对的合理性,即通过扩大解释 OECD 范本第 4 条第 1 款第二句将某一协定的 TBR 结果适用于另一协定意义上居民身份的认定。

第五章　涉及自然人所得的三角情形下税收协定的适用

除了第三章和第四章分析的三角情形之外，还有一些三角情形直接与自然人的移动相关。OECD 范本第 15 条至第 20 条均涉及自然人所得，但本章仅研究第 15 条（受雇所得）和第 17 条（演艺人员和运动员）所涉及的三角情形下税收协定的适用问题。第 16 条（董事费）和第 18 条（退休金）所涉及的三角情形大多与双重居民身份有关，与本书第四章讨论的内容没有实质上的差异。在第 19 条（政府服务）所涉及的三角情形中，有些在本章第二节中将会提及（如向政府经营的企业提供演出服务取得的报酬所涉及的三角情形），有些作为适用税收协定难以消除重复征税的三角情形在本书第一章第二节中已经提及。第 20 条（学生）所涉及的三角情形一般涉及重复不征税问题，而不是重复征税问题。[1] 因此本章仅选取 OECD 范本第 15 条和第 17 条所涉及的三角情形来探讨税收协定的适用问题。

---

[1] OECD 范本第 20 条所确立的规则涉及学生或企业学徒为维持其生活、接受教育或培训的目的而收到的某些款项。本条规定的学生或企业学徒取得的来自其为了接受教育或培训目的而停留的国家（作者简称为停留国）境外的所有上述款项，应在该停留国免于征税。本条的目的在于促进缔约国在教育和培训领域的国际交流。OECD 范本第 20 条（学生）的特殊之处在于以下两方面：(1) OECD 范本第三章（第 6 条至第 21 条）除第 20 条之外都是基于双务关系取得的所得，即取得所得一方是基于提供一定的劳务、资本、货物或者技术所取得的对价；但是第 20 条项下的学生（或企业学徒），为维持其生活、接受教育或培训的目的而收到的款项并不需要负担上述义务，只需要按时接受教育或培训。(2) OECD 范本第三章除第 20 条之外均对所得来源国国内法上的征税权进行了限制，但是第 20 条并不影响所得来源国国内法上的征税权。第 20 条并非在来源国与居民国间分配所得的征税权，仅是排除了停留国对所得的征税权。如果学生或企业学徒构成停留国国内法上的居民，那么参照 OECD 范本第 20 条缔结的税收协定将免除学生或企业学徒就本条提及的所得在停留国国内法上的无限纳税义务；如果学生或企业学徒尚不构成停留国国内法上的居民，则参照 OECD 范本第 20 条缔结的税收协定

第一节　涉及受雇所得的三角情形下税收协定的适用

劳务所得(income from service)通常是指纳税人为他人提供劳动服务所取得的报酬。在各国所得税法上,企业作为纳税人在其经营范围内通过其雇佣的人员对他人提供劳务服务取得的所得,一般均认定属于该企业的营业所得,按照有关营业所得课税的规则处理。因此劳务所得这一概念,通常限指作为纳税人的个人对他人提供劳动服务所获得的各种收入或报酬。根据个人从事为他人提供劳动服务活动的性质的不同,国际税法上通常将个人所获得的劳务所得区分为独立个人劳务所得和非独立个人劳务所得(受雇所得)。〔2〕

各国缔结的税收协定通常针对这两类不同的劳务所得规定了不同的征税权分配规则。对独立劳务所得,OECD 范本和 UN 范本均遵行所谓的“固定基地原则”,UN 范本在“固定基地原则”的基础上进一步放宽了对收入来源国的征税限制条件,采纳了“183 天规则”和“居民支付或常设

也将免除学生或企业学徒就本条提及的所得在停留国国内法上的有限纳税义务。(参见 Klaus Vogel, *Klaus Vogel on Double Taxation Conventions: A Commentary to the OECD - , UN - and US Model Conventions for the Avoidance of Double Taxation on Income and Capital With Particular Reference to German Treaty Practice*, 3rd edition, London, Kluwer Law International, 1997, p. 1057。)鉴于 OECD 范本第 20 条的上述特点(排除停留国征税权),作者认为无论在双边情形还是三角情形下,第 20 条所涉及的重复不征税问题较为普遍,即所得来源国(S 国)、学生或企业学徒的居民国(R 国)和停留国(S_{oj}国)由于国内法或税收协定的限制均对本条所得免于征税的情况比较普遍。即使这三个国家对第 20 条的所得按照各自国内税法均要行使征税权,但是依照 R - S_{oj}协定第 20 条 S_{oj}国对该笔所得没有征税权,而 R、S 两国的重复征税问题可以适用 R - S 协定相关条款(如第 21 条)予以解决。

〔2〕 独立个人劳务所得是指个人以自己的名义独立地为他人提供某种专业性劳动服务或从事其他独立性活动而取得的劳务收入,如以个人名义开业的医师、律师、建筑设计师或会计师等为他人提供相应的专业技术性服务所获取的服务报酬,以及个人独立从事某种科学、文艺、娱乐或教育活动而取得的收入。在我国《个人所得税法》上,可归入这类独立个人劳务所得范围的个人应税所得项目包括劳务报酬所得和稿酬所得。而非独立个人劳务所得是指个人由于任职或受雇于他人从事劳动服务工作而取得雇主支付的工资或薪金报酬,我国《个人所得税法》中的工资、薪金所得即属于这类非独立个人劳务所得。参见廖益新:《国际税法学》,高等教育出版社 2008 年版,第 121 页。

机构(或固定基地)负担规则”。[3]

而对非独立劳务所得(受雇所得),[4]两范本的征税权分配规则比较一致,均规定缔约国一方居民在缔约国另一方受雇而取得的工资、薪金和其他类似的非独立劳务收入,可以在缔约国另一方征税。但在同时具备以下三个条件的情况下,应仅由居民国一方征税,作为来源国的缔约国另一方则不得征税:(1)收款人在某一会计年度内在缔约国另一方境内停留累计不超过183天;(2)有关的劳务报酬并非由缔约国另一方居民的雇主或该雇主代表支付的;(3)该项劳务报酬不是由雇主设在缔约国另一方境内的常设机构或固定基地所负担。

然而当受雇所得的雇员居民国、从事受雇活动地国和雇主的居民国是三个不同国家时,按照上述的所得征税权分配规则却并不一定能够消除重复征税。

---

[3] 固定基地原则反映在(2000年之前)OECD范本和UN范本第14条第1款,按此原则,缔约国一方居民取得的独立劳务所得,应仅由其居民国一方课税。但是,如果缔约国一方居民在缔约国另一方境内设有经常从事独立劳务活动的固定基地,作为收入来源国的缔约国另一方有权对属于该固定基地的那部分所得征税。这里的“固定基地”是指类似于医生的诊所,设计师、律师事务所这样的从事独立劳务活动的固定场所或设施。而UN范本在“固定基地原则”的基础上进一步放宽对收入来源国的征税限制条件,规定非居民即使在来源国境内未设有固定基地的情形下,只要符合下列两项条件之一,作为来源国的缔约国另一方仍然有权对缔约国一方居民的跨国独立劳务所得征税:(1)缔约国一方居民在某一会计年度内在缔约国另一方境内连续或累计停留时间超过183天(183条规则);(2)缔约国一方居民来源于缔约国另一方境内的劳务所得,系由缔约国另一方的居民支付或者由设在缔约国另一方境内的常设机构或固定基地负担,并且其所得金额在该会计年度内超过一定的限额,具体限额通过缔约双方谈判确定[居民支付或常设机构(或固定基地)负担规则]。UN范本的上述协调规则为多数发展中国家在税收协定的谈判中所坚持和采纳。中国对外签订的税收协定基本上参照了UN范本的规则来协调对跨国独立劳务所得征税权益的分配问题。参见陈安:《国际经济法》,法律出版社2007年版,第375~377页。

[4] 2000年以前,OECD范本第15条的标题是“非独立个人劳务”,与第14条的标题“独立个人劳务”相对应。由于第14条在2000年OECD范本中被删除(将其归入了第7条营业利润),OECD范本第15条的标题被改为“受雇所得”这样一个更普遍用于表述该条所适用的活动的用语。这种改变并无意以任何方式影响该条的适用范围。

一、瑞士波塞冬公司诉丹麦税务局案引发的争议

（一）案情简述

波塞冬公司诉丹麦税务局案[5]的基本事实是：波塞冬公司（Poseidon Personnel Service S. A.）是瑞士的居民公司，主要从事雇员租借服务业务。波塞冬公司有来自美国、印度、澳大利亚、比利时、摩洛哥、克罗地亚和西班牙等多个国家的雇员。马士基公司（Maersk Olie & Gas A/S）是丹麦的居民公司，在丹麦 Thyra 油田有一个铺设海底管道的项目，因此需要租用船舶和大量的雇员。瑞士的另四家公司将船舶与波塞冬公司的多名雇员打包租给了马士基公司。[6] 波塞冬公司的雇员具体从事在丹麦大陆架上为马士基公司铺设海底管道的工作。这些雇员在丹麦领水和领土内没有从事任何受雇活动，他们也未曾在任何 12 个月中在丹麦停留连续或累计超过 183 天。（如图 5－1 所示）

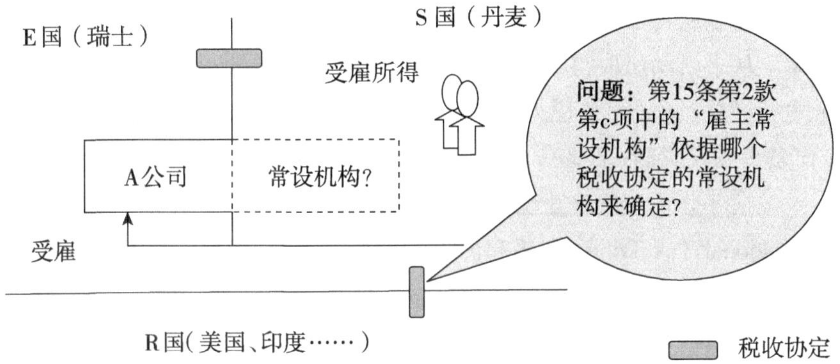

图 5－1　波塞冬公司诉丹麦税务局案

---

〔5〕 Denmark – Case Number: B 2581/05, Poseidon Personnel Services S. A. (the Taxpayer) v. Danish Ministry of Taxation (the Tax Authorities), Danish High Court, published in *TFS* 2006:635, English Version "Denmark – Case B 2581/05, 2 May 2006 (Summary)", IBFD Database.

〔6〕 具体过程是：波塞冬公司将雇员分别租借给三家瑞士船公司，三家船公司将雇员配备到船后将船舶租给一家瑞士中介公司（Allseas Marine Contractors S. A.），最后再由中介公司将配备了雇员的船舶租给马士基公司。

2003 年,丹麦税务主管机关对波塞冬公司支付给雇员的薪金所得依照其国内法征收了 30% 的预提税。具体理由如下:第一,依据丹麦与雇员居民国间签订的税收协定,如果波塞冬公司在丹麦设有常设机构,且雇员的薪金由该常设机构负担,则丹麦有权对该笔薪金所得征税。依据丹麦与雇员居民国(澳大利亚、比利时、摩洛哥、克罗地亚、印度、西班牙、美国)签订的税收协定第 15 条第 2 款第 c 项,[7] 如果这些雇员的薪金所得由雇主(波塞冬公司)设在缔约国另一方(雇员从事受雇活动地即丹麦)的常设机构负担,那么该项薪金所得可以在该缔约国另一方(丹麦)征税(may be taxed)。第二,丹麦税务主管机关认为雇员的海上作业是否构成波塞冬公司在丹麦的常设机构不应该依据丹麦与雇员居民国签订的税收协定第 5 条常设机构来解释,而应该适用丹麦与雇主居民国(瑞士)签订的税收协定来解释。第三,鉴于丹麦与瑞士签订的税收协定第 3 条规定了协定的适用范围不包括丹麦的大陆架,因此丹麦税务主管机关认为丹麦与瑞士间的税收协定的效力范围不及于本案,本案只能适用丹麦国内法对雇员的薪金所得征税。第四,依据丹麦国内法规定,非居民个人受雇在大陆架上从事活动所取得的薪金所得应当在丹麦缴纳所得税,因此丹麦税务主管机关对雇员(纳税人)的薪金所得最终依据国内法向波塞冬公司(代缴义务人)征收了 30% 的预提所得税。

波塞冬公司不服丹麦税务主管机关的征税决定,于是向丹麦税务法庭(National Tax Tribunal)提起诉讼。2005 年 5 月 2 日,丹麦税务法庭作出了与丹麦税务主管机关的征税决定截然相反的判决,即认定丹麦对该笔薪金所得没有征税权。具体理由如下。第一,"雇员的海上作业是否构成波塞冬公司在丹麦的常设机构"要依据丹麦与雇员居民国签订的税收协定来确定。第二,雇员的海上作业不构成波塞冬公司在丹麦的常设机构。依据丹麦与雇员居民国间税收协定第 5 条第 3 款,本案中雇员海上作业持续时间超过 6 个月或 12 个月才可能构成波塞冬公司在丹麦的常设机构。鉴于这些雇员除在丹麦大陆架铺设海底管道之外没有在丹麦领水和领土内从事任何受雇活动,他们也未曾在任何 12 个月中在丹麦停留

---

〔7〕 这些国家与丹麦间的税收协定与 OECD 范本基本一致,其中第 15 条完全参照了 OECD 范本第 15 条的内容。

连续或累计超过 183 天,因此雇员的海上作业持续时间不足 6 个月或 12 个月,不构成丹麦与雇员居民国间税收协定第 5 条第 3 款的常设机构。第三,依据丹麦与雇员居民国间税收协定第 15 条第 2 款,该笔薪金所得应当由雇员居民国独占征税,丹麦不应当征税。依据丹麦与雇员居民国间税收协定第 15 条第 2 款,当 a、b、c 三项例外条件同时满足时,应当由雇员居民国一方独占征税(shall be taxable only)。而本案中这三项例外条件恰恰同时满足:这些雇员未曾在任何 12 个月中在丹麦停留连续或累计超过 183 天(第 a 项条件满足);该笔薪金是由瑞士的居民雇主支付,并非由丹麦的居民雇主支付或代表该雇主支付(第 b 项条件满足);该笔薪金不是由波塞冬公司设在丹麦的常设机构或固定基地所负担(第 c 项条件满足)。因此,该笔薪金所得应当由雇员居民国独占征税,丹麦对该笔薪金所得没有征税权。虽然丹麦国内法规定非居民个人受雇在大陆架上从事活动取得的薪金所得应当在丹麦缴纳所得税,但是丹麦与雇员居民国间的税收协定起到了限制丹麦国内税法的作用,排除了丹麦对该所得的征税权。此后,丹麦税务局对此判决不服,上诉至丹麦高等法院(High Court)。高等法院维持了税务法庭的裁决。由于丹麦税务局没有就高等法院的裁决再次上诉至丹麦最高法院(Supreme Court),高等法院的裁决成为最终裁决。[8]

(二)争议焦点

本案争议的焦点是:当雇员的居民国(R 国)、从事受雇活动地国(S 国)和雇主的居民国(E 国)是三个不同国家时,且三个国家都参照 OECD 范本缔结税收协定,那么雇员从事受雇活动地国与雇员居民国间缔结的税收协定(S－R 协定)第 15 条第 2 款第 c 项中的“雇主设在另一缔约国的常设机构”(以下简称雇主常设机构)的确定是应当适用 S－R 协定,还是应当适用雇员从事受雇活动地国与雇主居民国间缔结的税收协定(S－E协定)?

---

〔8〕 案情参见 Bente Møll Pedersen, *Triangular Cases: Art. 15 of the OECD Model, Income from Employment and the Definition of Terms*, European taxation 2, 2007, pp. 90－92。该论文作者系本案原告方 Poseidon 公司的代理律师。

二、涉及受雇所得的三角情形及其适用税收协定的困难

本书认为涉及受雇所得的三角情形是指：雇员的居民国（R 国）、从事受雇活动地国（S 国）和雇主的居民国（E 国）是三个不同国家，且雇员在 S 国从事受雇活动所取得的薪金是由雇主设在 S 国的常设机构负担（如图 5－1 所示）。假定三个国家都参照 OECD 范本缔结税收协定，那么在涉及受雇所得的三角情形会出现以下问题：

1. 在国内法层面上，S 国作为雇员从事受雇活动地国要对雇员的薪金所得行使来源地税收管辖权；[9] R 国作为雇员的居民国同样要对雇员来自全球的所得行使居民税收管辖权；而 E 国既不是雇员的居民国，也并非受雇所得的来源国，因此 E 国对非居民雇员的该笔薪金所得一般并没有税收管辖权。可见，依照各自国内法 R、S 两国对同一纳税人（雇员）的同一笔所得（受雇所得）在同一纳税期限内产生了法律性重复征税。

2. 在税收协定的层面上，R－S 协定第 15 条对 R、S 两国基于各自国内法对该笔所得的征税权予以划分。根据第 15 条第 2 款第 c 项，该笔薪金所得是否由雇主设在另一缔约国（S 国）的常设机构负担将直接影响征税权在 R、S 两国间进行分配的结果。具体来说，如果该笔薪金是由雇主设在 S 国的常设机构负担，那么 R－S 协定将该笔受雇所得的优先征税权分配给了 S 国，R 国依照 R－S 协定第 23 条履行消除重复征税的协定义务；反之，如果该笔薪金所得不是由雇主设在 S 国的常设机构负担，则 R 国应当对该笔薪金所得独占征税，S 国依据其国内法对该笔所得的征税权被 R－S 协定完全排除。可见“雇主是否在 S 国设有常设机构”（雇主常设机构）和“如果雇主在 S 国设有常设机构，薪金是否由该常设机构所负担”是适用 R－S 协定第 15 条第 2 款第 c 项的关键。而前者是三角情形中税收协定适用的难点，后者在三角情形中与在双边情形下并没有差异。

---

[9] 比如，依照我国《个人所得税法》第 1 条和 2018 年《个人所得税法实施条例》第 3 条的规定，无论是居民还是非居民，对来源于中国境内的所得都要依法在中国缴纳个人所得税；因受雇而在中国境内提供劳务取得的所得，不论支付地点是否在中国境内，均为来源于中国境内的所得。

概言之，涉及受雇所得的三角情形下税收协定适用的难点在于：在涉及受雇所得的三角情形中，雇主并不是R、S两国的居民，而是第三国（E国）居民，那么S－R协定第15条第2款第c项中的雇主常设机构的确定是应当适用S－R协定的常设机构条款确定，还是应当适用S－E协定的常设机构条款确定呢？这两种观点恰恰是波塞冬案中丹麦税务局和丹麦法院分别持有的观点。本书赞同后者，认为S－R协定第15条第2款第c项中的雇主常设机构应当适用S－E协定的常设机构条款来确定。

三、涉及受雇所得的三角情形下如何适用税收协定

对于S－R协定第15条第2款第c项中的雇主常设机构的确定是应当适用S－R协定，还是应当适用S－E协定的难题，有人赞同前者（如案例中的丹麦法院）。其主要理由是：

1. 薪金所得的纳税人（雇员）并非S－E协定的缔约国一方居民，因此依据S－E协定第1条"本协定适用于缔约国一方或者同时为双方居民的人"，该协定并不适用。

2. S－R协定第3条至第5条是协定的定义条款（definitions），协定任何条款中的常设机构都应当依据第5条规定的常设机构的定义来解释，符合1969年《条约法公约》第31条第1款的约文解释规则。

3. S－R协定第23条第1款规定了R国履行协定中消除重复征税义务的前提条件是"所得……按照本协定可以在缔约国另一方征税"。如果S国税务机关单边适用S－E协定第5条来解释S－R协定第15条第2款第c项而又得不到R国的认同，那么R国很可能认为根据S－R协定第23条第1款S国"没有按照本协定（S－R协定）征税"，并以此为由不履行协定上的免税或抵免义务，那么针对这笔薪金所得的重复征税依然无法消除。[10]

本书对这种观点持否定态度。本书认为：假设S－E协定与S－R协定都是依照OECD范本缔结并生效，那么适用S－E协定第5条来解释S－R协定第15条第2款第c项中雇主常设机构既符合《条约法公约》第

---

[10] See Bente Møll Pedersen, *Triangular Cases: Art. 15 of the OECD Model, Income from Employment and the Definition of Terms*, European taxation 2, 2007, pp. 91－92.

31 条第 1 款的规定,也符合 OECD 范本第 15 条第 2 款第 c 项的具体条款目的,具有合法性与合理性。

(一)适用 S－E 协定解释 S－R 协定第 15 条第 2 款第 c 项中雇主常设机构的合法性

《条约法公约》第 31 条第 1 款规定了条约的解释通则,即条约应就其用语按照上下文并参照其目的和宗旨所具有的通常意义,善意地予以解释。该款明文规定了条约解释的三个原则:第一,按照善意进行解释的原则;这个原则直接渊源于“条约必须遵守”的规则。第二,条约当事国应被推定为具有其所使用的词语的通常意义的意思;这是约文解释的精髓。第三,词语的通常意义不应抽象地予以决定,而应当按该词语的上下文并参考该条约的目的与宗旨予以决定;这是常识和善意的要求,也是折中地采纳了目的解释。[11]

那么适用 S－E 协定第 5 条解释 S－R 协定第 15 条第 2 款第 c 项中的雇主常设机构是否违反约文解释规则呢? S－R 协定本身有第 5 条常设机构的定义,而适用 S－E 协定似乎忽视了这个定义的存在。究竟是适用 S－E 协定第 5 条还是适用 S－R 协定第 5 条来解释 S－R 协定第 15 条第 2 款第 c 项才符合《条约法公约》第 31 条第 1 款的规定呢?

S－R 协定第 15 条第 2 款第 c 项的内容为“该报酬并非由雇主设在该缔约国另一方的常设机构所负担”,这里需要依据上下文并结合协定目的与宗旨解释的并不是“常设机构”,而是“雇主常设机构”(permanent establishment which the employer has)。“雇主”是一个 OECD 范本及其注释和 UN 范本及其注释中都没有直接定义的概念,[12]但本书认为雇主至少应该是协定适用的人,如此才能进一步谈依据哪个协定来解释雇主常设机构。依据 OECD 范本和 UN 范本第 1 条,“本协定适用于缔约国一方或者同时为双方居民的人”,而三角情形中的雇主显然既不是 R 国的居民也不是 S 国的居民,而是 E 国的居民,即雇主是 S－E 协定适用的人,

---

〔11〕 李浩培:《条约法概论》,法律出版社 2003 年版,第 351 页。

〔12〕 关于雇主的认定可参见廖益新主编:《国际税法学》,高等教育出版社 2008 年版,第 142～144 页。

而非 S－R 协定适用的人。因此，本书认为依据《条约法公约》第 31 条第 1 款，S－R 协定第 15 条第 2 款第 c 项的雇主常设机构应当适用 S－E 协定第 5 条确定，才符合解释通则中的约文解释。而主张适用 S－R 协定第 5 条解释 S－R 协定第 15 条第 2 款第 c 项的雇主常设机构的观点，显然是将解释对象“雇主常设机构”误认为是常设机构，忽视了“雇主”并非 S－R 协定适用的人的事实。因此，本书认为适用 S－E 协定第 5 条常设机构解释 S－R 协定第 15 条第 2 款第 c 项中雇主常设机构符合《条约法公约》第 31 条第 1 款的规定。

（二）此方法符合 OECD 范本第 15 条第 2 款第 c 项的具体条款目的

适用 S－E 协定第 5 条解释 S－R 协定第 15 条第 2 款第 c 项中雇主常设机构的符合 OECD 范本第 15 条第 2 款第 c 项的具体条款的目的。2010 年 OECD 范本第 15 条早在 1963 年 OECD 范本中就已形成了基本框架，而第 15 条第 2 款第 c 项“该报酬并非由雇主设在该缔约国另一方的常设机构所负担”也是在 1963 年范本中就存在的条款。但是第 15 条第 2 款第 c 项的条款目的并不是在 1963 年 OECD 范本注释中明确的，而是到 2000 年 OECD 范本注释的修订中才确定。2000 年 OECD 范本第 15 条注释第 7 段明确指出：“由……负担”一语必须根据本条第 c 项的目的进行解释，也就是要保证第 2 款提供的例外不适用于根据第 7 条的原则和报酬的性质，在计算设在实际履行劳务地的缔约国境内的常设机构的利润时可构成一项成本费用支出而扣除的那部分报酬。[13] 换言之，第 c 项的目的就是要给雇员实际履行劳务地的缔约国由于设在其境内的常设机构利润中扣除了薪金报酬成本而减少了营业利润的税基所作的征税权益上的补偿。这也是国家间公平分配征税权的税收协定宗旨的体现。且直到 2017 年，OECD 范本注释的修订中第 15 条注释第 7 段内容均未有明显变动，也未有 OECD 成员方或非成员方对该段注释提出反对或保留。

2010 年范本第 15 条注释第 8 段新增内容更加强调了第 15 条第 2 款第 c 项的条款目的与补偿 S 国营业利润的税基密切相关，即“本条第 2 款

---

〔13〕 OECD Model Tax Convention on Income and on Capital, 2000, Commentary on Article 15, para. 7.

的例外的基本原理与第 7 条的基本原理之间有直接联系。第 7 条的原理依据是缔约国一方的企业不应在缔约国另一方纳税,除非该企业在缔约国另一方的营业存在已经达到了足以构成常设机构这样一种程度。第 15 条第 2 款的例外是,当缔约国一方企业的雇员在相对较短的期间内在另一国开展活动的情形下,将上述原理扩展适用到对这样的企业的雇员的征税问题。第 b 和 c 项规定的明确含义是,如果雇佣服务是提供给某个其利润由于以下两种原因之一要在该国纳税的企业,即由于企业是该国的居民经营的或由于企业在该国设有常设机构且雇佣服务可归属于这个常设机构,则不应适用这种例外。"〔14〕

可见,OECD 范本注释是将第 15 条第 2 款第 c 项与第 7 条营业利润通盘考虑的,只是也许 OECD 范本也未料到在涉及三个国家时这项条款目的的实现出现了戏剧性的一幕。三角情形下,因为雇主并不是 R 国居民,所以雇主是否应就营业利润在 S 国纳税并不适用 S – R 协定第 7 条,而应当适用 S – E 协定第 7 条。依据 S – E 协定第 7 条,S 国对非居民企业(雇主)营业利润征税的前提之一即"雇主在 S 国设有常设机构"。因此,只有适用 S – E 协定来解释雇主是否在 S 国设有常设机构才能实现 S – R协定第 15 条第 2 款第 c 项的条款目的,即对雇员实际履行劳务地的缔约国(S 国)由于设在其境内的常设机构利润中扣除了薪金报酬成本而减少了营业利润的税基作出征税权益上的补偿。

此外,由于 UN 范本第 15 条完全吸纳了 OECD 范本第 15 条内容,UN 范本注释中也明确指出:第 15 条注释采用 OECD 范本注释内容,〔15〕因此 UN 范本第 15 条第 2 款第 c 项的目的与 OECD 范本第 15 条第 2 款第 c 项的目的相同,即要给雇员实际履行劳务地的缔约国由于设在其境内的常设机构利润中扣除了薪金报酬成本而减少了营业利润的税基作出征税权益上的补偿。

---

〔14〕 OECD Model Tax Convention on Income and on Capital, 2010, Commentary on Article 15, para. 8.

〔15〕 United Nations Model Double Taxation Convention between Developed and Developing Countries, 2001, Commentary on Article 15, para. 1.

值得强调的是,2001 年 UN 范本第 15 条除了标题和固定基地之外,[16]完全沿用了(reproduce)2000 年 OECD 范本第 15 条第 3 款内容。而我国目前对外缔结的税收协定、税收安排和税收协议全部沿用了 2000 年 OECD 或 2001 年 UN 范本的第 15 条第 2 款第 c 项。[17] 因此,上述结论(应当适用 S－E 协定第 5 条常设机构来确定 S－R 协定第 15 条第 2 款第 c 项的雇主常设机构)不仅适用于参照 OECD 范本缔结的税收协定,对参照 UN 范本缔结的税收协定以及我国的税收协定、税收安排和税收协议同样适用。

四、本节结论对中国适用税收协定的现实意义

对前面的结论也许会有这样的质疑:虽然"S－R 协定第 15 条第 2 款第 c 项'雇主常设机构'是依照 S－R 协定第 5 条还是依照 S－E 协定第 5 条来确定"在税收协定的适用上是亟待澄清的问题,但是由于假定前提中 S－R 协定和 S－E 协定均是参照 OECD 范本缔结,那么这两个协定的第 5 条常设机构实际上没有任何差别,因此这种在税收协定适用理论上看似重要的问题在实践中似乎变得没有意义。除非如波塞冬案中 S－E 协定效力范围不及于该项受雇所得的情况出现,选择适用不同的协定才可能产生不同的法律适用结果,但是这种情况也并不常见。

这种质疑虽有一定的合理性,但本书认为,鉴于我国对外缔结的税收协定除了参照 OECD 范本,还参照了 UN 范本,S－E 协定和 S－R 协定常设机构的范围不一致的情形在我国税收协定的缔约实践中大量存在,上述结论对于中国税收协定在涉及受雇所得的三角情形下的适用具有现实

---

〔16〕 UN 范本第 15 条的标题是"非独立个人劳务所得",OECD 范本第 15 条标题是"受雇所得"。UN 范本第 15 条第 2 款第 c 项除常设机构外还包含固定基地,而 OECD 范本第 15 条第 2 款第 c 项仅包括常设机构。这样的差异并不是两范本在第 15 条上的实质性差异,而是由于 2000 年 OECD 范本删除了第 14 条独立劳务所得,将其并入到第 7 条营业利润调整,从而使得在 2000 年和之后的 OECD 范本中,原本用以确定独立劳务所得来源地的固定基地定义归入到了常设机构的定义范围;而由于 UN 范本依然保留第 14 条独立劳务所得,因此它的固定基地与常设机构仍然是两个不同的定义。

〔17〕 我国与 3 个国家(捷克协定、赞比亚和津巴布韦)缔结的税收协定沿用了 OECD 范本第 15 条第 2 款第 c 项(不包含固定基地);其余税收协定、税收安排和税收协议沿用了 UN 范本第 15 条第 2 款第 c 项(包含固定基地)。

意义。OECD 范本和 UN 范本在第 5 条常设机构的范围上存在差异。总体上看，UN 范本第5 条常设机构的范围要宽泛于 OECD 范本第5 条常设机构的范围。或者说，UN 范本第 5 条通过扩大经济连结因素（economic nexus）的方式为来源地国保留了更多的征税权。[18] 中国对外缔结的税收协定、税收安排和税收协议一般均采纳了 UN 范本第 5 条常设机构，也有部分税收协定采纳了 OECD 范本第 5 条常设机构或综合了两范本常设机构条款的内容。本书仅以工程型常设机构为例，中国对外缔结的 107 个税收协定、2 个税收安排和 1 个税收协议一般均采用了 2001 年 UN 范本第 5 条第 3 款第 a 项，即规定建筑工地，建筑、安装或装配工程，或者与此相关的监督活动，连续 6 个月以上的构成常设机构，但最短持续期限在具体协定中存在差异。有 51 个税收协定、内地与香港特区和澳门特区签署的税收安排采用 6 个月作为最短持续期限；[19] 有 43 个税收协定和大陆与台湾地区签署的税收协议采用 12 个月作为最短持续期限；[20] 有 13 个税收协定采用其他期限作为最短持续期限。[21] 当中国作为 S 国时，这

---

〔18〕 Michael Lennard, *The UN Model Tax Convention as Compared with the OECD Model Tax Convention – Current Points of Difference and Recent Developments*, Asia – Pacific Tax Bulletin 1/2, 2009, p. 4.

〔19〕 采用 6 个月作为最短持续期限的协定范围可以通过排除后续两类协定范围来确定。值得指出的是，中国与 3 个国家（尼泊尔、斯里兰卡、智利）签署的协定采用 183 天作为最短持续时间的协定。根据国家税务总局《关于税收协定执行若干问题的公告》（国家税务总局公告 2018 年第 11 号）第 1 条第 2 款规定：常设机构条款中关于劳务活动构成常设机构的表述为“在任何十二个月中连续或累计超过六个月”的，按照“在任何十二个月中连续或累计超过 183 天”的表述执行；从而明确了对中国税收协定常设机构条款“六个月”和“183 天”作相同理解。

〔20〕 采用 12 个月作为最短持续期限的 43 个税收协定是中国分别与以下 43 个国家缔结的协议：塞浦路斯、罗马尼亚、匈牙利、毛里求斯、克罗地亚、斯洛文尼亚、以色列、土耳其、亚美尼亚、牙买加、冰岛、立陶宛、拉脱维亚、乌兹别克斯坦、原南斯拉夫联盟（现适用于塞尔维亚和黑山）、马其顿、埃及、爱沙尼亚、老挝、塞舌尔、南非、摩尔多瓦、古巴、哈萨克斯坦、伊朗、巴林、希腊、吉尔吉斯、阿塞拜疆、塔吉克斯坦、土库曼斯坦、捷克、比利时（2009 年新协定）、马耳他（2010 年新协定）、英国（2011 年新协定）、荷兰（2013 年新协定）、博茨瓦纳和厄瓜多尔、法国（2013 年新协定）、瑞士（2013 年新协定）、德国（2014 年新协定）、津巴布韦和肯尼亚。

〔21〕 其他期限包括：7 个采用 9 个月作为最短持续时间的协定（中国与卡塔尔、委内瑞拉、阿曼、阿尔巴尼亚、赞比亚、叙利亚和柬埔寨的协定）；5 个采用 18 个月作为最短持续时间的协定（中国与蒙古、俄罗斯、白俄罗斯、乌克兰、苏丹的协定）；1 个采用 24 个月作为最短持续时间的协定（中国与阿联酋的协定）。

种差异将直接导致适用 S－E 协定第 5 条和 S－R 协定第 5 条(常设机构)确定 S－R 协定第 15 条第 2 款第 c 项中雇主常设机构的结果大相径庭。

如图 5－2 所示,美国某建筑公司在中国有一项连续 182 天的建筑工程项目,将其埃及籍雇员甲派往中国参与该项工程的建设。那么甲在中国履行劳务期间所取得的薪金所得是否需要依照 1997 年中国－埃及协定第 15 条在中国缴纳个人所得税呢? 首先,按照我国国内法的规定,埃及人甲在中国境内提供劳务取得的薪金所得构成来源于中国境内的所得,有义务在中国缴纳个人所得税。[22] 其次,按照中国－埃及协定第 15 条,甲的该笔“非独立个人劳务所得”除非同时满足三个条件才可以由所得来源地(中国)优先征税,否则仍然要由居民国埃及独占征税。这三个条件是:甲在中国连续或累计不超过 183 天;甲的薪金并非由作为中国居民的雇主支付或代表该中国居民雇主支付;甲的薪金并非由(美国)雇主设在中国的常设机构负担。前两项条件均满足,唯有第三项条件出现了美国雇主是否在中国设有常设机构的确定难题。简单地讲,如果美国雇主在中国设有常设机构,那么按照中国－埃及协定第 15 条中国对甲的薪金所得有征税权,协定对中国国内法起到了维持作用;反之,如果美国雇主在中国未设有常设机构,那么按照中国－埃及协定第 15 条中国对甲的薪金所得没有征税权,协定对中国国内法起到了限制作用。最后,由于 1984 年中国－美国协定对建筑工程构成常设机构的时间要求是至少连续 6 个月(180 天),而中国－埃及协定的要求则是至少连续 12 个月,那么显然依照两个协定常设机构条款来解释美国公司是否在中国设有常设机构结果完全相反。若依照本书前面的结论,即依据 S－E 协定第 5 条来确定 S－R 协定第 15 条第 2 款第 c 项“雇主常设机构”,那么依照 1984 年中国－美国协定,美国公司在中国的工程构成常设机构,从而使得中国对甲的薪金所得有征税权;反之,若依据 S－R 协定第 5 条来确定 S－R 协定第 15 条第 2 款第 c 项“雇主常设机构”,那么依照 1997 年中国－埃及协定,美国公司在中国的工程不构成常设机构,使中国国内法受到中国－埃及协定的限制,从而丧失对甲的薪金所得的征税权。

---

[22] 我国《个人所得税法》第 1 条和 2018 年《个人所得税法实施条例》第 3 条。

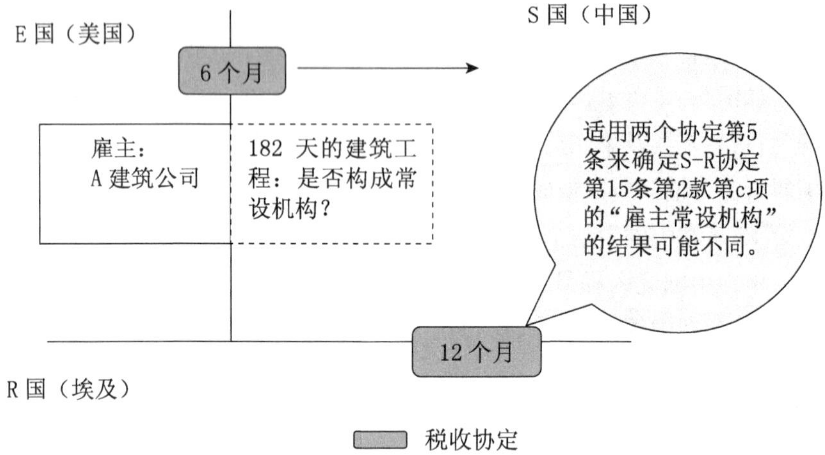

图 5-2 涉及中国境内受雇所得的三角情形

这仅仅是一个例子。从纳税人(雇员)的角度来看,只要 S-E 协定与 S-R 协定常设机构的定义范围不同,那么对跨国受雇所得就存在税收套利或税收筹划的空间,因为改变雇员居民国或雇主居民国在鼓励劳动力和资本自由流动的今天是非常容易的事情。而从税务主管机关的角度来看,除非税收协定明确地限制了其国内法上的征税权,否则在维护各自税收主权的强烈意识下,各国税务主管机关都不希望轻易放弃或减少国内法上原有的征税权。因此,本书认为从条约解释规则与税收协定的具体条款目的两个方面清楚地解释第 15 条第 2 款第 c 项雇主常设机构的确定问题是合法合理的,也是极其必要的。

第二节 涉及演艺人员和运动员的三角情形下税收协定的适用

OECD 范本第 17 条(演艺人员和运动员)实际上是第 7 条和第 15 条的例外条款。根据 OECD 范本第 17 条第 1 款的规定,当演艺人员和运动员从事其个人表演活动所取得的所得同时构成演艺人员和运动员的独立劳务所得(第7条)[23]或非独立劳务所得(第15条)时,第17条将优先适用。关于OECD范本第17条的演进参见下文。

演艺人员与运动员这个自然人群体的个人表演活动所得之所以受到税收协定的特别关注,将其作为独立劳务所得和非独立劳务所得的例外条款处理,是因为演艺人员和运动员的跨国移动频繁,他们在相对短的期限内能够赚取高额收入,并且他们倾向于利用过度的税收筹划来逃避高额税负。表演者的全球移动和他们进行国际避税的能力使对表演者适用独立个人劳务和非独立个人劳务所适用的一般性分配规则变得不合时宜。[24] 对演艺人员和运动员这类特殊群体的个人表演活动所得适用普通人劳务所得所适用的税收权益分配规则具有实际困难。[25]

当然,这样的原因是否合理有待商榷。早在1945年美国与英国缔结的税收协定(以下简称美国－英国协定)第11条第3款订立了与2008年OECD范本第17条第1款相似的内容时,就引发了对这款内容的第一次大讨论。[26] 当该协定提交给美国参议院外交关系委员会批准时,美国的银幕演员协会和艺人经理协会的代表(以下简称娱乐界代表)要求对该款内容重新进行小组委员会讨论。娱乐界代表在小组委员会讨论时引述了《威尼斯商人》中夏洛克著名的平等诉求,[27]要求小组委员会取消

---

〔23〕 2000年OECD范本删除第14条个人独立劳务所得,将其划归到第7条营业利润条款中调整;而在UN范本中个人独立劳务所得依然是第14条。因此这里所指的OECD范本第17条是第7条的例外,具体是指第17条是OECD范本对营业利润中个人独立劳务所得分配规则的例外。

〔24〕 Philip Baker, *Double Taxation Conventions and International Tax Law*, 2nd ed., London, Sweet & Maxwell, 1994, p. 316.

〔25〕 Dick Molenaar, *Entertainers and Sportspersons Following the Updated OECD Model (2014)*, Bulletin for International Taxation, 2015, p. 38.

〔26〕 Daniel Sandler, *Artistes and Sportsmen (Article 17 OECD Model Convention)*, Chapter in Michael Lang, ed., *Source versus Residence: Problems Arising from the Allocation of Taxing Rights in Tax Treaty Law and Possible Alternatives*, New Delhi: Taxmann Publ., p. 218.

〔27〕 威廉·莎士比亚《威尼斯商人》的第三幕第一场第51～59行,夏洛克如此控诉:“难道犹太人没有眼睛吗?难道犹太人没有五官四肢,没有知觉,没有感情,没有血气吗?他不是吃着同样的食物,同样的武器可以伤害他,同样的医药可以治疗他,冬天同样会冷,夏天同样会热,就像一个基督徒一样吗?你们要是用刀剑刺我们,我们不是也会出血的吗?你们要是搔我们的痒,我们不是也会笑起来吗?你们要是用毒药谋害我们,我们不是也会死吗?那么要是你们欺侮了我们,我们难道不会复仇吗?”中文译文参见[英]莎士比亚:《莎士比亚喜剧悲剧集》,朱生豪译,译林出版社2002年版,第120页。

美国－英国协定第11条第3款内容。娱乐界代表取得了短暂的胜利，该款内容在1946年的《美英税收协定议定书》中被取消，但它陆续出现在美国与其他国家签订的税收协定中。1963年它被正式写进OECD范本，自此成为国际税收协定缔约实践的常规性条款。当然今天仍有人质疑OECD范本第17条的合理性，甚至质疑其在范本中存在的必要性。[28]在2010年至2014年OECD范本及其注释的修订工作中，荷兰代表明确提出建议删除OECD范本第17条（演艺人员和运动员）。[29] 由于大多数成员国代表支持保留范本第17条，荷兰代表的上述建议最终并未被2014年OECD范本及其注释采纳。本节是在承认第17条合理存在的前提下，探讨第17条在涉及演艺人员和运动员的三角情形中的适用问题。

一、爱尔兰U2乐队诉西班牙税务局案引发的争议

（一）案情简述

爱尔兰U2乐队诉西班牙税务局案基本案情如下。[30] 荷兰A公司与西班牙B公司签订一单演出合同，根据该合同A公司承诺，其与“其他几家公司”将其拥有的爱尔兰U2乐队公演独占权授予B公司，具体授权范围是将U2乐队计划于1997年分别在西班牙的马德里和巴塞罗那举办的两场音乐会的独占权授予B公司。A公司与“其他几家公司”仍将为这两场音乐会提供一切必要的支持（包括演艺人员的表演活动，音乐会制品和其他与音乐会有关的权利、服务和器材等），B公司承诺向A公司支付270万美元的对价。该演出合同并没有明确提及“其他几家公司”在合

---

〔28〕 Martín Jiménez, A. *Spain*: *Taxation of Artistes and Sportsmen – U2's Tour in 1997*, in Lang et al., ed., *Tax Treaty Case Law Around the Globe – 2011*, Wien: Linde, 2011, pp. 355–379. 这篇文章中作者表达了这样的观点：第17条应当从OECD范本中被取消。

〔29〕 OECD, Issues Related to Article 17 of the Model Tax Convention, Adopted by the OECD Committee on Fiscal Affairs on 26 June 2014, p. 5, http://www.oecd.org/tax/treaties/report-article%2017-model-tax-convention.pdf.

〔30〕 Spain – Case Number: 152/2007, U2 (the Taxpayer) v. Dirección General de Tributos (the Tax Authorities), Spanish National Court (Audiencia Nacional), Decision published in Normacef, Westlaw (Spanish), English Version "Spain – Case 152/2007, 28 January 2010 (Summary)", IBFD Database.

同中的身份,但B公司先后收到了来自3家爱尔兰公司(C、D、E公司)出具的8张发票。其中C公司开具发票总金额为62.4万美元,内容涉及演艺人员劳务的相关费用;D公司开具发票金额总计为120万美元,内容涉及舞台设计相关费用(如音响、灯光、道具和影像);E公司开具发票总金额为15.6万美元,内容涉及管理与咨询等行政费用(如图5-3所示)。

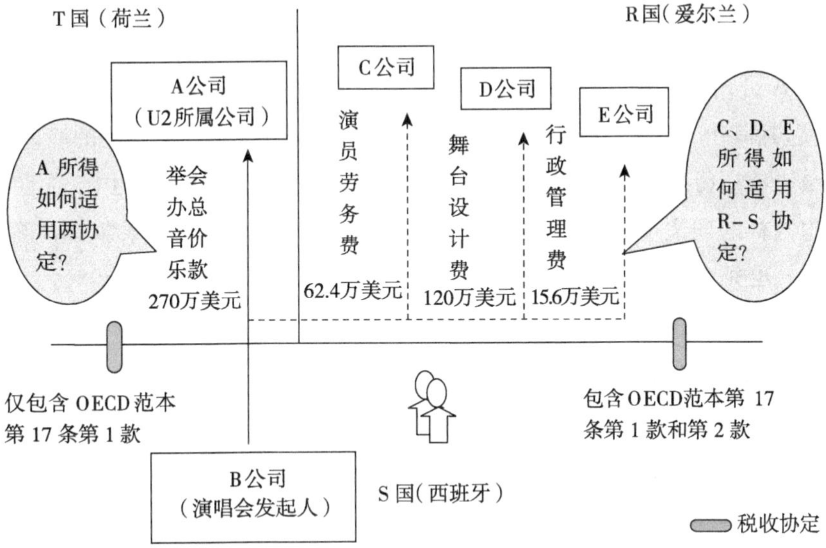

图5-3 爱尔兰U2乐队诉西班牙税务局案

B公司仅对C公司收取的62.4万美元的"演艺人员劳务费"依据西班牙国内法按全额扣缴了25%的预提税。[31]而对于其他公司(A、D、E)的所得,B公司认为它们并不是可归属于U2乐队表演活动的所得,而是属于1971年西班牙-荷兰协定第7条营业利润的范围。由于这些公司

[31] 西班牙《公司所得税法》第45条第1款第d项,现在的法律为《非居民所得税法》第13条第b款第3项,其内容为:艺术家因在西班牙领土范围内的个人表演活动取得的所得或与该个人表演活动相关的任何其他活动取得的所得,即使该所得支付给艺术家以外的其他人或实体,该所得同样是西班牙非居民艺术家来源于西班牙的所得,需要在西班牙纳税。可以看出,西班牙国内法采用了透视方法(look-through method),即在艺术家表演活动取得的所得并未归属于艺术家本人,而是归属于其他个人或实体的情况下,西班牙国内法透视其他个人或实体,将其他个人或实体的所得视为直接归属于艺术家个人的所得。

在西班牙均没有常设机构，根据西班牙－荷兰协定第7条，A、D、E公司均不需要就其营业所得在西班牙纳税。B公司并未援引1994年西班牙－爱尔兰协定主张C、D、E三家公司所收取款项的协定待遇，B公司希望对本案仅适用1971年西班牙－荷兰协定。本案一个特殊的事实是，1971年的西班牙－荷兰协定第18条仅采纳了OECD范本的第17条第1款，而1994年的西班牙－爱尔兰协定第17条参照了OECD范本第17条的第1款和第2款。B公司实际上希望西班牙税务局能够将B公司支付给A公司的270万美元款项认定为是西班牙－荷兰协定上的营业利润（包括其中C、D、E公司取得的款项），而非西班牙－荷兰协定上的演艺人员表演所得，从而避免该笔所得在西班牙纳税。但是B公司也清楚地知道这样的期望未必能够实现，因此该演出合同订立了特殊条款，规定A公司必须向B公司的律师交存67.5万美元的保证金（270万×25%），以防止西班牙税务局对这270万美元的款项按照全额征税将给B公司带来的预提税负担。

2001年，西班牙税务局（西班牙文为Dirección General de Tributos）认为，依据西班牙国内法（《公司所得税法》第45条第1款第d项）爱尔兰的三家公司因参与1997年U2的两场音乐会筹办而取得的款项（C公司62.4万美元，D公司120万美元，E公司15.6万美元）均属于U2乐队在西班牙从事个人表演活动取得的收入，应当在西班牙纳税。依照1994年西班牙－爱尔兰协定第17条西班牙对C、D、E公司收取的款项有征税权。因此西班牙税务局最终按照国内法对D、E公司取得的款项（135.6万美元）补征了预提税（29.58万欧元）和利息（7.06万欧元）。在征税过程中，西班牙税务局希望仅援引1994年西班牙－爱尔兰协定，以明确该协定并没有限制西班牙国内法对C、D、E公司上述所得的征税权。但遗憾的是，西班牙税务局没有明确指出适用西班牙－爱尔兰协定第17条的第1款还是第2款。更令人疑惑的是，西班牙税务局为何不对B公司直接支付给A公司的款项（270万美元）征税？这些从征税决定中尚不能找到答案。

西班牙税务局将D、E公司收取的款项认定为U2乐队的演出所得征税的决定遭到了纳税人的强烈反对。纳税人（包括实际纳税人U2和代缴义务人 B 公司）坚持认为除 C 公司收取的 62.4 万美元外，D、E 公司收取的款项与 U2 乐队在西班牙从事个人表演活动取得的收入没有直接关系，不应当在西班牙纳税。纳税人不服西班牙税务局的征税决定，遂起诉至西班牙法院。

有趣的是，西班牙两级法院对本案的审理结果却截然相反：经济行政事务中心法院（西班牙文为 Tribunal Económico – Administrativo Central，TEAC）在 2007 年 2 月 2 日的一审判决中支持了西班牙税务局的征税决定；而国家法院（西班牙文为 Audiencia Nacional，AN）在 2010 年 1 月 28 日的二审判决中却撤销了一审判决，最终支持了纳税人的主张。〔32〕

（二）争议焦点

本案在法院审理中争议焦点是：第一，爱尔兰 C、D、E 公司分别取得的与 U2 音乐会表演活动相关的款项，依据 1994 年西班牙 – 爱尔兰协定第 17 条第 1 款和第 2 款，是否可以由西班牙征税？第二，荷兰 A 公司因授予 B 公司独占爱尔兰籍 U2 乐队在西班牙举行两场音乐会的权利所取得的 270 万美元的款项，依据 1971 年西班牙 – 荷兰协定第 18 条（与 OECD 范本第 17 条第 1 款一致）西班牙是否有征税权？

对于第一个问题，一审法院认为：（1）C、D、E 三家爱尔兰公司所取得的款项均与 1997 年 U2 乐队在西班牙的演出活动有关，是为 U2 乐队提供演出所必需的服务，且构成 U2 乐队演出报酬的一部分；（2）依据西班牙 – 爱尔兰协定第 17 条第 2 款，西班牙对 C、D、E 三家公司取得的上述所得（即为 U2 乐队在西班牙的个人演出活动所收取的款项）可以征税。因此，一审法院判决认为西班牙税务局可以依照国内法对本案中 D、E 公司收取的款项补征税款。

二审法院则有不同的结论：（1）仅 C 公司取得的款项（演员劳务费）

〔32〕 西班牙的经济行政事务中心法院（TEAC）属于行政性质机构，依托于财政部履行“司法”职能；而国家法院（AN）则是真正的法院，完全独立于行政机构履行其司法职能。因此，本案国家法院的裁决尤为值得关注。有关本案的英文述评可参见 IBFD 数据库和 Martín Jiménez，*A. Spain*：*Taxation of Artistes and Sportsmen – U2's Tour in 1997*，in Lang et al.，ed.，*Tax Treaty Case Law Around the Globe – 2011*，Wien，Linde，2011，pp. 355 – 379.

是与U2乐队的个人演出活动相关，按照西班牙－爱尔兰协定第17条第2款(与OECD范本一致)西班牙可以对C公司这样的所得征税;(2)并不是所有与音乐会有关的服务报酬都属于西班牙－爱尔兰协定第17条项下艺术家因出席音乐会的个人表演活动所取得的报酬,D、E两公司所取得的报酬主要涉及为演唱会提供缔约服务和舞台布景等活动而取得的对价。这属于D、E两公司取得的营业利润,与艺术家的个人表演活动并没有直接或间接的联系,不属于西班牙－爱尔兰协定第17条的调整范围。由于D、E两公司在西班牙并未设有常设机构,那么显然依照西班牙－爱尔兰协定(第7条第1款)西班牙对D、E公司取得的营业利润没有征税权。因此,二审法院判决认为依据西班牙－爱尔兰协定第17条第2款,西班牙仅有权对三家爱尔兰公司中的C公司所得征税,西班牙无权对本案中D、E公司收取的款项补征税款。可见,确定第一个问题结论的关键在于:C、D、E三家爱尔兰公司取得的与U2在西班牙的演唱会有关的所得中,哪些是因U2乐队的个人演出活动所取得款项。

对于第二个问题,它其实并不是纳税人和西班牙税务局在诉讼中争议的焦点,而是西班牙国家法院在二审中依职权(ex officio)审理的事项。它是学术界争论的焦点,也是本节所研究问题的症结所在。这样一个事实值得注意,1971年西班牙－荷兰协定仅沿用了OECD范本第17条第1款,而没有第2款的内容。而1994年西班牙－爱尔兰协定则沿用了OECD范本第17条的全部两款内容。OECD范本第17条第1款涉及演艺人员和运动员从事个人活动取得的所得;而第2款涉及演艺人员和运动员从事活动的所得被其他人(如明星公司)所收取的情况。国家法院认为,既然西班牙国内法已经规定西班牙有权对艺术家在西班牙领土内从事个人表演活动取得的所得,包括其中支付给中间公司的所得均视为表演者个人的所得征税(透视法),那么西班牙－荷兰协定缺失OECD范本第17条第2款的事实并不能影响其国内法上的征税权,OECD范本第17条第2款仅在缔约国国内法没有“透视法”时才可能发挥作用。但遗憾的是,西班牙国家法院并没有进一步明确本案中B公司支付给A公司的270万美元应当在西班牙享受何种税收待遇。国家法院仅在判决的第5段描述道:“荷兰公司(A公司)取得的款项是为了预定和筹办音乐会

(booking and promotion)。”既然西班牙税务局并没有就 A 公司的所得提出质疑,也没有认定该所得应当在西班牙纳税,因此这一问题在二审中并没有作为当事人的具体请求,国家法院也就没有对此阐述明确的意见。

但是西班牙国家法院的上述阐述至关重要:既然西班牙国内法已经规定西班牙有权对艺术家在西班牙领土内从事个人表演活动取得的所得,包括其中支付给中间公司的所得均视为表演者个人的所得征税(透视法),那么西班牙 - 荷兰协定缺失 OECD 范本第 17 条第 2 款的事实并不能影响其国内法上的征税权,OECD 范本第 17 条第 2 款仅在缔约国国内法没有“透视法”时才可能发挥作用。根据这项阐释,本书推导出西班牙国家法院对 A 公司收取的款项在西班牙享受的税收待遇所持的观点是:(1)A 公司取得的 270 万美元款项,如果它确实与 U2 乐队表演活动相关,由于西班牙国内法采用了“透视法”,依据西班牙国内法和 1971 年西班牙 - 荷兰协定第 18 条(OECD 范本第 17 条第 1 款)西班牙可以对 A 公司收取的款项征税,实际上是对纳税人 U2 乐队来源于西班牙的演出所得征税。(2)但是如果 A 公司收取的款项与 U2 乐队的个人表演活动并不相关,仅仅是为了预定和筹办音乐会,那么它并不适用 1971 年西班牙 - 荷兰协定第 18 条,而应当适用协定第 7 条营业利润;由于 A 公司在西班牙并没有常设机构,纳税人 A 公司的营业利润在西班牙没有纳税义务。(3)如果假定西班牙国内法没有采用“透视法”,那么即使 A 公司收取的款项与 U2 乐队表演活动相关,但由于西班牙 - 荷兰协定缺少 OECD 范本第 17 条第 2 款的规定,西班牙对 A 公司收取的款项同样要受到西班牙 - 荷兰协定第 7 条营业利润的限制。这种解读实际上也与 OECD 范本注释对第 17 条第 2 款的解读一致(详见本节第三目)。

可以看出在表演者居民国(R)、演出活动地国(S)、收取所得的其他人(A 公司)居民国(T)是三个不同国家时,第 17 条的适用面临这样的问题:(1)支付给 A 公司的款项是否与表演者的表演活动有关;(2)当支付给 A 公司的款项与表演者的表演活动有关时,如何适用 T - S 协定第 17 条和 R - S 协定第 17 条对该笔所得征税——具体包括第 17 条与 S 国国内法的关系,以及第 17 条与协定其他条款的关系问题。这两方面问题也是本节要研究的主要问题。

二、涉及演艺人员和运动员的三角情形及其适用税收协定的困难

国际税法学界主要探讨过两类涉及演艺人员和运动员的三角情形，一类是涉及归属于“其他人”的演艺人员和运动员演出所得的三角情形；另一类是向政府经营的企业[33]提供演出服务取得的报酬所涉及的三角情形。本书认为第二类三角情形中并不存在税收协定适用的问题，[34]况且它在中国税收协定中也并不常见，[35]因此本书暂不讨论，仅探讨第一类涉及归属于“其他人”的演艺人员和运动员演出所得的三角情形。

什么是涉及归属于“其他人”的演艺人员和运动员表演所得的三角情形呢？如图 5－4 所示，演艺人员或运动员（以下简称表演者）是 R 国居

---

〔33〕 OECD 范本第 19 条第 3 款“…remuneration in respect of services rendered in connection with a business carried on by a Contracting State or a political subdivision or a local authority thereof”在范本中翻译为“向缔约国一方、所属行政区域或地方当局经营的企业提供服务取得的报酬”（以下简称向政府经营的企业提供服务取得的报酬）。但是在我国对外签订的税收协定中一般使用“向缔约国一方政府或地方当局举办的事业提供服务取得的报酬”，即向政府举办的事业提供服务取得的报酬。作者认为“经营的企业”和“举办的事业”均对应英文文本中的“business carried on by”。由于企业是协定概念（OECD 范本第 3 条第 1 款第 c 项），因此本款翻译成“政府经营的企业”更为恰当。但是中文也许考虑到一般意义上企业这一用语的商业含义较重，于是在我国的协定中使用了事业这一用语，试图强调本款的非商业性。

〔34〕 有关第二类“向政府经营的企业提供演出服务取得的报酬所涉及的三角情形”可参见 Franz Philipp Sutter & Ulf Zehetner, ed., *Triangular Tax Cases*, Vienna, Linde, 2004, pp. 342－346. 其中作者赞同奥地利税务局的意见（第 346 页），在这样的三角情形中并没有税收协定适用上的问题。理由是：这类三角情形主要是由于一国签订的税收协定中“政府服务”条款所参照的范本不同造成的，即一国对外签订的税收协定中，有些采纳了 1995 年及之后的 OECD 范本第 19 条，而另一些则采纳了 1995 年之前的 OECD 范本第 19 条。1995 年 OECD 范本对第 19 条第 3 款进行修订：在向缔约国一方、所属行政区或地方当局经营的企业提供服务取得的工资、薪金、退休金或其他类似报酬应适用第 15 条（受雇所得）、第 16 条（董事费）、第 17 条（演艺人员和运动员）和第 18 条（退休金）。这使得在向缔约国一方、所属行政区或地方当局经营的企业提供服务所取得的报酬在适用协定时，第 17 条优先于第 19 条；而在 1995 年之前的 OECD 范本中，第 19 条第 3 款由于没有第 17 条的内容，第 19 条就要优先于第 17 条适用。

〔35〕 中国仅与 2 个国家（以色列、冰岛）缔结的税收协定以及大陆与台湾地区签署的税收安排参照 1995 年之前的 OECD 范本第 19 条第 3 款规定，对向政府经营的企业提供演出服务取得的报酬依然优先适用第 19 条。中国与前南斯拉夫（1988 年）缔结的税收协定没有签订政府服务条款。除此之外，中国对外缔结的 104 个税收协定、内地与香港特区和澳门特区签署的税收安排的“政府服务”条款参照了 1995 年之后的 OECD 范本第 19 条第 3 款的规定，对向政府经营的企业提供演出服务取得的报酬优先适用第 17 条。

民；在 S 国演出，但其从事个人表演活动取得的所得（以下简称个人演出所得）并非归属于表演者本人，而是归属于 T 国居民 A（通常是法人）；[36] A 在 S 国未设有常设机构等任何经营实体；且 S 国国内法没有采用"透视法"，即没有将"其他人"收取的所得视为表演者本人所得进行征税（如中国）。[37]

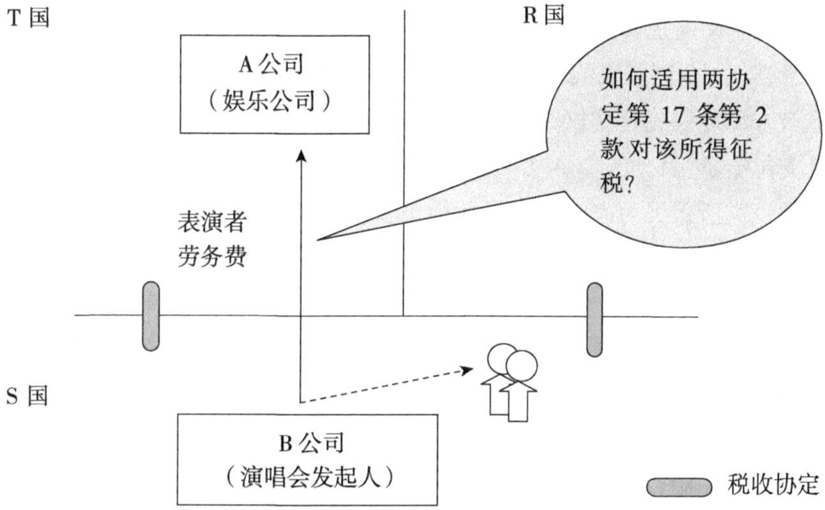

图 5－4　涉及归属于"其他人"的表演者演出所得的三角情形

---

〔36〕这里作者只能假定与表演者个人活动直接相关的所得全部归属于其他人，暂时忽视个人表演活动取得所得的定量问题，即如何在复杂的合同（可能是 A 公司与 S 国主办单位签订的合同，也可能是 A 公司与表演者签订的劳务或雇佣合同）款项中将协定第 17 条所涵盖的与个人表演活动直接相关的所得分离出来。定量问题在双边情形下同样存在，并不是三角情形下的特殊问题，因此受主题与篇幅的限制作者只能暂时将其搁置。但是不得不说定量问题是目前第 17 条适用中比较实际的难题。有关定量问题的阐述可参见 Walter Loukota & Markus Stefaner, eds. , *Taxation of Artistes and Sportsmen in International Tax Law*, Vienna, Linde, 2007.

〔37〕因为如果 S 国国内法采用透视法（如 U2 案中的西班牙国内法），那么无论该所得归属于谁，在 S 国国内法上纳税人都是表演者个人（并非 A 公司），在协定层面上也均只需要适用 R－S 协定第 17 条第 1 款即可；只有当 S 国国内法没有采用透视法，那么在 S 国国内法上的纳税人显然是 A 公司，而并非表演者个人，在税收协定层面上就涉及 T－S 协定第 7 条、第 17 条第 2 款和 R－S 协定第 17 条第 1 款和第 2 款的适用问题。

这样的安排通常被演艺明星或体育明星利用,他们作为R国居民在所得税税负较低的T国设立自己的公司A,而后将他们在S国演出取得的收入归属于A,从而躲避S国对他们的演出所得征税。当然,也不排除在一种合理的商业安排之下呈现这样的局面。无论表演者目的如何,税收协定适用的困难都同样存在。

1. 依照各自的国内法,R、S、T三国对该笔个人演出所得都享有税收管辖权。R国是表演者居民国,就表演者来自全球的所得均享有居民税收管辖权。S国是表演活动地国,对表演者在本国境内演出取得的所得享有来源地税收管辖权。但是该笔表演所得没有支付给表演者本人,而是支付给了“其他人”(A公司)。由于S国国内法并没有将“其他人”收取的该类所得视为表演者个人所得征税,S国依照国内法仅能够对A公司收取的所得享有来源地税收管辖权。T国虽然不是表演者的居民国和表演活动地国,但系A的居民国,就A来自全球的所得享有居民税收管辖权。因此,对不同纳税人(R国对表演者,S、T国对A公司)的同一笔表演者的个人演出所得就存在R、S、T三个国家税收管辖权的重叠,只是T、S两国间系法律性重复征税,而R国与其他两国(T、S)间系经济性重复征税。为限定本书论题范围,本书在第一章第二节就已将存在经济性重复征税的三角情形排除在研究范围之外,但本节为案例分析的完整性将部分涉及经济性重复征税。

2. 在税收协定层面上,为消除上述重复征税,对表演者在S国演出活动而归属于A的演出所得,如何适用R-S协定和T-S协定存在难题。由于S国国内法没有采用“透视法”,即没有将归属于A公司的所得视为表演者所得进行征税,在S国国内法上A公司与表演者仍然是两个独立的纳税主体。当S国欣喜于OECD范本1977年新增第17条第2款的修订,[38]试图适用R-S协定第17条第2款对归属于A公司的所得征税时(如果这样的意图能够完成,那便意味着T-S协定是否存在或者T-S

---

〔38〕 1977年OECD范本在第17条第1款之后增加了第2款,即演艺人员或运动员从事其个人活动取得的所得,并非归属于演艺人员或运动员本人,而是归属于其他人,虽有第7条和第15条的规定,该所得可以在该演艺人员或运动员从事其活动的缔约国征税。该款最初是为了防止演艺人员和运动员利用中间人逃避演出活动地国税收而设立的条款。

协定是否包含第17条第2款变得无关紧要），协定适用的第一个困难便产生了，即依据R－S协定第1条，A公司并非R－S协定适用的人，因此R－S协定第17条第2款对A公司收取的所得不能适用。而当S国试图援引T－S协定第17条第2款对本案中归属于A公司的所得征税时，协定适用的第二个困境随之产生，即依据T－S协定第1条，表演者也并非T－S协定适用的人，因此T－S协定第17条第2款是否能够对支付给A公司的表演者演出所得适用呢？如果答案是否定的，那么A公司收取的表演者演出所得将被认定为T－S协定第7条营业利润的调整范围。鉴于A公司在S国没有常设机构，T－S协定第7条将排除S国国内法对A公司收取的该笔"营业利润"的征税权。

可以看出，对表演者演出活动取得的所得，由于其并非归属于表演者本人，而是归属于其他人（A公司），对该笔所得无论是适用R－S协定第17条第2款，还是适用T－S第7条或者第17条第2款都会产生"协定适用的人"的问题。1987年OECD发布了题为《来源于娱乐活动，演艺人员和运动员活动的所得征税问题的报告》（以下简称《表演者所得报告》）。该报告对上述三角情形所持的观点是，依据T－S协定第7条第7款，T－S协定第17条第2款应当优先于T－S协定第7条适用。[39] 这显然并没有回答"协定适用的人"的问题，即演艺人员或运动员并非T－S协定适用的人，那么T－S协定第17条第2款为何能够适用？这正是本书在本节中要回答的核心问题。

三、涉及演艺人员和运动员的三角情形下如何适用税收协定

与OECD范本很多条款一样，今天的（2017年）OECD范本第17条（演艺人员和运动员）也是1963年OECD范本就已采纳的条款。1963年OECD范本订立了第17条第1款；1977年OECD范本为反避税引入了第17条第2款；1992年OECD范本注释采纳了1987年《表演者所得报告》的建议，大幅度地修订了第17条注释的内容；此后2000年和2008年的OECD范本注释也对第17条注释略有修订。可以说，1992年OECD范本

---

〔39〕 OECD, *The Taxation of Income Derived from Entertainment, Artiste and Sporting Activities*, OECD, 1987, p. 103.

第 17 条及其注释形成了对该条款较为成熟的参照模板和解释规则。2014 年 OECD 范本第 17 条对文本做了形式修订,包括将题目“艺术家和运动员”(Artists and sportmen)修订为“演艺人员和运动员”(Entertainers and sportsperson);删除第 17 条第 1 款“第 7 条”的例外规定,因为第 7 条已经规定了“协定其他条款优先适用规则”,没有必要在第 17 条第 1 款重复规定。[40] 2014 年 OECD 范本对第 17 条文本的修订实际上并没有变动文本的主要内容,但是 2014 年 OECD 范本对第 17 条的注释增加了近一倍的内容。[41]

与 OECD 范本其他条款不同的是,第 17 条在 1963 年 OECD 范本的前身——国际联盟的 1943 年《伦敦范本》和 1946 年《墨西哥范本》——当中并没有对应条款,其形成基础是 1959 年欧洲经济合作组织(Organization for European Economic Cooperation,OEEC)公布的一份《税收协定草案》的第 11 条。[42] 可以看出,OECD 范本第 17 条的历史并不久远,主要是由于自 20 世纪中叶起演艺人员和运动员的跨国演出活动才日益频繁,其日益增加的演出报酬也才逐渐受到税收协定的特别关注。

(一)第 17 条在双边情形和三角情形中适用的一般性规则

1992 年至 2010 年 OECD 范本第 17 条演艺人员和运动员共两款内容:

1. 虽有第 7 条和第 15 条的规定,缔约国一方居民,作为演艺人员,如戏剧、电影、广播或电视艺人、音乐艺人或作为运动员,在缔约国另一方从

[40] 2010 年 OECD 范本第 7 条第 4 款(2010 年以前 OECD 范本第 7 条第 7 款)规定,利润中如果包括本协定其他各条单独规定的所得项目时,本条规定不应影响其他各条的规定。

[41] 2014 年 OECD 范本第 17 条注释的修订内容源自 2014 年 OECD 发布的一份题目为《关于范本第 17 条问题》的研究报告。有关 2014 年 OECD 范本第 17 条注释的修订可以参阅以下文献:Dick Molenaar, *Entertainers and Sportspersons Following the Updated OECD Model* (2014), Bulletin for International Taxation 1, 2015, pp. 37 – 47; Dick Molenaar, *Minimum Threshold for Entertaners and Sportspersons in Article* 17 *of the OECD Model*, Bulletin for International Taxation 4, pp. 224 – 229 (2016); Alvaro de Juany Ledesma, *The Artistes and Sportsmen's Article* (*Article 17 of the OECD Model*): *Has the Time Come to Stop Counting Stars in the Sky*?, European Taxation 2/3, 2012, pp. 116 – 121.

[42] 《税收协定草案》包含在 OEEC 于 1959 年公布的一份报告当中,报告题为:Elimination of Double Taxation, 2nd Report of the Fiscal Committee, Paris, OEEC, 1959.

事其个人活动取得的所得,可以在该缔约国另一方征税。[43]

2. 演艺人员或运动员从事其个人活动取得的所得,并非归属于演艺人员或运动员本人,而是归属于其他人,虽有第 7 条和第 15 条的规定,该所得可以在该演艺人员或运动员从事其活动的缔约国征税。[44]

对作为缔约国一方居民的演艺人员和运动员,可以在其从事个人活动所在地的缔约国另一方纳税,而不论这些活动是营业性质还是受雇性质。第 17 条规定是对第 7 条(营业利润中的非独立劳务所得)和第 15 条(受雇所得)第 2 款的例外。[45] 本条无论是在双边情形下还是在三角情形下,对以下问题的适用规则并没有什么不同。

1. 演艺人员和运动员的定义范围应作广义理解

在税收协定层面上对演艺人员或运动员下严格、准确的定义是不可能的,因为协定并不是统一各国税法的统一实体法,而仅仅是在承认各国税法差异的基础上对缔约国的征税权予以协调的规则。于是 OECD 范本注释对演艺人员和运动员的定义范围给出相对广泛建议,供各国参照采纳。

(1)第 17 条第 1 款列举了被视为演艺人员的例子(如戏剧、电影、广播或电视艺人、音乐人),这些例子不应被认为穷尽了所有情况。但也不应该把演艺人员的范围扩大到包括来访的会议发言人或行政、后勤人员(如电影摄影师、制片人、电影导演、舞蹈设计人员、技术人员以及流动演出团组的运送人员等)。[46] 这主要是因为这些人员并没有在 S 国从事个人表演活动,他们的所得依然要适用第 7 条(营业利润中的独立劳务所

[43] 第 1 款的基本内容在 1963 年 OECD 范本中已存在。1963 年 OECD 范本第 17 条仅一款内容,原文为:Notwithstanding the provisions of Articles 14 and 15, income derived by public entertainers, such as theatre, motion picture, radio or television artistes, and musicians, and by athletes, from their personal activities as such may be taxed in the Contracting State in which these activities are exercised.

[44] 第 2 款是 1977 年 OECD 范本新增的条款,最初是为了防止演艺人员和运动员利用中间人逃避演出活动地国税收而设立的条款。

[45] OECD Model Tax Convention on Income and on Capital, 2000 – 2010, Commentary on Article 17, para. 1.

[46] OECD Model Tax Convention on Income and on Capital, 1992 – 2010, Commentary on Article 17, para. 3.

得)和第15条(受雇所得)来调整。而对于上述两种人员之间难以判定的情况,则应根据有关个人从事活动的主要属性加以确定。

(2)本条也没有对"运动员"作出准确界定,但其范围不仅限于传统体育项目的参加者(如赛跑、跳高、游泳运动员等),还包括如高尔夫球运动员、赛马运动员、足球运动员、板球运动员、网球运动员以及赛车运动员等。[47]

由此可以看出,OECD范本注释建议对演艺人员和运动员应作广义的理解,不应仅以特定职业(specific occupation)来确定其身份,重要的是其在S国所从事的个人活动的性质是否为个人表演活动。当然,近来也有学者对OECD范本注释建议的演艺人员和运动员的范围提出质疑,认为在团体演出当中将演员与教练员、技术人员等所得区别对待构成税收歧视待遇。[48] 中国税收协定采纳了OECD范本注释的上述解释。2018年2月9日,国家税务总局发布了《关于税收协定执行若干问题的公告》(以下简称《税收协定执行公告》),并于2018年4月1日起正式施行。[49]《税收协定执行公告》第4条第1款明确规定,演艺人员活动不包括会议发言,以及以随行行政、后勤人员(如摄影师、制片人、导演、舞蹈设计人员、技术人员以及流动演出团组的运送人员等)身份开展的活动。在商业活动中进行具有演出性质的演讲不属于会议发言。"

2014年OECD范本第17条注释经历了较大的修订。修订后的第17条注释第2段再次强调,有关国家可以通过共同协商,将第1款限制适用于商业活动。为此,可以将第17条第1款和第2款中"虽有第15条的规定"替换为"依据第15条的规定"。这种情况下,在受雇期间从事表演的演艺人员和运动员将自动适用第15条规定,因而有权享受第15条第2

[47] OECD Model Tax Convention on Income and on Capital, 1992 – 2010, Commentary on Article 17, para. 5.

[48] Karolina Tetlak, *Tax Treatment of Team Performances under Art. 17 of the OECD Model Convention*, World Tax Journal 2(3), 2010, pp. 262 – 290.

[49] 国家税务总局《关于税收协定执行若干问题的公告》(国家税务总局公告2018年第11号),载国家税务总局网,http://www.chinatax.gov.cn/n810341/n810755/c3285782/content.html,最后访问日期:2021年1月30日。

款所规定的免税待遇。[50] OECD 范本注释仅是为各国或地区缔结和解释税收协定提供工作范本,并不具有法律上的强制拘束力。在国家的缔约实践中,德国、瑞士在 20 世纪 50 年代和 60 年代对外缔结的税收协定中采纳过这样的建议,将第 17 条的适用范围仅限定在自雇从事表演活动的演艺人员和运动员。中国税收协定普遍没有采纳范本注释的这一建议,没有将自雇从事表演活动的演艺人员和运动员排除在第 17 条适用范围之外。

2. 个人表演活动的特征——公开性和娱乐性

演艺人员和运动员在 S 国所从事的个人表演活动需要同时满足具备公开性和娱乐性特征,其取得的所得才可能属于 OECD 范本第 17 条的调整范围。

(1)个人表演活动需要具备公开性特征(actual public performance)。有两个例子可以很好地说明这一点:一个例子是,R 国某篮球明星因在 S 国举办的公开比赛中穿着印有耐克商标的球衣而获得广告费收入;对应的情况是 R 国该篮球明星在 S 国为耐克服装拍摄广告,从而取得广告费收入。前者因运动员的个人表演活动具备公开性而可能进入 R – S 协定第 17 条的调整范围;而后者显然不具备表演活动公开性的特征,因此它不受 R – S 协定第 17 条调整,而将适用协定的其他相应条款处理(第 7 条或第 15 条)。

另一个例子是画家、书法家或雕刻家等因其作品的公开展出而取得的所得。画家、书法家或雕刻家是在相对非公开的环境中创作作品,他们作品的公开展示是否属于个人表演活动?国际税法学界的主流观点认为,OECD 范本第 17 条应仅涉及个人表演的公开展示,不应包含诸如画家、作家、雕刻家和作曲家的作品的公开展示,也不应涵盖参与影片制作的个人(如导演、摄影师、剪辑师、音响师、动作设计师和制片人)。[51] 这

---

〔50〕 OECD Model Tax Convention on Income and on Capital, 2014, Commentary on Article 17, para. 2.

〔51〕 Klaus Vogel, *Klaus Vogel on Double Taxation Conventions: A Commentary to the OECD –, UN – and US Model Conventions for the Avoidance of Double Taxation on Income and Capital With Particular Reference to German Treaty Practice*, 3rd edition, London, Kluwer Law International, 1997, p. 975.

些作品的展示所取得的收入应该属于第 12 条特许权使用费或第 7 条营业利润的调整范围。

(2)个人表演活动需要具备娱乐性特征(whether the performance is entertaining)。例如,国际会议上的发言人或者时事谈话类电视节目中的访谈嘉宾,他们的活动也可能被理解成个人公开的表演活动,但重要的是这些活动不具备娱乐性。因此,他们的所得并不受 OECD 范本第 17 条调整。相应地,如果它们的活动一旦具备了娱乐性,就很可能进入 OECD 范本第 17 条的调整范围。这一点也受到了 OECD 范本注释的认可:除了第 17 条第 1 款列举的例子之外,本条也可以适用于从具有政治、社会、宗教或慈善性质的活动中取得的所得,只要该项活动具有娱乐性质。[52] 本条也适用于从事某些通常被视为具有娱乐性质的活动取得的所得,如参加台球、象棋和桥牌比赛取得的所得。[53]

(3)个人表演活动与非表演活动相混合情况的处理。个人可能既是导演又在其导演的戏剧、电视节目或影片中担任角色。在这种情况下,应考虑个人在该项活动发生的国家所实际从事的活动。如果其在该国的活动主要是表演性质的,则本条适用于其在该国取得的所有所得。然而,如果表演活动只是其在该国从事的活动中可忽略的部分,则全部收入将不适用本条规定。在其他情况下,应按比例进行划分。[54]

中国税收协定基本采纳了 OECD 范本注释关于个人表演活动特征的解释。《税收协定执行公告》第 4 条第 1 款规定,演艺人员活动包括演艺人员从事的舞台、影视、音乐等各种艺术形式的活动;以演艺人员身份开展的其他个人活动(如演艺人员开展的电影宣传活动,演艺人员或运动员参加广告拍摄、企业年会、企业剪彩等活动);具有娱乐性质的涉及政治、社会、宗教或慈善事业的活动。

---

[52] OECD Model Tax Convention on Income and on Capital, 1992 - 2010, Commentary on Article 17, para. 3.

[53] OECD Model Tax Convention on Income and on Capital, 1992 - 2010, Commentary on Article 17, para. 6.

[54] OECD Model Tax Convention on Income and on Capital, 1992 - 2010, Commentary on Article 17, para. 4.

3."其他人"的定义范围

(1)只要满足OECD范本第1条人的范围,均可能构成第17条第2款的"其他人"。那么根据范本第1条和第3条的规定,"其他人"是缔约国一方或同时为缔约国双方的居民,具体包括个人、公司和其他团体。中国税收协定的执行采纳了该项注释的内容。依据《税收协定执行公告》第4条第5款,"其他人"包括个人、公司和其他团体。

(2)"其他人"与表演者的关系并不在OECD范本第17条第2款的考虑之内。本款并不关注"其他人"与表演者的法律或私人关系(但美国范本关注),甚至于"其他人"是否将其代替表演者收取的所得转交给表演者也不在本条考虑范围之内。本款(第17条第2款)仅关注该所得是否由"其他人"代替表演者收取。这使得本款既包含了表演者通过"其他人"间接取得表演活动所得的情况(通常为一种避税安排),同时也包含了"其他人"与表演者分享表演活动利润的情况。因此,有些国家在范本注释中明确表示:它们认为的第17条第2款仅适用于前一种避税安排的情况。[55]

4.归属于"其他人"的所得必须是与演艺人员和运动员个人表演活动有关的所得

在演艺人员和运动员的个人表演活动所得归属于"其他人"的情况下,虽然根据S国国内法的规定,纳税人可能并不是演艺人员和运动员,而是"其他人",但是这并不影响第17条调整的所得内容,即第17条第2款调整的所得依然是演艺人员和运动员在表演活动地从事个人表演活动而取得的收入,只是这样的收入没有归属于表演者本人,而是归属于其他人。如果是"其他人"为表演者策划演出活动而收取的款项,将可能适用范本第7条营业利润来处理,因为这笔所得并不是与表演者个人表演活动有关,而是与"其他人"的策划活动有关。

---

[55] 美国、加拿大和瑞士认为,本条第2款应仅适用于本条注释第11段第c项所述情况(涉及采用某些避税的方法),为此它们保留在与其他成员国谈判中作出修改的权利。See OECD Model Tax Convention on Income and on Capital,2010, Commentary on Article 17, para. 16.

5. 第 17 条第 2 款与 S 国国内法是否采用“透视法”的关系

如果 S 国国内法将演艺人员和运动员在其境内从事个人表演活动，但归属于“其他人”的所得视为从事表演活动的演艺人员和运动员的个人所得，即采纳了所谓的“透视法”，那么 OECD 范本第 17 条第 2 款就显得不那么重要了。因为此时完全可以适用第 17 条第 1 款对表演者演出所得的征税权进行分配。

但是，当 S 国国内法没有规定“透视法”（如中国），OECD 范本第 17 条第 2 款的规定就十分重要了。如果演艺人员或运动员的所得为“其他人”所收取，且来源国国内法又没有“透视”收取有关所得的“其他人”而将该所得视为表演者的收入进行征税的规定时，第 17 条第 2 款规定，来源国依其国内法不能对表演者征税的那部分所得可以向取得该所得的“其他人”征税。如果取得上述所得的“其他人”从事营业活动，则来源国有权对其征税，即使该项所得不能归属于其在来源国的常设机构。[56] 这意味着对归属于“其他人”的表演者演出所得，OECD 范本第 17 条第 2 款优先于第 7 条适用。

但是本书强调的是，上述规则在“其他人”与“表演者”是同一国居民时（双边情形下）没有争议，因为虽然 S 国国内法将“其他人”视为表演者演出所得的纳税人，但由于“其他人”与“表演者”居民国一致，适用 R－S 协定第 17 条第 2 款对该笔所得征税并没有争议。但是在三角情形中“其他人”与“表演者”是两个国家居民，这时就会引发 R－S 协定与 T－S 协定对归属于“其他人”的表演者演出所得是否适用，以及两协定相关条款的优先适用等问题。

（二）第 17 条在三角情形中应当如何适用

税收协定在涉及演艺人员和运动员的三角情形中适用的难题实际上是 OECD 范本第 17 条第 1 款和第 2 款的关系问题。如果认为它们是整体关系，那么 R－S 协定显然不能容忍并非 R－S 协定居民的 A 公司享受 R－S 协定第 17 条第 2 款的待遇；T－S 协定同样也不能允许并非 T－S

---

〔56〕 OECD Model Tax Convention on Income and on Capital, 1992－2010, Commentary on Article 17, para. 11.

协定居民的表演者就其演出所得享受 T－S 协定第 17 条(第 1 款和第 2 款)的协定待遇。鉴于 S 国国内法并没有采用“透视法”,S 国最终只能是对归属于 A 公司的表演者演出所得适用 T－S 协定第 7 条处理,此时该笔所得在 T－S 协定意义上是 A 公司的营业利润。但是反之,如果认为 OECD 范本第 17 条第 1 款与第 2 款是彼此独立的关系,那么 R－S 协定第 17 条第 1 款和 T－S 协定第 17 条第 2 款均能对本案适用。鉴于 S 国国内法并没有采用“透视法”,S 国应适用 T－S 协定第 17 条第 2 款对归属于 A 公司的表演者演出所得征税,此时该笔所得在 T－S 协定意义上仍然是表演者的演出所得。

1.第 17 条第 1 款和第 2 款关系的争论——彼此独立还是统一的整体

有些学者认为,OECD 范本第 17 条第 1 款与第 2 款是统一整体关系,既然 R－S 协定第 17 条第 1 款要求演艺人员和运动员是缔约国一方(R 或 S)居民,那么除非演艺人员和运动员同时也为 T 国居民,否则 T－S 协定第 17 条第 2 款就不能适用。[57] 这种观点虽然严格地贯彻了税收协定第 1 条和协定的双边性,但是显然无法解决涉及演艺人员和运动员的三角情形中的重复征税问题。

而另一种与之对立的观点认为,第 17 条第 1 款和第 2 款是彼此独立的关系,只要“其他人”是 T－S 协定上的居民,那么无须演艺人员和运动员也必须是 T－S 协定上的居民,T－S 协定第 17 条第 2 款也可以适用。主要理由是:

(1)2000 年 OECD 范本新增第 17 条注释第 11.1 段,强调了第 17 条第 2 款并不仅限适用于演艺人员、运动员和取得收入的其他人(如明星公司)为同一缔约国居民的情况。这一款允许演艺人员或运动员的表演所在地国对该项表演活动取得的但由“其他人”收取的所得进行征税,即使协定中的其他条款原本也可能适用。因此,尽管有协定第 7 条的规定,本

[57] Grossman, Die Besteuerung des Künstlers und Sportlers im internationalen Verhältenis, Verlag Paul Haupt, Bern－Stuttgart－Wien, 1992: 169 et. seq.; Görl, Die freie Berufe im internationalen Steuerrecht der Bundesrepublik Deutschland, Verlag V. Florentz. München, 1983, p. 168 et. seq. 转引自 Franz Philipp Sutter & Ulf Zehetner, ed., *Triangular Tax Cases*, Vienna, Linde, 2004, p. 352。

款允许演出或表演所在地国对作为缔约国另一方居民的明星公司征税，即使演艺人员或运动员不是该缔约国另一方的居民。相反，如果作为缔约国一方居民的演艺人员的所得由作为第三国居民的人如明星公司收取，而该第三国与所得来源地国之间不存在税收协定，本款不妨碍缔约国根据其国内法对上述实际收取所得的人征税。[58]

(2)一些国家的缔约实践也支持了此观点。从德国的缔约实践中看，德国在1992年OECD范本注释中明确表示，如果表演活动发生在德国(S国)，那么无论演艺人员是否为R－S协定的居民，德国主办方与中间公司的法律关系以及他们之间的T－S协定都需要一并考虑。[59] 此外，1979年的德国－芬兰税收协定中，第17条第2款明确规定无论演艺人员与运动员是否为缔约国一方居民，本协定第17条第2款均可以适用。[60]

可以看出，这种观点虽然似乎可以解决涉及演艺人员和运动员的三角情形下的重复征税问题，但是本书认为它带来的“次生灾害”同样严重。当T－S协定无视演艺人员和运动员并非其协定意义上的居民而强行适用第17条第2款对归属于“其他人”的演艺人员和运动员所得征税时，T国和R国可能因为不认可S国适用协定的方式而不履行消除重复征税义务。

首先，对T国而言，其居民A公司如果适用T－S协定第7条，那么A公司因在S国没有常设机构，其营业利润在S国没有纳税义务，由T国独占征税权。这就使得T国未必愿意认可S国适用第17条第2款对A公司征税的做法。

其次，即使T国认可S国适用第17条第2款对A公司征税的做法，从而履行其在T－S协定上的消除重复征税义务，但是如果R国不放弃

---

〔58〕 OECD Model Tax Convention on Income and on Capital, 2010, Commentary on Article 17, para. 11.1.

〔59〕 1992年OECD范本第17条注释第15段。德国在2000年的OECD范本注释中取消了其在1992年OECD范本注释中的上述意见。

〔60〕 Klaus Vogel, *Klaus Vogel on Double Taxation Conventions: A Commentary to the OECD, UN－and US Model Conventions for the Avoidance of Double Taxation on Income and Capital With Particular Reference to German Treaty Practice*, 3rd edition, London, Kluwer Law International, 1997, p. 995.

对其居民表演者的无限征税权,重复征税(可能是经济性重复征税)依然存在。

最后,对 R 国而言,如果 S 国适用 T - S 协定对 A 公司征税,那么 R 国有理由认为其居民表演者并没有在 S 国实际缴纳税负,从而并不履行其在 R - S 协定上的消除重复征税义务,转而适用其国内法。T - S 协定并不能拘束 R 国,因此 R 国没有理由主动放弃其国内法上对居民纳税人的无限征税权。

因此本书认为,第 17 条第 1 款与第 2 款的关系不能仅以是否能解决三角情形下的重复征税问题来定性。这是本末倒置。应该先探究第 17 条第 2 款订立的目的,然后再来解决两者之间的关系问题。本书的基本观点是:在一般情况下,两款之间应当是统一整体的关系;仅在反避税条件下,可以暂时将两款内容独立处理,并需要各国在反避税领域逐渐对此达成共识。

2. 第 17 条第 2 款的主要目的

1963 年 OECD 范本第 17 条第 1 款在实践当中的适用逐渐产生很多问题。一个很好的例子是荷兰法院的一个判例。[61] 在这个案例中,某著名歌星于 1979 年在荷兰举办了一系列的个人演唱会,有 5 位英国(居民)音乐家作为表演嘉宾参与了这些演唱会的演出活动。这 5 位音乐家均是某瑞士公司的雇员,该公司与演唱会的荷兰主办方签订协定,委派上述 5 位音乐家参与演出,荷兰主办方作为回报向瑞士公司支付这 5 位音乐家的劳务费,瑞士公司再向其雇员支付相应的薪金。本案争议的问题是:这 5 位音乐家是否应该就其在荷兰境内的演出活动所取得的所得向荷兰纳税?当时适用的协定是 1967 年的英国 - 荷兰协定,其仅包含了第 17 条第 1 款。[62]

纳税人(5 位音乐家)认为,英国 - 荷兰协定第 17 条第 1 款仅对履行

---

[61] Netherlands - Case Number 21.818; Undisclosed Company Taxpayer v. NL Tax Authorities; Hoge Raad (Supreme Court); Decision published in BNB 1984/33, V - N 1984, page 12, item 6 (Dutch); English Version "Netherlands - Case 21.818, 23 November 1983 (Summary)", IBFD Database.

[62] 1980 年荷兰 - 英国协定修订,修订后加入了第 17 条第 2 款,但是荷兰法院认为协定的这一变动不能影响对 1967 年荷兰 - 英国协定的解释。

独立劳务(self - employed)的演艺人员适用,因为这样的演艺人员的所得与表演活动才有直接的联系;而对于非独立受雇于他人的演艺人员应该适用第15条。但是,荷兰法院(Hoge Raad)否定了这一观点。法院判决认为,第17条第1款适用于自雇与他雇的演艺人员,因此5位演艺人员的所得在表演活动地国应该纳税。从这个例子可以看出,OECD范本第17条第1款并没有明确:当演艺人员和运动员的个人表演所得并不归属于其本人,而是像这5位音乐家一样直接归属于其雇主,那么第17条规定的征税权分配规则还是否适用?

之所以演艺人员和运动员的个人表演所得并不归属于其本人,而常常归属于其他人(如娱乐公司),一方面可能是合理交易的需要(如本案中的受雇情形),而另一方面更多的是演艺人员和运动员躲避演出活动地国对其所得征税的需要。于是,1977年的OECD范本便加入第17条第2款,其主要目的就是防止演艺人员和运动员利用第17条第1款对归属于其他人的所得如何处理尚不明确的漏洞来逃避演出活动地国的相应税收。[63] 1992年OECD范本注释对第17条第2款的目的已有所扩展,除了防止逃避税的目的之外,还增加了两个合理的商业目的。一是为安排如运动员团组等出场而收取所得的管理公司(运动员本身不构成法人实体);二是本身构成法人实体的演出小组、演出团、交响乐团等。[64]

鉴于从第17条第2款订立至今,反避税一致是该款主要目的,因此本书认为只有在反避税条件下,对第17条第2款与第1款的适用才可以适度放宽,即从严格地整体关系放宽到独立关系。本书认为在上述涉及演艺人员和运动员的三角情形中,应当区分个人表演所得归属于A公司这种商业安排的主要动机来分别适用协定。

第一,如果个人表演所得归属于A公司的情况并非演艺人员和运动员主要为避税的安排,而是基于一般的商业安排,那么税收协定第17条的适用不应突破双边性,应当坚持整体解释。鉴于表演者和A公司是两

---

[63] Walter Loukota & Markus Stefaner, eds., *Taxation of Artistes and Sportsmen in International Tax Law*, Vienna, Linde, 2007, p. 121.

[64] OECD Model Tax Convention on Income and on Capital, 1992 – 2014, Commentary on Article 17, para. 11(a) and(b).

个不同国家的居民，R－S 协定第 17 条第 2 款和 T－S 协定第 17 条对归属于 A 公司的表演者演出所得均不适用，S 国只能适用 T－S 协定第 7 条将上述所得认定为归属于 A 公司的营业利润征税。

第二，如果个人表演所得归属于 A 公司的情况是演艺人员和运动员主要为避税的安排，那么不但对 R－S 协定第 17 条的适用可以突破双边性，对 T－S 协定第 17 条的适用也可以突破双边性，应当坚持独立解释。虽然表演者并非 T－S 协定居民，A 公司也并非 R－S 协定居民，但是 R－S 协定第 17 条和 T－S 协定第 17 条对归属于"其他人"的表演者演出所得均适用。同时 T－S 协定第 7 条对该笔所得也可以适用。根据 T－S 协定第 7 条第 7 款，T－S 协定第 17 条第 2 款优先于第 7 条适用，因此 S 国应当适用 T－S 协定第 17 条第 2 款对归属于 A 公司的表演者演出所得征税。然而，当 T－S 协定未订有第 17 条第 2 款，R－S 协定第 17 条第 2 款与 T－S 协定第 7 条的优先适用关系却没有明确的法律依据，S 国对归属于 A 公司的表演者演出所得只能同时履行其在两协定中的上述义务。

四、中国适用税收协定的相关问题

除了与日本缔结的双重协定之外，我国对外缔结的税收协定、内地与香港特区和澳门特区签署的税收安排、大陆与台湾地区签署的税收协议的演艺人员和运动员条款均采纳了 OECD 范本第 17 条第 1 款和第 2 款内容。[65] 因此，涉及演艺人员和运动员的三角情形中第 17 条第 2 款的适用问题在我国税收协定、税收安排和税收协议中现实存在。为探析中国相关问题的解决，有必要先来梳理一下我国国内法对于演艺人员和运动员所得的课税规则。

（一）对来我国从事文艺演出和体育表演取得收入的国内所得税课税规则

作为表演活动地，我国对外国或港、澳、台演员、运动员以个人或团体

---

〔65〕 1983 年中国与日本缔结的税收协定（以下简称中国－日本协定）第 17 条第 2 款规定：虽有第 7 条、第 14 条和第 15 条的规定，表演家或运动员在缔约国一方，从事其个人活动取得的所得，并非归属表演家或者运动员本人，而是归属于缔约国另一方居民的其他人（OECD 范本为"而是归属于其他人"），可以在该缔约国一方征税。

名义来我国或来大陆从事文艺演出和体育表演取得的收入，按照我国税法的规定可能征收企业所得税、个人所得税和营业税（现改为增值税）。[66] 就所得税而言，我国税法规定的征税规则有如下特点（参见表5－1）。[67]

1. 区分“以团体名义”还是“以个人名义”进行的演出活动。以团体名义在我国（大陆）从事文艺、体育演出，该团体就其取得的收入缴纳企业所得税；该团体中的个人按其与该团体的法律关系确定其个人所得税的税目。

2. 没有采用透视法。即没有将团体名义演出取得的所得或者“其他人”代为收取的所得视为表演者个人所得的规定。

表5－1　对来我国从事文艺演出和体育表演取得收入的国内所得税课税规则

演出类型	税种	纳税人	课税项目	协定条款
以团体名义演出	企业所得税	演出团体	提供劳务收入	T－S协定第7条还是T－S协定第17条第2款？
	个人所得税	演员、运动员（演出团体的雇员）	工资、薪金所得	
		演员、运动员（非演出团体的雇员）	劳务报酬所得	
以个人名义演出	个人所得税	演员、运动员	劳务报酬所得	R－S协定第17条第1款

（二）涉及演艺人员和运动员的三角情形中我国税收协定的适用

我国税收协定中演艺人员与运动员条款有以下特点：第一，如前文所述，我国税收协定、税收安排和税收协议几乎都采纳了OECD范本第17条第1款和第2款的内容；第二，有102个税收协定、内地与澳门特区签署的税收安排、大陆与台湾地区签署的税收协议在OECD范本第17条两

[66] 国家税务总局《关于境外团体或个人在我国从事文艺及体育演出有关税收问题的通知》（国税发〔1994〕106号）。

[67] 依据国家税务总局《关于境外团体或个人在我国从事文艺及体育演出有关税收问题的通知》（国税发〔1994〕106号）整理。

款内容的基础上增加了第3款免税条款。[68] 免税条款并非我国特例，而是我国参照了1992年OECD范本注释的建议。[69] 鉴于我国国内法没有采用"透视法"，即没有将演出团体的所得视为表演者个人所得征税，并且我国税收协定中的演艺人员和运动员条款几乎均参照了OECD范本第17条第1款和第2款的内容，上述涉及归属于"其他人"的表演者演出所得的三角情形下税收协定适用的问题在我国同样存在。

1. 2018《税收协定执行公告》的新规与不足

2018年2月9日，国家税务总局发布了《税收协定执行公告》，并于2018年4月1日起正式施行。[70] 《税收协定执行公告》第4条进一步明确了中国税收协定演艺人员和运动员条款的适用规则。

（1）进一步明确了演艺人员和运动员条款适用的范围

《税收协定执行公告》第4条第1款规定："演艺人员活动包括演艺人员从事的舞台、影视、音乐等各种艺术形式的活动；以演艺人员身份开展

---

〔68〕 我国有5个税收协定、内地与香港特区签署的税收安排完全参照OECD范本第17条两款内容，未订有免税条款。5个税收协定是中国分别与新加坡（2007年）、捷克（2009年）、比利时（2009年）、芬兰（2010年）、英国（2011年）签订的协定。

〔69〕 1992～2010年OECD范本第17条注释第14段："一些国家可能认为应当排除本条对由政府资金资助的活动项目的适用。为此，这些国家可以在协定中包括此种规定，但是这种免税应该建立在明确可界定的范围和客观的判断标准基础上，以保证所给予的免税仅限于所预想的范围。这样的条款可表述如下：'第1款和第2款规定不适用于艺术家或运动员在缔约国一方从事表演或演出取得的所得，如果对该国的访问完全或主要是由缔约国一方或双方或其所属行政部门或地方当局的公共基金赞助。在上述情况下，该项所得应仅在艺术家或运动员为其居民的缔约国征税。'"

我国大部分协定采纳了OECD范本上述关于免税条款的建议，在艺术家与运动员条款中增加了第3款免税条款，但与范本注释建议略有不同的是，其一，我国协定的这项免税的条件，除了适用于由缔约国一方或双方公共基金赞助的演出活动取得的所得之外，还包括缔约国双方政府同意的文化交流特别计划内的演出活动取得的所得；其二，免税的方式表述上，除了少数协定（中国分别与荷兰、南斯拉夫、立陶宛、阿尔及利亚和叙利亚签订的5个协定）使用范本建议的"仅在表演者为其居民的缔约国征税"的表达之外，我国大多协定则使用"从事表演活动的缔约国应予免税"的措辞。

此外，我国也有个别协定的免税条款没有参照OECD范本注释的建议。比如，中国－泰国协定规定，如果是由演出地国的缔约国一方公共资金赞助，则不适用第17条；而中国－瑞士协定则规定，如果是由表演者为其居民的缔约国一方公共资金赞助，则不适用第17条，应具体适用第7条、第14条或第15条的规定。

〔70〕 国家税务总局《关于税收协定执行若干问题的公告》（国家税务总局公告2018年第11号），载国家税务总局网，http://www.chinatax.gov.cn/n810341/n810755/c3285782/content.html，最后访问日期：2021年1月30日。

的其他个人活动(例如演艺人员开展的电影宣传活动,演艺人员或运动员参加广告拍摄、企业年会、企业剪彩等活动);具有娱乐性质的涉及政治、社会、宗教或慈善事业的活动。演艺人员活动不包括会议发言,以及以随行行政、后勤人员(例如摄影师、制片人、导演、舞蹈设计人员、技术人员以及流动演出团组的运送人员等)身份开展的活动。在商业活动中进行具有演出性质的演讲不属于会议发言。”

第 2 款规定:“运动员活动包括参加赛跑、跳高、游泳等传统体育项目的活动;参加高尔夫球、赛马、足球、板球、网球、赛车等运动项目的活动;参加台球、象棋、桥牌比赛、电子竞技等具有娱乐性质的赛事的活动。”

(2)进一步明确由“其他人”收取所得时如何适用本条

《税收协定执行公告》第 4 条第 5 款规定,在演出活动产生的所得全部或部分由其他人(包括个人、公司和其他团体)收取的情况下,如果演出活动发生的缔约国一方不能依据其国内法将由其他人收取的所得视为由演艺人员或运动员取得,则依据中新税收协定第 17 条第 2 款规定,该国可以根据其国内法,向收取所得的其他人就演出活动产生的所得征税,不受到中新税收协定第 7 条(营业利润)、第 14 条(独立个人劳务)和第 15 条(非独立个人劳务)规定的限制。

这一新规并不是从我国国内法层面解决透视问题,而是在我国国内法缺乏透视规则的情况下,允许适用中新税收协定第 17 条第 2 款维护所得来源地一方的税收管辖权。新规旨在打击利用本条款(演艺人员和运动员)的税收套利行为。国家税务总局在对新规的官方解读中指出:在一些避税安排中,演出报酬未支付给演艺人员或运动员,而是由其他人(包括个人、公司和其他团体)收取。在这种情况下,如果依据演出活动发生的缔约国一方国内法的反避税规则,可以将由其他人收取的所得视为由演艺人员或运动员取得,则依据中新税收协定第 17 条第 1 款规定,该国可以根据其国内法,对演艺人员或运动员就该笔所得征税。如果该国国内法没有上述反避税规则,则依据中新税收协定第 17 条第 2 款规定,该国可以根据其国内法,向收取所得的其他人征税。如果所得由公司或其他团体收取,该国征税不受中新税收协定第 7 条(营业利润)规定的限制,如果所得由个人收取,该国征税不受中新税收协定第 14 条(独立个人劳务）和第 15 条（非独立个人劳务）规定的限制。[71]

新规明确了如果中国对外缔结的税收协定与中国－新加坡税收协定第 17 条（演艺人员和运动员）内容一致，那么上述滥用税收协定第 17 条第 2 款的行为将受到遏制和打击。若“其他人”位于第三国（除了演出活动发生地和表演者居民国之外的第三国），根据《税收协定执行公告》的上述规定，演出活动发生地的缔约国一方对演出活动所得的征税权不受“中新税收协定”（演出活动发生地和表演者居民国之间税收协定：S－R 协定）第 7 条（营业利润）、第 14 条（独立个人劳务）和第 15 条（非独立个人劳务）规定的限制；但是该征税权是否受演出活动发生地和第三国之间税收协定（S－T 协定）相关条款（营业利润、独立个人劳务和非独立个人劳务）的限制，新规并未规定。作为演出活动发生地的缔约国一方，必须同时履行其在 S－T 协定和 S－R 协定的国际法义务。“其他人”作为 S－T协定意义的居民，并不能由于 S－R 协定第 17 条第 2 款排除其在 S－T协定上的协定待遇。

2. 建议根据行为目的解决三角情形下协定的适用问题

在涉及归属于“其他人”的表演者演出所得的三角情形下，本书建议中国政府采纳前述解决方案，具体如下：

（1）如果在 S 国从事个人表演所得归属于“其他人”的情况并非演艺人员和运动员主要为避税而所做的安排，而是基于合理商业目的，那么税收协定第 17 条的适用不应突破双边性，应当坚持协定第 17 条第 1 款和第 2 款的整体性。鉴于表演者（演艺人员和运动员）和“其他人”分别是 R 国和 T 国两个不同国家的居民，不能对并非 T－S 协定居民的演艺人员和运动员适用 T－S 协定第 17 条第 1 款，也不能对并非 R－S 协定居民的“其他人”适用 R－S 协定第 17 条第 2 款。一般情况下，S 国只能适用 T－S 协定第 7 条（营业利润）将上述所得认定为 T－S 协定意义上归属于“其他人”的营业利润。若“其他人”在 S 国未设立 T－S 协定意义上的常设机构，那么根据 T－S 协定第 7 条（营业利润），上述所得应仅在“其

---

〔71〕 国家税务总局《关于〈国家税务总局关于税收协定执行若干问题的公告〉的解读》，载国家税务总局网，http://www. chinatax. gov. cn/n810341/n810760/c3285711/content. html，最后访问日期：2021 年 1 月 30 日。

他人”居民国(T 国)缴纳所得税,S 国对该笔所得的国内法征税权被排除。

(2)如果在 S 国从事个人表演所得归属于“其他人”的情况是演艺人员和运动员主要为避税而所做的安排,那么不但对 R - S 协定第 17 条的适用可以突破双边性,对 T - S 协定第 17 条的适用也可以突破双边性,应当坚持独立解释。虽然表演者(演艺人员和运动员)并非 T - S 协定居民,“其他人”也并非 R - S 协定居民,但是 R - S 协定第 17 条和 T - S 协定第 17 条对归属于“其他人”的表演者演出所得均适用。同时 T - S 协定第 7 条对该笔所得也可以适用。根据 T - S 协定第 7 条第 7 款,T - S 协定第 17 条第 2 款优先于第 7 条适用,因此 S 国应当适用 T - S 协定第 17 条第 2 款对归属于“其他人”的表演者演出所得征税。

本 章 小 结

本书在本章探讨了涉及受雇所得的三角情形下税收协定的适用,以及涉及归属于“其他人”的演艺人员和运动员表演所得的三角情形下税收协定的适用问题。它们的共同之处在于,无论是 OECD 范本第 15 条第 2 款第 c 项还是第 17 条第 2 款均存在一个可能是非协定居民的人——“雇主”和“其他人”,使三角情形下税收协定的适用产生了困难。本书认为探究这两款内容的具体条款目的能够帮助我们找到适用协定的合理方法。

结　论

一、理论问题的主要结论

本书关于理论问题的主要结论有：

1. 税收协定仍是国际税法最重要的法律渊源，是解决三角情形的主要法律工具。国际税收规则虽面临百年未有之变革，但其不能被取代，在过去、现在和长期内仍是国际税法最重要的法律渊源。因此，三角情形下重复征税问题依然需要适用税收协定解决。

2. 税收协定具体条款目的构成三角情形下条约适用理论的特殊内涵。OECD 范本和 UN 范本及其注释是阐释税收协定具体条款目的的重要软法渊源。具体条款目的既可以成为三角情形下适用税收协定解决重复征税问题相关方案的合理性依据，也可以更好地实现国家间征税权的分配公平。

二、实践问题的主要结论

本书关于实践问题的主要结论是：解决三角情形下税收协定适用难题的合理方法可以在税收协定框架下寻得。

1. 从实践层面看，解决三角情形下税收协定适用难题的合理方案主要源于国家缔约实践、OECD 范本注释、相关国家的国内司法判例和学者的理论设想。

2. 对如何判断上述解决三角情形下税收协定适用难题方案是否合理，本书认为应当从 OECD 范本具体条款的目的来分析这些方法的合理性和可行性，因为这些具体条款的目的除了条约的文义之外，更多地考虑到了范本所设计的征税权分配规则在经济上的合理因素，有利于实现国家间征税权的公平分配。比如，OECD 范本第 4 条第 1 款、第 10 条第 5 款、第 11 条第 5 款、第 15 条第 2 款第 c 项、第 17 条第 2 款和第 24 条第 3 款等条款的具体目的均成为本书判断这些方法合理性的重要依据。

附录:2008年OECD税收协定范本

第一章 协定范围

第一条 人的范围

本协定适用于缔约国一方或同时为缔约国双方居民的人。

第二条 税种范围

一、本协定适用于缔约国一方、其所属行政区或地方当局对所得和财产征收的各种税收,不论其征收方式如何。

二、对全部所得、全部财产或者某些项目所得、某些项目财产征收的所有税收,包括对转让动产或不动产取得的收益征收的税收,对企业支付的工资或薪金总额征收的税收以及对资本增值征收的税收,都应视为对所得和财产征收的税收。

三、本协定特别适用于下列现行税种:

(一)在甲国:________________________;

(二)在乙国:________________________。

四、本协定也应适用于本协定签订之日以后增加的或代替现行税种的任何相同的或实质相似的各种税收。缔约国双方主管当局应相互将各自税法所作出的重要变动情况通知对方。

第二章 定 义

第三条 一般定义

一、除上下文另有解释的以外,在本协定中:

(一)"人"一语包括个人、公司和其他团体;

(二)"公司"一语是指任何法人团体或者任何在税收上视同法人团体的实体;

(三)"企业"一语指所从事的任何营业活动;

(四)"缔约国一方企业"和"缔约国另一方企业"的用语分别指缔约国一方居民经营的企业和缔约国另一方居民经营的企业;

(五)“国际运输”一语是指在缔约国一方设有实际管理机构的企业以船舶或飞机经营的运输,但不包括以船舶或飞机仅在缔约国另一方各地之间的经营;

(六)“主管当局”一语是指:

1. 在甲国:______________________、

2. 在乙国:______________________;

(七)缔约国一方的“国民”一语是指:

1. 任何具有该缔约国国籍或公民身份的个人;

2. 任何根据该缔约国现行法律而设立的法人、合伙企业或团体。

(八)“营业”一语包括从事专业性劳务或其他独立性质的活动。

二、缔约国一方在任何时候实施本协定时,对于未经本协定明确定义的用语,除上下文另有要求的以外,应当采用协定实施时该国关于本协定适用税种的法律所规定的含义,该国税法对有关用语的定义应优先于该国其他法律对同一用语的定义。

第四条　居民

一、在本协定中,“缔约国一方居民”一语是指按照该缔约国法律,由于住所、居所、管理机构所在地,或者其他类似性质的标准,在该缔约国负有纳税义务的人,也包括该缔约国本身、其所属行政区或地方当局。但是,这一用语不包括仅由于来源于该缔约国的所得或位于该缔约国的财产在该缔约国负有纳税义务的人。

二、由于第一款的规定,同时是缔约国双方居民的个人,其身份的确定应按以下规则进行:

(一)应认为仅是其永久性住所所在缔约国的居民;如果在缔约国双方同时有永久性住所,应认为仅是与其个人和经济关系更密切(重要利益中心所在)的缔约国的居民;

(二)如果其重要利益中心所在国无法确定,或者在缔约国任何一方都没有永久性住所,应认为仅是其习惯性居处所在缔约国的居民;

(三)如果其在缔约国双方都有,或者都没有习惯性居处,应认为仅是其国籍所属缔约国的居民;

(四)如果其同时是缔约国双方的国民,或者不是缔约国任何一方的国民,缔约国双方主管当局应通过相互协商解决其居民身份归属问题。

三、由于第一款的规定,除个人以外,同时为缔约国双方居民的人,应认为仅是其实际管理机构所在缔约国的居民。

第五条　常设机构

一、在本协定中,“常设机构”一语是指企业进行全部或部分营业的固定营业场所。

二、“常设机构”一语特别包括:

(一)管理场所;

(二)分支机构;

(三)办事处;

(四)工厂;

(五)作业场所;

(六)矿场、油井或气井、采石场或者其他开采自然资源的场所。

三、“常设机构”一语包括建筑工地、建筑或安装工程,但仅以该工地或工程延续12个月以上为限。

四、虽有本条上述各项规定,“常设机构”一语应认为不包括:

(一)专为储存、陈列或者交付本企业货物或者商品的目的而使用的设施;

(二)专为储存、陈列或者交付的目的而保存本企业货物或者商品的库存;

(三)专为另一企业加工的目的而保存本企业货物或者商品的库存;

(四)专为本企业采购货物或者商品,或者收集信息的目的而设有的固定营业场所;

(五)专为本企业进行任何其他准备性或者辅助性活动的目的而设有的固定营业场所;

(六)专为本款第(一)项至第(五)项活动的结合而设有的固定营业场所,如果这种结合使该固定营业场所的全部活动属于准备性质或辅助性质。

五、虽有第一款和第二款的规定,如果一个人(适用第六款的独立地位代理人除外)在缔约国一方代表缔约国另一方的企业进行活动,有权以该企业的名义签订合同并经常行使这种权力,对于此人为该企业所进行的任何活动,应认为该企业在该缔约国一方设有常设机构,除非此人的活动限于第四款提及的活动,根据该款的规定,这些活动即使是通过某个固定营业场所进行,也不会使得该固定营业场所构成常设机构。

六、一个企业仅通过经纪人、一般佣金代理人或者任何其他独立地位代理人在缔约国一方进行营业,只要这些代理人是按其营业常规进行活动,不应认为这个企业在该国设有常设机构。

七、缔约国一方居民公司,控制或被控制于缔约国另一方居民公司或者在该缔约国另一方进行营业的公司(不论是否通过常设机构),此项事实本身不能使任何一方公司构成另一方公司的常设机构。

第三章　对所得的征税

第六条　不动产所得

一、缔约国一方居民从位于缔约国另一方的不动产取得的所得(包括农业或林业所得),可以在缔约国另一方征税。

二、"不动产"一语应具有财产所在地的缔约国法律所规定的含义。该用语在任何情况下应包括附属于不动产的财产、农业和林业所使用的牲畜和设备,有关地产的一般法律规定所适用的权利,不动产的用益权和由于开采或有权开采矿藏、水源与其他自然资源而取得固定或不固定的收入的权利。船舶、船只和飞机不应视为不动产。

三、第一款的规定应适用于从直接使用、出租或以其他任何形式使用不动产取得的所得。

四、第一款和第三款的规定也应适用于企业的不动产所得。

第七条　营业利润

一、缔约国一方企业的利润应仅在该缔约国征税,但该企业通过设在缔约国另一方的常设机构在该缔约国另一方进行营业的除外。如果该企业通过设在该缔约国另一方的常设机构在该缔约国另一方进行营业,其利润可以在该缔约国另一方征税,但应仅以属于该常设机构的利润为限。

二、除适用第三款的规定以外,缔约国一方企业通过设在缔约国另一方的常设机构在该缔约国另一方进行营业,应将该常设机构视同在相同或类似情况下从事相同或类似活动的独立分设企业,并同该常设机构所隶属的企业完全独立处理,该常设机构可能得到的利润在缔约国各方应归属于该常设机构。

三、在确定常设机构的利润时,应当允许扣除其发生的各项费用,包括行政和一般管理费用,不论该费用发生于常设机构所在国或者其他任何地方。

四、如果缔约国一方习惯于以企业总利润按一定比例分配给所属各单位的方法来确定常设机构的利润,则第二款并不妨碍该缔约国按这种习惯分配方法确定其应纳税的利润。但是,采用的分配方法所得到的结果,应与本条所规定的原则一致。

五、不应仅由于常设机构为企业采购货物或商品,将利润归属于该常设机构。

六、在上述各款中,除有适当的和充分的理由需要变动外,每年应采用相同的方法确定属于常设机构的利润。

七、利润中如果包括本协定其他各条单独规定的所得项目时，本条规定不应影响其他各条的规定。

第八条　海运、内河运输和空运

一、以船舶或飞机从事国际运输取得的利润，应仅在企业实际管理机构所在缔约国征税。

二、以船只从事内河运输取得的利润，应仅在企业实际管理机构所在缔约国征税。

三、如果船运企业或内河运输企业的实际管理机构设在船舶或船只上，应以船舶或船只母港所在缔约国为所在国；或如果没有母港，应以船舶或船只经营者为其居民的缔约国为所在国。

四、第一款的规定也应适用于参加合伙经营、联合经营或者参加国际经营机构取得的利润。

第九条　联属企业

一、当：

（一）缔约国一方企业直接或间接参与缔约国另一方企业的管理、控制或资本，或者

（二）同一人直接或间接参与缔约国一方企业和缔约国另一方企业的管理、控制或资本，

并且，在上述任何一种情况下，两个企业之间在商业或财务关系中达成或施加的交易条件不同于独立企业之间达成的交易条件，此时，本应由其中一个企业取得，但由于这些条件而没有取得的利润，可以计入该企业的利润，并据以征税。

二、当缔约国一方将缔约国另一方已征税的企业利润，计入该缔约国一方企业的利润内并加以征税，且该被计入的利润在这两个企业之间达成的交易条件符合独立企业间交易条件的情况下，本应由首先提及的缔约国一方企业取得时，则该缔约国另一方应对这部分利润已征收的税额予以适当调整。在确定上述调整时，应适当考虑本协定的其他规定，如有必要，缔约国双方主管当局应相互协商。

第十条　股息

一、缔约国一方居民公司支付给缔约国另一方居民的股息，可以在该缔约国另一方征税。

二、然而，这些股息也可以在支付股息的公司为其居民的缔约国，按照该国法律征税。但是，如果股息受益所有人是缔约国另一方的居民，则所征税款：

(一)如果受益所有人是直接持有支付股息公司至少 25% 资本的公司(不是合伙企业),不应超过股息总额的 5%;

(二)在其他情形下,不应超过股息总额 15%。

缔约国双方主管当局应通过相互协商,确定实施该限制税率的方式。本款不应影响对该公司支付股息前的利润所征收的公司利润税。

三、本条"股息"一语是指从股份、"享受"股份或"享受"权利、矿业股份、发起人股份或非债权关系而是分享利润的其他权利取得的所得,以及按照分配利润的公司是其居民的国家的法律,视同股份所得同样征税的其他公司权利取得的所得。

四、如果股息受益所有人是缔约国一方居民,在支付股息的公司是其居民的缔约国另一方,通过设在该缔约国另一方的常设机构进行营业,并且据以支付股息的股份与该常设机构有实际联系,则不适用第一款和第二款的规定。在这种情况下,应适用第七条的规定。

五、缔约国一方居民公司从缔约国另一方取得利润或所得,该缔约国另一方不得对该公司支付的股息征收任何税收(但支付给该缔约国另一方居民的股息或者据以支付股息的股份与设在缔约国另一方的常设机构有实际联系的除外),也不得对该公司的未分配的利润征收任何税收,即使支付的股息或未分配的利润全部或部分是发生于该缔约国另一方的利润或所得。

第十一条　利息

一、发生于缔约国一方并支付给缔约国另一方居民的利息,可以在该缔约国另一方征税。

二、然而,这些利息也可以在该利息发生的缔约国,按照该国法律征税。但是,如果利息的受益所有人是缔约国另一方的居民,则所征税款不应超过利息总额的 10%。缔约国双方主管当局应通过相互协商,确定实施该限制税率的方式。

三、本条"利息"一语是指从各种债权取得的所得,不论其有无抵押担保或者是否有权分享债务人的利润;特别是指从政府证券取得的所得、从债券或者信用债券取得的所得,包括附属于这些证券、债券和信用债券的溢价和奖金。由于延期支付的罚款,不应视为本条所规定的利息。

四、如果利息受益所有人是缔约国一方的居民,在利息发生的缔约国另一方,通过设在该缔约国另一方的常设机构进行营业,并且据以支付该利息的债权与该常设机构有实际联系,则不适用第一款和第二款的规定。在这种情况下,应适用第七条的规定。

五、如果支付利息的人为缔约国一方居民,应认为该利息发生于该缔约国。然而,如果支付利息的人不论是否为缔约国一方居民,在缔约国一方设有常设机构,支付该利息的债务与该常设机构有联系,并由其负担利息,上述利息应认为发生于该常设机构所在缔约国。

六、由于支付利息的人与受益所有人之间或者他们与其他人之间的特殊关系,就有关债权所支付的利息数额超出支付人与受益所有人没有上述关系所能同意的数额时,本条规定应仅适用于后来提及的数额。在这种情况下,该支付款项的超出部分,仍应按各缔约国的法律征税,但应适当考虑本协定的其他规定。

第十二条 特许权使用费

一、发生于缔约国一方并由缔约国另一方居民受益所有的特许权使用费,应仅在该缔约国另一方征税。

二、本条中“特许权使用费”一语是指使用或有权使用任何文学、艺术或科学作品,包括电影影片的版权、任何专利、商标、设计或模型、计划、秘密配方或程序所支付的作为报酬的各种款项;或者有关工业、商业或科学经验的信息所支付的作为报酬的各种款项。

三、如果特许权使用费受益所有人是缔约国一方的居民,在特许权使用费发生的缔约国另一方,通过设在该缔约国另一方的常设机构进行营业,且据以支付该特许权使用费的权利或财产与该常设机构有实际联系,则不适用第一款的规定。在这种情况下,应适用第七条的规定。

四、由于支付特许权使用费的人与受益所有人之间或他们与其他人之间的特殊关系,就有关使用、权利或信息支付的特许权使用费数额超出支付人与受益所有人没有上述关系所能同意的数额时,本条规定应仅适用于后来提及的数额。在这种情况下,该支付款项的超出部分,仍应按各缔约国的法律征税,但应适当考虑本协定的其他规定。

第十三条 财产收益

一、缔约国一方居民转让第六条所述位于缔约国另一方的不动产取得的收益,可以在该缔约国另一方征税。

二、转让缔约国一方企业在缔约国另一方的常设机构营业财产部分的动产,包括转让整个常设机构(单独或随同整个企业)取得的收益,可以在该缔约国另一方征税。

三、转让从事国际运输的船舶、飞机、从事内河运输的船只或附属于经营上述船舶、飞机或船只的动产取得的收益,应仅在该企业实际管理机构所在的缔约国征税。

四、缔约国一方居民转让股份取得收益,该股份 50% 以上的价值直接或间接来自于位于缔约国另一方的不动产,该收益可在该缔约国另一方征税。

五、转让第一、二、三、四各款所述的财产以外的任何财产取得的收益,应仅在转让者为其居民的缔约国征税。

第十四条　独立个人劳务[已删除]

第十五条　受雇所得

一、除适用第十六条、第十八条和第十九条的规定以外,缔约国一方居民因受雇取得的薪金、工资和其他类似报酬,除在缔约国另一方从事受雇的活动以外,应仅在该缔约国一方征税。在缔约国另一方从事受雇的活动取得的报酬,可在该缔约国另一方征税。

二、虽有第一款的规定,缔约国一方居民因在缔约国另一方从事受雇的活动取得的报酬,在下列情况下应仅在首先提及的缔约国征税,如果:

(一)收款人在有关会计年度开始或结束的任何十二个月中在该缔约国另一方停留连续或累计不超过一百八十三天;同时

(二)该项报酬由并非该缔约国另一方居民的雇主支付或代表该雇主支付;并且

(三)该项报酬不由雇主设在该缔约国另一方的常设机构所负担。

三、虽有本条上述规定,在缔约国一方企业经营国际运输的船舶或飞机上,或在从事内河运输的船只上从事受雇的活动取得的报酬,可以在该企业实际管理机构所在的缔约国征税。

第十六条　董事费

缔约国一方居民作为缔约国另一方居民公司的董事会成员取得的董事费和其他类似款项,可以在该缔约国另一方征税。

第十七条　艺术家和运动员

一、虽有第七条和第十五条的规定,缔约国一方居民,作为表演家,如戏剧、电影、广播或电视艺术家、音乐家或作为运动员,在缔约国另一方从事其个人活动取得的所得,可以在该缔约国另一方征税。

二、表演家或运动员从事其个人活动取得的所得,并非归属于表演家或运动员本人,而是归属于其他人,虽有第七条和第十五条的规定,该所得可以在该表演家或运动员从事其活动的缔约国征税。

第十八条　退休金

除适用第十九条第二款的规定以外,因过去的雇佣关系支付给缔约国一方居民的退休金和其他类似报酬，应仅在该缔约国一方征税。

第十九条　政府服务

一、（一）缔约国一方、所属行政区或地方当局支付给向其提供服务的个人的工资、薪金和其也类似报酬，应仅在该缔约国一方征税。

（二）但是，该项工资、薪金和其他类似报酬，应仅在缔约国另一方征税，如果该项服务是在该缔约国另一方提供，而且提供服务的个人是该缔约国另一方居民，并且该居民：

1. 是该国国民；或者

2. 不是仅由于提供该项服务的目的，而成为该国居民。

二、（一）虽有第一款的规定，缔约国一方、所属行政区或地方当局支付的或者从其建立的基金中对向其提供服务的个人支付的退休金或其他类似款项，应仅在该缔约国一方征税。

（二）但是，如果提供服务的个人是缔约国另一方居民，并且是其国民的，该项退休金或其他类似报酬应仅在该缔约国另一方征税。

三、第十五条、第十六条、第十七条和第十八条的规定应适用于向缔约国一方、所属行政区或地方当局经营的企业提供服务取得的工资、薪金、退休金或其他类似报酬。

第二十条　学生

学生或企业学徒是，或在直接前往缔约国一方访问前曾是，缔约国另一方居民，仅由于接受教育或培训的目的停留在首先提及的国家，其为维持生活、教育或培训收到来源于该国以外的款项，该国不应征税。

第二十一条　其他所得

一、缔约国一方居民的各项所得，无论其发生于何地，凡本协定上述各条未作规定的，应仅在该缔约国一方征税。

二、第六条第二款规定的不动产所得以外的其他所得，如果所得的收款人是缔约国一方居民，通过设在缔约国另一方的常设机构进行营业，据以支付所得的权利或财产与该常设机构有实际联系，则不适用第一款的规定。在这种情况下，应适用第七条的规定。

第四章　对财产的征税

第二十二条　财产

一、第六条所指不动产为代表的财产，为缔约国一方居民所有并且坐落在缔约国另一方,可以在该缔约国另一方征税。

二、构成缔约国一方企业设在缔约国另一方的常设机构营业财产部分的动产为代表的财产,可以在该缔约国另一方征税。

三、从事国际运输的船舶、飞机和从事内河运输的船只或附属于经营上述船舶、飞机或船只的动产为代表的财产,应仅在该企业实际管理机构所在的缔约国征税。

四、缔约国一方居民的所有其他财产项目,应仅在该缔约国一方征税。

第五章　消除双重征税的方法

第二十三条 A　免税法

一、缔约国一方居民所取得的所得或拥有的财产,按照本协定的规定可以在缔约国另一方征税时,首先提及的国家应对该项所得或财产给予免税,并遵守第二款和第三款的规定。

二、缔约国一方居民取得的各项所得,按照第十条和第十一条的规定可以在缔约国另一方征税时,首先提及的国家应允许从该居民的所得纳税额中扣除相当于在缔约国另一方所缴纳税款的金额。但该项扣除应不超过扣除前对来自缔约国另一方的该项所得计算的税额。

三、缔约国一方居民取得的所得或拥有的财产,按照本协定的任何规定在该国免税时,该国在计算该居民其余所得或财产的税额时,仍可对免税的所得或财产予以考虑。

四、缔约国一方居民取得的所得或拥有的财产,如果缔约国另一方已根据本协定的规定对该所得或财产给予免税,或者已将第十条第二款或第十一条第二款的规定适用于该所得,则不适用第一款的规定。

第二十三条 B　抵免法

一、缔约国一方居民所取得的所得或拥有的财产,按照本协定的规定可以在缔约国另一方征税时,首先提及的国家应允许:

(一)从该居民的所得征税额中扣除相当于在缔约国另一方缴纳的所得税的金额;

(二)从该居民的财产所征税额中扣除相当于在缔约国另一方缴纳的财产税的金额。

但该项扣除,在任何情况下,应不超过扣除前对可以在缔约国另一方征税的那部分所得或财产计算的所得税额或财产税额。

二、缔约国一方居民取得的所得或拥有的财产，按照本协定的任何规定在该国免税时，该国在计算该居民其余所得或财产的税额时，仍可对免税的所得或财产予以考虑。

第六章 特别规定

第二十四条 非歧视待遇

一、缔约国一方国民在缔约国另一方负担的税收和有关要求，不应比缔约国另一方国民在相同情况下（尤其是居民身份相同的情况下），负担或可能负担的税收和有关要求不同或比其更重。虽有第一条的规定，本规定也应适用于不是缔约国一方或双方居民的人。

二、作为缔约国一方居民的无国籍的人在缔约国任何一方负担的税收和有关要求，不应比缔约国国民在相同情况下（尤其是居民身份相同的情况下），负担或可能负担的税收和有关要求不同或比其更重。

三、缔约国一方企业在缔约国另一方设立的常设机构在该缔约国另一方的税收负担，不应高于进行相同活动的缔约国另一方企业。本规定不应被理解为，缔约国一方由于公民地位或家庭负担原因给予本国居民在税收上的任何个人的扣除、优惠和减税，也必须给予缔约国另一方居民。

四、除适用第九条第一款、第十一条第六款或第十二条第四款的规定外，缔约国一方企业支付给缔约国另一方居民的利息、特许权使用费和其他款项，在确定该企业应纳税利润时，应与在相同条件下支付给首先提及的国家的居民一样扣除。同样，缔约国一方企业对缔约国另一方居民的任何债务，在确定该企业应纳税财产时，应与在相同条件下首先提及的国家的居民的债务一样扣除。

五、缔约国一方企业的资本全部或部分，直接或间接为缔约国另一方一个或一个以上的居民拥有或控制，该企业在首先提及的国家负担的税收和有关条件，不应与首先提及的国家的其他类似企业负担或可能负担的税收和有关条件不同或比其更重。

六、虽有第二条的规定，本条规定应适用于各种税收。

第二十五条 相互协商程序

一、当一个人认为，缔约国一方或者双方所采取的措施，导致或将导致对其的征税不符合本协定规定时，可以不考虑各缔约国国内法所规定的救济方法，将案件提交给本人为其居民的缔约国主管当局；或者如果其案件属于第二十四条第一款规定的情形，可以提交给本人为其国民的缔约国主管当局。案件的提交必须在不符合本协定规定的征税措施第一次通知之日起三年内进行。

二、上述主管当局如果认为所提意见合理,又不能单方面圆满解决时,应设法同缔约国另一方主管当局相互协商解决,以避免不符合本协定的征税。达成的任何协议应予执行,而不受各缔约国国内法的任何时效限制。

三、缔约国双方主管当局应通过相互协商设法解决在解释或实施本协定时所发生的困难或疑义。缔约国双方主管当局也可以对本协定未作规定的消除双重征税问题进行协商。

四、缔约国双方主管当局为达成前述条款的协议,可以相互直接联系,包括通过由他们或他们指派的代表组成的联合委员会进行联系。

五、如果,

a) 根据第一款规定,一个人以缔约国一方或双方的行为已造成对其的征税违反本协定为由,将案件提交给缔约国一方主管当局,且

b) 双方主管当局自该案件提交给缔约国另一方主管当局起两年内,无法依照第二款达成协议解决该案件,

如果当事人要求,该案件产生的任何未解决之问题应交付仲裁。然而,若缔约国任何一方的法院或行政裁判庭已对这些未解决之问题作出裁定,则这些问题不应提交仲裁。除非受该案直接影响的当事人不接受实施仲裁裁决的相互协议,该仲裁裁决应对缔约国双方具有约束力,且应不受缔约国双方国内法上任何时效的影响而予以执行。缔约国双方主管当局应通过相互协议确定适用本款的方式。

第二十六条　情报交换

一、缔约国双方主管当局应交换可预见与本协定规定的实施相关的情报,以及可预见与缔约国、其所属行政区及地方当局所征收的税收的有关国内法的实施或执行相关的情报(以根据这些国内法征税与本协定不相抵触为限)。情报交换不受第一条和第二条的限制。

二、缔约国一方根据第一款收到的任何情报应视同根据该国国内法所得到的情报予以保密,应仅限于对与第一款所述税收的评估、征收、执行、起诉、裁决上诉有关的人员或当局(包括法院和行政机关)或其监督部门披露。上述人员或当局应仅为上述目的使用该项情报,但可以在公开法庭程序或法院判决中披露有关情报。

三、在任何情况下,第一款和第二款的规定不应被理解为缔约国一方有以下义务:

(一)采取与该缔约国一方或缔约国另一方的法律和行政惯例不相一致的行政措施;

（二）提供按照该缔约国一方或缔约国另一方的法律或正常行政渠道无法得到的情报；

（三）提供泄露任何贸易、经营、工业、商业、专业秘密或贸易过程的情报，或者其披露违反公共政策（公共秩序）的情报。

四、缔约国一方依据本条向缔约国另一方请求情报，缔约国另一方应使用其情报收集手段去获取被请求的情报，即使该缔约国另一方为其自身的税收目的并不需要这些情报。上述义务受第三款的限制，但是，这种限制在任何情况下均不应被理解为允许缔约国一方仅因这些情报与本国利益无关而拒绝提供。

五、在任何情况下，第三款的规定不应被理解为允许缔约国仅因情报由银行、其他金融机构、被指定人、以代理或受托资格行事的人所持有，或者由于情报与某人的所有权利益有关而拒绝提供情报。

第二十七条　税收征收协助

一、缔约国相互之间应在税款征收方面提供协助。这种协助不受第一条和第二条的限制。缔约国双方主管当局可以通过相互协商来确定实施本条的方式。

二、本条中“税款请求权”一语是指纳税人欠缴的缔约国一方、所属行政区或地方当局所征收的任何税收（但以该税款的征收不违背本协定或缔约国双方共同加入的其他国际法律文件为限），以及与该欠缴税款相关的利息、行政罚款以及征收或保全费用。

三、如果缔约国一方的税款请求权根据该国法律具有可强制执行性，且根据该国法律，欠税人当时不能阻止该税款的征收，应该国主管当局的请求，缔约国另一方的主管当局在征管上应承认该税款请求权。该缔约国另一方应将该税款请求权视同本国的税款请求权，按照本国关于相关国内税收的执行和征收的法律的规定加以征收。

四、如果缔约国一方的税款请求权，该国依照其法律可以采取保全措施以确保其征收，应该国主管当局的请求，缔约国另一方的主管当局在采取保全措施上应承认该税款请求权。该缔约国另一方应将该税款请求权视同本国的税款请求权，按照本国法律的规定，对该税款请求权采取保全措施，即使该税款请求权在首先提及的国家并无可强制执行性，或欠税人有权阻止该税款的征收。

五、虽有第三款和第四款的规定，缔约国一方为第三款或第四款目的所承认的税款请求权，在该国不应受到该国法律规定的税款请求权时效的限制，也不应享有该国法律给予本国税款请求权的优先权。另外，缔约国一方为第三款或第四款目的所承认的税款请求权，在该国也不应享有按照缔约国另一方法律所享有的任何优先权。

六、有关缔约国一方的税款请求权的产生、效力以及数额争讼,缔约国另一方的法院或行政机关不应受理。

七、缔约国一方根据第三款或第四款提出请求后,缔约国另一方征收相关税款并汇给首先提及的缔约国前的任何时间,如果相关的税款请求权:

(一)在根据第三款提出请求的情况下,不再是首先提及的缔约国根据其法律具有可强制执行性,且欠税人当时根据该国法律不能阻止其征收的税款请求权;或者

(二)在根据第四款提出请求的情况下,不再是首先提及的缔约国根据其法律可以采取保全措施以确保税款征收的税款请求权,首先提及的缔约国的主管当局应迅速将此项事实告知缔约国另一方的主管当局。经缔约国另一方选择,首先提及的缔约国应中止或撤回其请求。

八、在任何情况下,本条的规定不应被理解为缔约国一方有以下义务:

(一)采取与该缔约国一方或缔约国另一方的法律和行政惯例不相一致的行政措施;

(二)采取与公共政策(公共秩序)相违背的措施;

(三)提供协助,如果缔约国另一方并未用尽按照其法律或行政惯例视具体情况可以采取的一切合理的征收或保全措施;

(四)提供协助,如果在这些情况下,该缔约国一方因此所承受的行政负担明显超出缔约国另一方可获得的利益。

第二十八条　外交使团和领事馆的成员

本协定不应影响按照一般国际法规则或按照特别协定规定给予外交使团和领事馆的成员的财政特权。

第二十九条　适用区域的扩大

一、本协定原文整体或经任何必要的修改后,可以扩大适用于(甲国或乙国领域内不适用本协定的任何部分,或)由甲国或乙国负责其国际关系的任何国家或地区,而该国家或地区所征收的税收又与本协定适用的税收具有实质相似性。这种扩大适用,应从缔约国双方通过外交途径的换文或按照其宪法程序以其他方式指定和同意的日期开始生效,并受到所指定和同意的修改和条件(包括终止的条件)的约束。

二、除缔约国双方另有约定外,缔约国一方按照第三十条终止本协定时,本协定(对甲国或乙国领土的任何部分,或)对任何按本条规定加以扩大适用的国家或

地区也同样终止。

第七章 最后规定

第三十条 生效

一、本协定应经过批准生效，批准文件应尽快在________互换。

二、本协定应在互换批准文件后生效，其条款规定应适用于：

（一）在甲国：______________________________

（二）在乙国：______________________________

第三十一条 终止

本协定在被缔约国一方终止以前继续有效。缔约国任何一方可以在　　年以后任何历年年底前至少六个月通过外交途径发出终止通知，终止本协定。

在这种情况下，本协定将自下列日期起停止有效：

（一）在甲国：______________________________

（二）在乙国：______________________________

参 考 文 献

一、著作

1. 廖益新主编:《国际税法学》,高等教育出版社 2008 年版。

2. 陈延忠、廖益新主编:《国际税收协定解释问题研究》,科学出版社 2010 年版。

3. 雍琦:《法律逻辑学》,法律出版社 2004 年版。

4. 李浩培:《条约法概论》,法律出版社 2003 年版。

5. 廖益新、李刚、周刚志:《现代财税法学要论》,科学出版社 2007 年版。

6. 庞凤喜主编:《税收原理与中国税制》,中国财政经济出版社 2010 年版。

7. 朱炎生编:《国际税收协定中常设机构原则研究》,法律出版社 2006 年版。

8. [美]鲁文・S. 阿维 - 约纳:《国际法视角下的跨国征税——国际税收体系分析》,熊伟译,法律出版社 2008 年版。

9. 陈红彦、廖益新主编:《跨国股息征税问题研究》,科学出版社 2010 年版。

10. [英]莎士比亚:《莎士比亚喜剧悲剧集》,朱生豪译,译林出版社 2002 年版。

11. A. A. Knechtle, *Basic Problems in International Fiscal Law*, Deventer NL, Kluwer, 1979.

12. Sol Picciotto, *International Business Taxation*, London, Weidenfeld and Nicolson, 1992.

13. Michael Lang, *Introduction to the Law of Double Taxation Conventions*, Vienna, Wien Lind, 2010.

14. Roy Rohatgi, *Basic International Taxation*, 2nd edition, UK, Richmond Law & Tax Ltd., 2005.

15. Kees van Raad, *Five Fundamental Rules in Applying Tax Treaties, in Hinnekens, Luc, Liber Amicorum Luc Hinnekens*, Bruxelles, Bruylant, 2002.

16. Maisto, G., *Tax Treaties and Domestic Law*, Amsterdam, IBFD, 2006.

17. Klaus Vogel, *Klaus Vogel on Double Taxation Conventions, A Commentary to the OECD -, UN - and US Model Conventions for the Avoidance of Double Taxation*

on Income and Capital With Particular Reference to German Treaty Practice, 3rd edition, London, Kluwer Law International, 1997.

18. Philip Baker, *Double Taxation Convention and International Tax Law*, a Manual on the OECD Model Tax Convention on Income and on Capital of 1992, London, Sweet & Maxwell, 1994.
19. Michael Lang, *Tax Treaty Interpretation*, Vienna, Wien Linde, 2001.
20. Schilcher, M. & Weninger, P., *Fundamental Issues and Practical Problems in Tax Treaty Interpretation*, Vienna, Wien Linde, 2008.
21. Kees van Raad, *Materials on International & EU Tax Law*, Leiden, International Tax Center Leiden, 2010.
22. Richard A. Musgrave, *Criteria for Foreign Tax Credit, in Taxation and Operations Aboard*, A Symposium Volume (1960), published online by Cambridge University Press, 2017.
23. Peggy B. Richman (now Musgrave), *Taxtion of Foreign Investment Income: An Economic Analysis*, Baltimore, MD, Johns Hopkins Press, 1963.
24. Brian J. Arnold, Jacques Sasseville and Eric M. Zolt, eds., *The Taxation of Business Profits under Tax Treaties*, Toronto, Canadian Tax Foundation, 2003.
25. Michael Lang et al., *Multilateral Tax Treaties: New Developments in International Tax Law*, London: Kluwer Law International Ltd., 1997.
26. Franz Philipp Sutter, Ulf Zehetner, *Triangular Tax Cases*, Vienna, Linde, 2004.
27. Door Eric Cornelia Catharina Maria Kemmeren, *Principle of Origin in Tax Conventions*, NL Dongen, Pijnenburg, 2001.
28. Angharad Miller & Lynne Oats, *Principles of International Taxation*, 2nd edition, Haywards Heath, West Sussex, UK, Tottel Publishing Ltd., 2009.
29. Matthias Hofstätter, Patrick Plansky, *Dual Residence in Tax Treaty Law and EC Law*, Vienna, Linde, 2009.
30. Michael Lang et al., *Source versus Residence: Problems Arising from the Allocation of Taxing Rights in Tax Treaty Law and Possible Alternatives*, New Delhi, Taxmann Publ.
31. Michael Lang et al., *Tax Treaty Case Law Around the Globe - 2011*, Wien, Linde, 2011.
32. Walter Loukota & Markus Stefaner, eds., *Taxation of Artistes and Sportsmen in In-*

ternational Tax Law, Vienna, Linde, 2007.

33. Lionel S. Sobel, *Taxation of Entertainers, Athletes, and Artists*, American Bar Association, 2016.

二、论文

1. 聂茜:《国际税收协定中的"三角情形"法律问题研究》,华东政法大学2007年硕士学位论文。
2. Francisco Alfredo García Prats, *Triangular Cases and Residence as a Basis for Alleviating International Double Taxation: Rethinking the Subjective Scope of Double Tax Treaties*, INTERTAX 11, 1994.
3. Klaus Vogel, *Tax Treaty News*, BULLETIN 5, 2003.
4. John Avery Jones and Catherine Bobbett, *Triangular Treaty Problems: A Summary of the Discussion in Seminar E at the IFA Congress in London*, BULLETIN 1, 1999.
5. Adolfo J. Martín Jiménez, F. Alfredo García Prats & José M. Calderón Carrero, *Triangular Cases, Tax Treaties and EC Law: The Saint – Gobain Decision of the ECJ*, BULLETIN 6, 2001.
6. See Klaus Vogel, *The Schedular of Tax Treaties*, BULLETIN 6, 2002.
7. Brian J. Arnold, Jacques Sasseville & Eric M. Zolt, *Summary of the Proceedings of an Invitational Seminar on Tax Treaties in the 21st Century*, BULLETIN 6, 2002.
8. Alex Easson, *Do We Still Need Tax Treaties?*, BULLETIN 12, 2000.
9. Singyuan Yong, *Triangular Treaty Cases: Putting Permanent Establishments in Their Proper Place*, Bulletin for International Taxation 3, 2010.
10. Hans Pijl, *The Epic of Gilgamesh, or the Noise of the Profession*, Bulletin for International Taxation 11, 2011.
11. Hans Pijl, *Interest from Hybrid Debt is Tax Treaties*, Bulletin for International Taxation 9, 2011.
12. Marjaana Helminen, *Scope and Interpretation of the Nordic Multilateral Double Taxation Convention*, Bulletin for International Taxation 1, 2007.
13. Gang Zhai, *Triangular Cases Involving Income Attributable to PEs*, Tax Notes International 3, 2009.
14. Hugo Vollebregt, *Triangular Double Taxation: A Fresh Approach*, International Transfer Pricing Journal 3/4, 2012.

15. P. Johann Hattingh, *Article 1 of the OECD Model: Historical Background and the Issues Surrounding It*, BULLETIN 5, 2003.

16. P. Johann Hattingh, *The Role and Function of Article 1 of the OECD Model*, BULLETIN 11, 2003.

17. Klaus Vogel, *Worldwide vs. Source Taxation of Income – A Review and Re – evaluation of Arguments (Part Ⅰ)*, INTERTAX 8 – 9, 1988.

18. Nancy H. Kaufman, *Fairness and the Taxation of International Income*, Law and Policy in International Business 29, 1998.

19. Klaus Vogel, *Which Method Should the European Community Adopt for the Avoidance of Double Taxation?*, BULLETIN 1, 2002.

20. Helmut Becker, *The Renaissance of the Permanent Establishments within the EC*, INTERTAX 4, 1991.

21. Luís Eduardo Schoueri and Oliver – Christoph Günther, *The Subsidiary as a Permanent Establishment*, Bulletin for International Taxation 2, 2011.

22. René Offermanns and Carlo Romano, *Treaty Benefits for Permanent Establishments: The Saint – Gobain Case*, European Taxation 5, 2000.

23. Kees van Raad, *The 1992 OECD Model Treaty: Triangular Cases*, European Taxation 9, 1993.

24. Jan de Goede, Daljit Kaur, Bart Kosters and Andreas Perdelwitz, *Interpretation and Application of Article 5 (Permanent Establishment) of the OECD Model Tax Convention: Response from IBFD Research Staff*, Bulletin for International Taxation 6, 2012.

25. Richard Vann, *IFA/OECD Seminar in Boston: Now You See It, Now You Don't – The Elusive Concept of Permanent Establishment*, Bulletin for International Taxation 66(9), 2012.

26. Silke Brun, *Taxation and Non – Discrimination: Clarification and Reconsideration by the OECD*, European Taxation 9, 2008.

27. Philip H. Spector, *Triangular Problem, Settled in US – Netherlands Treaty Protocol*, BULLETIN 12, 1993.

28. Yves Bonnard, *The "Triangular Case" in the New U. S. – Netherlands Tax Treaty: Mechanisms and Tax Planning*, Denver Journal of International Law and Policy Fall, 1994.

29. Friedhelm Jacob, Steve Edge & Max Mittasch, *The Germany – United Kingdom Income and Capital Tax Treaty (2010) – An Analysis*, Bulletin for International Taxation 8, 2011.

30. Frank P. G. Pötgens, *The Netherlands Supreme Court Again Excludes Credit of Withholding Tax in a Triangular Case*, European Taxation 4, 2008.

31. *Triangular Situation: Partnership with Sub – Permanent Establishment in Third Countries*, in SWI, Wien, Linde, 2004. [SWI = Steuer und Wirtschaft International (Tax and Business Review; periodical, Austria)].

32. John F. Avery Jones, *Tax Treaty Problems Relating to Source*, European Taxation 3, 1998.

33. Michele Gusmeroli, *Triangular Cases and the Interest and Royalties Directive: Untying the Gordian Knot? – Part* 1, European Taxation 1, 2005.

34. Michele Gusmeroli, *Triangular Cases and the Interest and Royalties Directive: Untying the Gordian Knot? – Part* 2, European Taxation 2, 2005.

35. Michele Gusmeroli, *Triangular Cases and the Interest and Royalties Directive: Untying the Gordian Knot? – Part* 3, European Taxation 3, 2005.

36. Macro Lombardi, *Triangular Situations: A Case of Double Source Taxation of Interest and Royalties*, BULLETIN 4, 1997.

37. Hans Pijl, *The Excluded Resident and the Term "Law"/ "Laws" in Article* 4 *of the OECD Draft* (1963) *and OECD Model* (1977/2010), Bulletin for International Taxation 1, 2012.

38. Jan W. J. de Kort, HR 28 February 2001, nr 35. 557: *The Supreme Court of the Netherlands Reaches a Questionable Decision in a Triangular Dividend Withholding Tax Case*, INTERTAX 29, 2001.

39. Pim M. Smit, *Treaty Residence of a Company in a Triangular Situation: Decision of the Supreme Court of 28 February 2001*, European Taxation 4, 2002.

40. Pieter M. Smit, *Taxation of Dividends Distributed by a Dual Resident Company: Decision of the Supreme Court of 2 September 1992*, European Taxation 1, 1993.

41. Stephan Damen, *Netherlands Supreme Court Rules on the Residence of Dual Resident Companies under Tax Treaties with Third Countries*, BULLETIN 7, 2001.

42. Kees van Raad, *2008 OECD Model: Operation and Effect of Article 4(1) in Dual Residence Issues under the Updated Commentary*, Bulletin for International Taxation

5/6,2009.

43. Stephan Damen,*Netherlands Supreme Court Rules on the Residence of Dual Resident Companies under Tax Treaties with Third Countries*,BULLETIN 7,2001.

44. Christo J. A. M. van Gennep,*Dual - Resident Companies: The Second Sentence of Article* 4(1) *of the OECD Model Convention of* 1977,European Taxation 5,1991.

45. Rijkele Betten,*Denial of Certificate of Residence to a Dual Residence Company*, European Taxation 11,1989.

46. Betten,*Denial of certificate of Residence to Dual Resident Companies*, European Taxation,1989.

47. Kees van Raad,*Dual Residence*, European Taxation 8,1988.

48. Bente Møll Pedersen,*Triangular Cases: Art. 15 of the OECD Model*,*Income from Employment and the Definition of Terms*,European Taxation 2,2007.

49. Michael Lennard, *The UN Model Tax Convention as Compared with the OECD Model Tax Convention – Current Points of Difference and Recent Developments*,Asia – Pacific Tax Bulletin 1/2,2009.

50. Karolina Tetlak,*Tax Treatment of Team Performances under Art. 17 of the OECD Model Convention*,World Tax Journal 2,2010.

51. Joel A. Nitikman, Partner Fraser Milner Casgrain LLP,*Article 17 of the OECD Model Treaty – An Anacharonism*?,INTERTAX 8/9,2001.

52. Dick Molenaar,Mario Tenore and Richard Vann,*Red Card Article 17*?,Bulletin for International Taxation 3,2012.

53. Dick Molenaar,*Entertainers and Sportspersons Following the Updated OECD Model* (2014),Bulletin for International Taxation,2015.

54. Dick Molenaar,*Minimum Threshold for Entertainers and Sportspersons in Article 17 of the OECD Model*,Bulletin for International Fiscal Documentation,2016.

55. Alvaro de Juany Ledesma,*The Artistes and Sportsmen's Article* (*Article 17 of the OECD Model*)*: Has the Time Come to Stop Counting Stars in the Sky*?,European Taxation 2/3,2012.

三、研究报告或国际组织文件

1. OECD,*OECD Model Tax Convention on Income and on Capital and Commentary*, 1963 –2010.

2. OECD Committee on Fiscal Affairs, "*Triangular cases" in Model Tax Convention: Four Related Studies*, OECD, 1992.

3. OECD, *The Application of the OECD Model Tax Convention to Partnerships*, 1999, p. 52.

4. OECD, *Interpretation and Application of Article* 5 (*Permanent Establishment*) *of the OECD Model Tax Convention*, http://www. oecd. org/tax/taxtreaties/48836726. pdf.

5. OECD, *The Taxation of Income Derived from Entertainment, Artiste and Sporting Activities*, OECD, 1987.

6. OECD, 2010 *Report on the Attribution of Profits to Permanent Establishment*, http://www. oecd. org/ctp/transferpricing/45689524. pdf.

7. OEEC, *Elimination of Double Taxation*, 2nd Report of the Fiscal Committee, Paris: OEEC, 1959.

8. UN, *United Nations Model Double Taxation Convention between Developed and Developing Countries and Commentary*, 2001 – 2011.

9. European Commission, *Communication from the Commission to the European Parliament*, the Council and European Economic and Social Committee, COM(2011) 16 Final, 25 January 2011.

10. Commission of European Communitie, *Report of the Committee of Independent Experts on Company Taxation*, Luxembourg: Office for Official Publ. of the European Communities, 1992.

11. IFA, *Cahiers de Droit Fiscal International – Double Non – Taxation*, Vol. 89a, 2004.

12. IFA, *Cahiers de Droit Fiscal International – Source and Residence: New Configuration of Their Principles*, Vol. 90a, 2005.

13. IFA, *Cahiers de Droit Fiscal International – Deductibility of Interest and other Financing Charges in Computing Income*, Springer, Vol. 79a, 1994.

14. Ward, David A, *The Interpretation of Income Tax Treaties with Particular Reference to the Commentaries on the OECD Model*, Kingston, Ontario: International Fiscal Association, Canadian Branch, 2005.

15. OECD, *Issues Related to Article* 17 *of the Model Tax Convention*, Adopted by the OECD Committee on Fiscal Affairs on 26 June 2014, http://www. oecd. org/tax/

treaties/report – article%2017 – model – tax – convention. pdf.

四、案例索引

1. Netherlands – Case number 08/00404, Undisclosed Individual Taxpayer v. NL Tax Authorities, Gerechtshof (Court of Appeals)'s – Hertogenbosch, published in Vakstudie – Nieuws 2010/32.8, English Version"Netherlands – Case 08/00404, 30 December 2009 (Summary)" IBFD Database, Jan. 30. 2021.
2. Netherlands – Case Number: 19. 180, Undisclosed Individual Taxpayer v. NL Tax Authorities, Hoge Raad (Supreme Court), published in BNB 1980/170. English Version"Netherlands – Case 19. 180, 12 March 1980 (Summary)", Jan. 30. 2021.
3. ECJ, Compagnie de Saint – Gobain, Zweigniederlassung Deutschland (German PE) v. Finanzamt Aachen – Innenstadt (German Tax Authorities), 21 Sep. 1999, C – 307/97, http://curia. europa. eu/juris/liste. jsf? language = en&jur = C, T, F&num = C – 307/97&td = ALL, Jan. 30. 2021.
4. Netherlands – Case Number: 36. 155, Undisclosed Taxpayer Company v. NL Tax Authorities, Hoge Raad (Supreme Court), published in BNB 2002/184, English Version "Netherlands – Case 36. 155, 8 February 2002 (Summary)", IBFD Database, Jan. 30. 2021.
5. Thailand – Case number: 1056/2549, Hana Semiconductor Co. Ltd. (the Taxpayer) v. Thai Revenue Department (the Tax Authorities), English Version "Thailand – Case 1056/2549 (2006), 23 February 2006 (Summary)", IBFD Database, Jan. 30. 2021.
6. Netherlands – Case Number: 42. 385, Undisclosed Taxpayer Company v. NL Tax Authorities, Hoge Raad (Supreme Court), published in BNB 2007/230, English Version"Netherlands – Case 42. 385, 11 May 2007 (Summary)" IBFD Database, Jan. 30. 2021.
7. Belgium – Case Number: 2000/83, Handelsmaatschappij De Mient BV v. Gewestelijke Directeur van de Administratie der Directe Belastingen (Belgium Tax Authorities), Decision published in Tijdschrift voor Fiscaal Recht, No. 186, p. 727 (Dutch), English version"Belgium – 27 April 2000 (Summary)", IBFD Database, Jan. 30. 2021.
8. Netherlands – Case Number: 35. 557, Undisclosed Company Taxpayer v. NL Tax

Authorities, Hoge Raad (Supreme Court), published in BNB 2001/29, English version "Netherlands - Case 35.557, 28 February 2001 (Summary)", IBFD Database, Jan. 30. 2021.

9. Denmark - Case Number: B 2581/05, Poseidon Personnel Services S. A. (the Taxpayer) v. Danish Ministry of Taxation (the Tax Authorities), Danish High Court, published in TFS 2006:635, English Version "Denmark - Case B 2581/05, 2 May 2006 (Summary)", IBFD Database, Jan. 30. 2021.

10. Spain - Case Number: 152/2007, U2 (the taxpayer) v. Dirección General de Tributos (the tax authorities), Spanish National Court (Audiencia Nacional), Decision published in Normacef, Westlaw (Spanish), English Version "Spain - Case 152/2007, 28 January 2010 (Summary)", IBFD Database, Jan. 30. 2021.

11. Netherlands - Case Number 21.818; Undisclosed Company Taxpayer v. NL Tax Authorities; Hoge Raad (Supreme Court); Decision published in BNB 1984/33, V-N 1984, page 12, item 6 (Dutch); English Version "Netherlands - Case 21.818, 23 November 1983 (Summary)", IBFD Database, Jan. 30. 2021.

五、法律法规和国际条约

1.《中华人民共和国企业所得税法》

2.《中华人民共和国企业所得税法实施条例》

3.《中华人民共和国个人所得税法》

4.《中华人民共和国个人所得税法实施条例》

5.《〈中华人民共和国政府和新加坡共和国政府关于对所得避免双重征税和防止偷漏税的协定〉及议定书条文解释》(国税发〔2010〕75号文)

6. 国家税务总局《关于境外分行取得来源于境内利息所得扣缴企业所得税问题的通知》(国税函〔2010〕266)号

7.《关于企业境外所得税收抵免有关问题的通知》(财税〔2009〕125号)

8. 国家税务总局《关于境外团体或个人在我国从事文艺及体育演出有关税收问题的通知》(国税发〔1994〕106号)

9. 国家税务总局《关于税收协定执行若干问题的公告》(国家税务总局公告2018年第11号)

10.《实施税收协定相关措施以防止税基侵蚀和利润转移的多边公约》(OECD于2016年11月24日发布)

11. 1961 年《维也纳外交关系公约》

12. 1963 年《维也纳领事关系公约》

13. 1969 年《维也纳条约法公约》

14. 1990 年欧洲共同体成员国缔结的《关于避免因调整联属企业利润而引起的双重课税的协定》

15. Internal Revenue Code(IRC),US,1994

16. Belgian Income Tax Code

17. Canadian Income Tax Act, 2003

18. Finance Act,UK,1994

19. Convention Between the Government of the French Republic and the Government of the Italian Republic for the Avoidance of Double Taxation with respect to Taxes on Income and on Capital and for the Prevention of Fiscal Evasion and Fraud,Concluded on 5th October 1989 and Entry into Force on 1st May 1992

20. Convention Between the United States of America and the Kingdom of the Netherlands for the Avoidance of Double Taxation and the Prevention of Fiscal Evasion with respect to Taxes on Income, Concluded on 18 Dec. 1992 and Entry into Force on 31 Dec. 1993

21. Protocol Amending the Convention Between the United States of America and the Kingdom of the Netherlands for the Avoidance of Double Taxation and the Prevention of Fiscal Evasion with respect to Taxes on Income, Concluded on 13 Oct. 1993 and Entry into Force on 31 Dec. 1993

22. Convention between the United Kingdom of Great Britain and Northern Ireland and the Federal Republic of Germany for the Avoidance of Double Taxation and the Prevention of Fiscal Evasion with respect to Taxes on Income and on Capital, Signed on 30th March 2010 in London and Entry into Force on 30. Dec. 2010

23. Protocol to the Convention between the United Kingdom of Great Britain and Northern Ireland and the Federal Republic of Germany for the Avoidance of Double Taxation and the Prevention of Fiscal Evasion with respect to Taxes on Income and on Capital,Signed on 30th March 2010 in London and Entry into Force on 30. Dec. 2010,http://www. hmrc. gov. uk/taxtreaties/in – force/germany. pdf

后　　记

2013年以来，围绕着信息交换和税基侵蚀两大主题，国际税收规则进入了百年一遇的变革时代。自20世纪20年代确立和发展起来的税收协定，在2008年金融危机之后逐渐难以满足各国（或地区）政府强化打击重复不征税和国际逃避税行为的需求。随着《金融账户信息自动交换标准》（Common Reportiong Standard，CRS）和BEPS行动计划的实施，多边税收协定和国际逃避税问题已成为近年来OECD/G20主导下国际税收治理机制改革的焦点。在这样一个国际税收规则变革的历史节点，反思税收协定这一实施了近百年的国际税法规则更具有理论与现实意义。三角情形揭示的是税收协定的“阿克琉斯之踵”，虽有软肋，不改其英雄本色。国际税法总被法学同仁称之为“曲高和寡”，恰恰反映出国际税法在中国法学研究中的年轻状态和广阔的发展空间。本书可以作为入门国际税法的导读，也可以作为税收协定部分规则的适用指南。本书希望能够一定程度激发读者对国际税法的兴趣，期待更多的中国学者为国际税法的发展贡献中国智慧，发出中国声音。

本书是在作者博士毕业论文基础上修改完成。时光荏苒，离开母校厦门大学已近八年。在厦大读书的时光，每一天都是充实和快乐的。芙蓉湖畔记录着厦大学子的初心。感谢恩师廖益新教授的谆谆教诲及对本书内容的精心指导，感谢维也纳经济大学迈克·朗教授在作者联合培养访学期间对本书部分内容提出的研究思路和宝贵意见，感谢家人和爱人对我倾心学术研究工作的理解、鼓励和支持！

朱晓丹

2021年1月

于大连海洋大学